Collective Governance in Tarifverbänden

Schriften zum Arbeitsrecht und Wirtschaftsrecht

Herausgegeben von Abbo Junker

Band 92

PL ACADEMIC RESEARCH

Achim Engel

Collective Governance in Tarifverbänden

PL ACADEMIC RESEARCH

Bibliografische Information der Deutschen Nationalbibliothek
Die Deutsche Nationalbibliothek verzeichnet diese Publikation in der DeutschenNationalbibliografie; detaillierte bibliografische Daten sind im Internet über http://dnb.d-nb.de abrufbar.

Zugl.: München, Univ., Diss., 2015

Gedruckt auf alterungsbeständigem,
säurefreiem Papier.

D 19
ISSN 1433-4666
ISBN 978-3-631-66114-7 (Print)
E-ISBN 978-3-653-05597-9 (E-Book)
DOI 10.3726/978-3-653-05597-9

PL Academic Research ist ein Imprint der Peter Lang GmbH.

Peter Lang – Frankfurt am Main · Bern · Bruxelles · New York · Oxford · Warszawa · Wien

Diese Publikation wurde begutachtet.

www.peterlang.com

Vorwort

Die vorliegende Arbeit wurde im Sommersemester 2014 von der Juristischen Fakultät der Ludwig-Maximilians-Universität in München als Dissertation angenommen. Einzelne Rechtsprechung und Literatur wurde bis April 2015 aufgenommen.

Mein herzlicher Dank gilt in erster Linie Professor Dr. Volker Rieble, der die Arbeit angeregt und betreut hat. Professor Dr. Lars Klöhn gilt mein Dank für die Erstellung des Zweitgutachtens sowie Professor Dr. Abbo Junker für die Aufnahme in seine Schriftenreihe.

Ganz besonderer Dank gilt Herrn Dr. Clemens Latzel für die wertvollen Anregungen und die stets konstruktive Kritik sowie insbesondere meiner Frau Ellen für die vielfältige Unterstützung. Ihr ist diese Arbeit gewidmet.

München, im April 2015 Achim Engel

Gliederung

Inhaltsverzeichnis

Abkürzungsverzeichnis

ADAC	Allgemeine Deutsche Automobil-Club e. V.
AGV Baus Saar	Arbeitgeberverband der Bauwirtschaft des Saarlandes e.V.
AGV Chemie Nord	Arbeitgeberverband für die Chemische Industrie in Norddeutschland e.V.
AMP	Arbeitgeberverband mittelständischer Personaldienstleister
AuR	Arbeit und Recht
BAVC	Bundesarbeitgeberverband Chemie e. V.
BDA	Bundesvereinigung deutscher Arbeitgeberverbände e. V.
GGM	Christliche Gewerkschaft Metall
DAG	Deutsche Angestellten Gewerkschaft
DCGK	Deutscher Corporate Governance Kodex
DGB	Deutschen Gewerkschaftsbund
EVG	Eisenbahn- und Verkehrsgewerkschaft
Gesamtmetall	Gesamtverband der Arbeitgeberverbände der Metall- und Elektro-Industrie e. V.
GdF	Gewerkschaft der Flugsicherung
GDL	Gewerkschaft Deutscher Lokomotivführer
GdP	Gewerkschaft der Polizei
GEW	Gewerkschaft Erziehung und Wissenschaft
Handelsverband Bayern	Handelsverband Bayern e.V.
IG BCE	Industriegewerkschaft Bergbau, Chemie, Energie
IG Metall	Industriegewerkschaft Metall
IGZ	Interessenverband Deutscher Zeitarbeitsunternehmen e.V.
MB Bayern	Marburger Bund Landesverband Bayern e.V.
Metall NRW	Verband der Metall- und Elektro-Industrie Nordrhein-Westfallen e. V.
NGG	Gewerkschaft Nahrung-Genuss-Gaststätten
OT	Ohne Tarifbindung
Rpfleger	Der Deutsche Rechtspfleger
UFO	Unabhängige Flugbegleiter Organisation
ULA	Union der leitenden Angestellten

VBM	Verband der Bayerischen Metall- und Elektro-Industrie e.V.
VC	Vereinigung Cockpit e.V.
Ver.di	Vereinte Dienstleistungsgewerkschaft
WSI	Wirtschafts- und Sozialwissenschaftliches Institut in der Hans-Böckler-Stiftung

Im Übrigen wird auf *Kirchner, Hildebert:* Abkürzungsverzeichnis der Rechtssprache, 7. Auflage (2013) verwiesen.

§ 1. Collective Governance: Ordnungsrahmen für gute Koalitionsführung

A. Terminologie und Gegenstand der Collective Governance

Während die *Corporate Governance* wissenschaftlich gründlich untersucht[1] und allgemein etabliert ist, wird mit der *Collective Governance* nicht nur sprachliches Neuland betreten.[2]

I. Begriff der Collective Governance

Aufbauend auf den Erkenntnissen der interdisziplinären Governance-Forschung[3] – insbesondere aus dem Bereich der *Corporate* Governance – soll *Collective* Governance den Blick auf die Organisation und Verfassung von Koalitionen i.S.d. Art. 9 Abs. 3 GG richten.

Auch wenn sich bislang keine einheitliche Definition der *Corporate* Governance durchsetzen konnte und der Begriff je nach Bezugsgruppe und inhaltlichen Schwerpunkten variiert,[4] kann Corporate Governance in Anlehnung an die wegweisende Definition des *Cadbury Reports*[5] als „Ordnungsrahmen für die (gute) Leitung und Überwachung von Unternehmen" verstanden werden[6]. Das entspricht weitgehend dem bereits im deutschen Recht etablierten Begriff der Unternehmensverfassung.[7]

---

1 Statt aller: Hommelhoff/Hopt/v. Werder, Handbuch Corporate Governance, 2. Auflage, 2009.

2 Begriff eingeführt von *Rieble*, FS Reuter, S. 805, 820.

3 Hierzu unten § 1 C. I, S. 17; weiterführend für die Politikwissenschaften etwa *Benz*, Governance – Regieren in komplexen Regelsystemen; zur ökonomischen Sicht etwa Hommelhoff/Hopt/*v. Werder*, Handbuch Corporate Governance, S. 3.

4 Hierzu unten § 1 C. I, S. 17. Allgemein zu den Schwierigkeiten der sich dynamisch entwickelnden Begriffsbestimmung zuletzt etwa *Gietzen*, Unternehmensmitbestimmung, S. 74 ff.; *Henne*, Corporate Governance, S. 41 ff.

5 Report of the Comittee on the Financial Aspects of Corporate Governance, 1992 ("Cadbury Report"), para. 2.5: "*Corporate Governance is the system by which companies are directed and controlled.*"

6 Statt vieler Hommelhoff/Hopt/*v. Werder*, Handbuch Corporate Governance, S. 4 m.w.N.

7 Etwa Ringleb/Kremer/Lutter/*v. Werder*, DCGK, Vorbemerkung Rn. 1 m.w.N.

In Anlehnung daran soll im Folgenden unter dem Begriff der *Collective* Governance der **Ordnungsrahmen für (gute) Leitung und Überwachung von Koalitionen** verstanden werden. Es gilt, den Grundsätzen guter Koalitionsführung nachzuspüren.[8] Wie die *Corporate* Governance nach Möglichkeiten guter Entscheidungsfindung in Kapitalgesellschaften im Interesse der Aktionäre und sonstiger Stakeholder[9] sucht, soll die *Collective* Governance der organisatorischen Absicherung guter Entscheidungsfindung in tarifvertragsschließenden Koalitionen (Tarifverbänden[10]) im Sinne der Verbandsmitglieder nachgehen.[11]

Wie bei der Corporate Governance ist auch hier dem Vorwurf entgegenzutreten, es würde nur mit einem englischen Begriff alter Wein in neuen Schläuchen präsentiert.[12] Collective Governance meint nicht nur klassisches Tarifverbänderecht, sondern geht über die bisher diskutierten Fragen, insbesondere nach der verbandsinternen demokratischen Willensbildung[13] hinaus und widmet sich der institutionellen Absicherung der Selbstbestimmung der Koalitionsmitglieder.[14] Collective Governance entwickelt die soziale Selbstverwaltung[15] der Koalitionen weiter und lehnt sich zu diesem Zweck nicht nur begrifflich an den Erkenntnissen der Corporate Governance an.

Indes sind nicht sämtliche für die Corporate Governance diskutierten Probleme auch für Tarifverbände zu untersuchen. Beleuchtet werden sollen nur Aspekte, die für Tarifverbände von *herausragender* Bedeutung sind. Das betrifft vor allem die selbstbestimmte Willensbildung durch die Verbandsmitglieder, die gute Führung des Verbandes sowie als Schlüsselelement die effektive Kontrolle der Verbandsführung.

---

8 Für eine eigenständige *Nonprofit* Governance: *Schuhen*, Kontrollprobleme, S. 221, 232f; zur *Foundation Governance Schöbel*, Corporate Governance im Stiftungsrecht.

9 Zum Streit über die richtige Bezugsgruppe und den dahinterstehenden Konflikt von *Shareholder*- und *Stakeholdervalue* statt vieler Hommelhoff/Hopt/v. Werder/*Schmidt/Weiß*, Handbuch Corporate Governance , S. 161 sowie Hommelhoff/Hopt/v. Werder/*Fleischer*, Handbuch Corporate Governance, S. 185.

10 Dazu sogleich § 1 A. II. S. 3.

11 *Löwisch/Rieble*, § 2 TVG Rn. 98.

12 Zum nunmehr seit mehr als zwei Jahrzehnten erhobenen Vorwurf gegen die *Corporate* Governance: *Behrens*, FS Drobnig, S. 491; *Schneider*, DB 2000, 2413.

13 Hierzu sogleich unter § 1 C. II, S. 26.

14 Herausfordernd *Rieble*, FS Reuter, S. 805, 824; *Löwisch/Rieble*, § 2 TVG, Rn. 98.

15 *Gamillscheg*, Kollektives Arbeitsrecht I, 302 m.w.N.

II. Tarifverbände als Untersuchungsgegenstand

1. Tarifverbände als tariffähige Koalitionen

Die Untersuchung der Collective Governance beschränkt sich hier auf die gute Führung von *Tarifverbänden*, d.h. tariffähigen Sozialpartnern und Berufsverbänden.[16] Untersucht werden soll allein die Verfassung von Koalitionen, die dazu legitimiert sind, die Arbeits- und Wirtschaftsbedingungen ihrer Mitglieder durch Tarifverträge zu wahren und zu fördern.[17] Umgekehrt sollen Koalitionen i.S.d. Art. 9 Abs. 3 GG, die nicht tariffähig i.S.d. TVG sind[18], sondern anderweitig die Arbeits- und Wirtschaftsbedingungen ihrer Mitglieder zu verbessern versuchen, außen vor bleiben.

2. Keine Spitzenverbände und Tarifgemeinschaften

Grundsätzlich außer Betracht bleiben auch Spitzenorganisationen i.S.d. § 2 Abs. 2 TVG, die nicht ein unmittelbarer Zusammenschluss von Arbeitgebern bzw. Arbeitnehmern sind, sondern ihrerseits Zusammenschlüsse von Tarifverbänden bzw. Arbeitgebern darstellen.[19] Das betrifft etwa Spitzenorganisationen wie den Deutschen Gewerkschaftsbund (DGB), die Bundesvereinigung deutscher Arbeitgeberverbände e. V. (BDA) oder den Gesamtverband der Arbeitgeberverbände der Metall- und Elektro-Industrie e. V. (Gesamtmetall) sowie die beiden auf Arbeitgeberseite bestehenden Gesamtverbände Bundesarbeitgeberverband Chemie e. V. (BAVC) sowie den Verband der Metall- und Elektro-Industrie Nordrhein-Westfalen e. V. (Metall NRW), die selbst als Vertragsparteien am Abschluss von Tarifverträgen beteiligt sind. Auch wenn diese Verbände gem. § 2 Abs. 2 und 3 TVG unter Umständen selbst fähig sind, Tarifverträge im Namen ihrer Mitglieder bzw. im eigenen Namen mit Wirkung für ihre Mitglieder zu schließen, weicht ihre Legitimation von den unmittelbar durch Arbeitnehmer bzw. Arbeitgeber gebildeten Verbänden ab und bleibt gesondert zu untersuchen.

---

16 Insofern ist auf die uneinheitliche Terminologie hinzuweisen. Angelehnt an die Bezeichnung in *Löwisch/Rieble* § 2 TVG Rn. 102 , ebenso *Streeck*, Organisation, S. 130ff, soll im Folgenden von Tarifverbänden die Rede sein. Wiedemann/*Oetker*, § 2 TVG Rn. 200 etwa verwenden hingegen die Begriffe der Sozialpartner oder (tariffähiger) Berufsverbände synonym. Allgemein zum Begriff des Verbandes vgl. nur *Reichert*, Vereins- und Verbandsrecht, Rn. 5668ff.

17 Zur Unterscheidung von Koalitionen i.S.d. Art. 9 Abs. 3 GG und der Tariffähigkeit nach dem TVG vgl. nur ErfK/*Franzen*, § 2 TVG Rn. 3.

18 Statt aller ErfK/*Franzen*, § 2 TVG Rn. 4.

19 Im Einzelnen *Löwisch/Rieble*, § 2 TVG, Rn. 282ff.

Nicht näher betrachtet werden auch die Zusammenschlüsse von Tarifverbänden zu Tarifgemeinschaften.[20] Diese, auf die gemeinsame Verhandlung von Tarifverträgen gerichteten Zusammenschlüsse unterscheiden sich, wie auch die Spitzenverbände, von den hier zu untersuchenden Tarifverbänden durch ihre nur mittelbare Rückbindung zu Arbeitnehmern bzw. Arbeitgebern und lassen sich daher nicht mit Tarifverbänden im oben genannten Sinne vergleichen.

B. Praktisches Bedürfnis nach Collective Governance

Die fortgeschrittene Erosion der Tarifbindung einerseits und die jüngsten Skandale in Großverbänden andererseits zeigen, dass das Bedürfnis nach guter Koalitionsführung größer denn je ist.

I. Erosion der Tarifbindung

Der seit nunmehr etlichen Jahrzehnten zu verzeichnende, wenngleich in letzter Zeit abgeschwächte Niedergang der Tarifbindung[21] sowohl auf Arbeitnehmer- als auch auf Arbeitgeberseite ist in erster Linie Folge einer veränderten Arbeits- und Industrieordnung als Teil des globalen Strukturwandels.[22] Allerdings gründet dieser Niedergang zumindest zum Teil auch darin, dass sich die Verbandsmitglieder nicht mehr ausreichend von ihrer Gewerkschaft bzw. ihrem Arbeitgeberverband vertreten fühlen. Der Mehrwert der Mitgliedschaft ist für viele kaum noch erkennbar, wie auch der IG-Metall-Vorsitzende, *Detlef Wetzel*, selbst einräumt.[23] Gerade Arbeitnehmer werden durch „ihre" Gewerkschaft nicht mehr hinreichend erreicht; mancherorts hat sich ein negatives Bild von Gewerkschaften als verstaubten Funktionärsverbänden etabliert.[24] Das Schreckgespenst der

20 Dazu nur *Löwisch/Rieble*, § 2 TVG Rn. 394ff.

21 Zu diesem, in jüngerer Zeit aber abgeschwächten und teilweise sogar umgekehrten Trend etwa *Löwisch/Rieble*, Grundl. TVG Rn. 1ff.; *Bispinck*, GedS Zachert, S. 479; *Schnabel*, NZA-Beilage 2/2011, 56.

22 Hierzu aus soziologischer Sicht *Artus*, Krise des deutschen Tarifsystems, S. 78ff.

23 *Wetzel*, Mehr Gerechtigkeit wagen, insb. S. 120.

24 Vgl. auch die Kritik aus den Gewerkschaften selbst, etwa die der drei Betriebsratsvorsitzenden *Klaus Franz, Peter Krüger, Helmut Lense* in ihrem Beitrag: „Gesellschaftliche Entwicklung und Handlungsnotwendigkeiten für die IG Metall", http://www.bw.igm.de/downloads/artikel/attachments/ARTID_501_20030527174734.pdf?name=„*Die IG Metall muss sich nach innen und außen lösen vom Bild einer autokratisch-bürokratischen „Verwaltung" von Gewerkschaftsarbeit*".

„Funktionärsoligarchie“[25] dürfte zumindest auch ein Grund für den jahrzehntelangen Niedergang der Tarifverbände sein.

Gute Koalitionsführung kann hier durch Einbindung der Mitglieder in die verbandsinterne Willensbildung, durch ein System von *Checks and Balances* sowie einer transparenten Vereinsführung bei den Mitgliedern verlorenen Boden zurückgewinnen. Collective Governance kann ihr Wirken vor allem für die eigenen Mitglieder – getreu des verbandlichen Selbstverständnisses[26] – verbessern.

II. Governance-Probleme in Großvereinen

Gerade die jüngsten Skandale zu manipulierten Umfragen, privat genutztem Verbandseigentum und persönlichen Vergünstigungen im Allgemeinen Deutschen Automobil-Club e. V. (ADAC),[27] aber auch der Umgang mit anvertrautem Geld der katholischen Kirche im Bistum Limburg[28] oder der evangelischen Kirche im Dekanat München[29] zeigen, dass auch uneigennützig handelnde Organisationen ohne Gewinnerzielungsabsicht keineswegs davor gefeit sind, durch Fehler des eigenen Managements geschädigt zu werden. Schlechte Verbandsführung ist nicht lediglich einzelnen Funktionären zuzuschreiben, die durch ihr Verhalten die Interessen des Verbands und vor allem seiner Mitglieder geschädigt haben. Das Problem liegt tiefer: Wie kann es überhaupt dazu kommen, dass einzelne Personen über Jahre hinweg (im Fall des ADAC) Umfragen manipulieren und Rettungsflieger zum Privatvergnügen nutzen, anvertraute Gelder zweckentfremden (Bistum Limburg) oder Gelder „verzocken“ (Dekanat München), ohne dass entsprechende Vereinsstrukturen ein solches Verhalten verhindert oder zumindest zu Tage gefördert haben?

25 *„Tarifverbände dürfen nicht der Herrschaft von Funktionärseliten verfallen, die die Mitglieder nur noch als Gefolgschaft ansieht“*, *Löwisch/Rieble*, § 2 TVG Rn. 95, in diese Richtung auch MükoBGB/*Reuter*, Vor § 21 BGB Rn. 120.

26 Vgl. etwa die Grundsatzerklärung der ver.di vom 18. März 2010: *„Die Willensbildung in ver.di geht von den Mitgliedern aus. Die von ihnen und ihren Delegierten gewählten Vorstände sind ihnen gegenüber verantwortlich“*.

27 http://www.spiegel.de/auto/aktuell/adac-skandal-gelber-engel-schon-seit-jahren-manipuliert-a-953944.html.

28 http://www.faz.net/aktuell/politik/inland/limburger-bischof-tebartz-van-elst-zurueckgetreten-12864683.html.

29 http://www.sueddeutsche.de/muenchen/finanzskandal-der-evangelischen-kirche-dekanat-drohen-millionen-euro-verlust-1.1885366.

Zu ähnlichen Fehlentwicklungen kann es auch bei Tarifverbänden kommen. Erinnert sei an das DGB-eigene Wohnungsunternehmen „Neue Heimat“[30] oder die Grundstücksaffäre der IG Metall unter Führung von *Franz Steinkühler.*[31] Beiden Fällen ist zwar das Fehlverhalten einzelner Führungspersonen gemein, doch wurde in beiden Fällen dieses Fehlverhalten durch fehlende verbandsinterne Kontrolle begünstigt. Weder für Großverbände wie den ADAC noch die Kirchen und auch nicht für Tarifverbände existieren rechtliche Vorgaben, die solche Skandale verhindern könnten. Strafrechtliche oder vereinsrechtliche Regeln haben sich als untauglich erwiesen. Veranlassten die Skandale um Enron, WorldCom oder Parmalat eine verstärkte Diskussion der *Corporate* Governance,[32] drängen die Skandale bei Verbänden wie dem ADAC oder der katholischen wie evangelischen Kirche und eben auch bei Gewerkschaften und Arbeitgeberverbänden dazu, die Verbandsstrukturen zu analysieren und zu optimieren.[33]

C. Stand der Governance-Forschung und des Tarifverbänderechts

Um Collective Governance wissenschaftlich zu be- und ergründen, lassen sich rechts-, sozial- und wirtschaftswissenschaftliche Erkenntnisse bei Publikumsgesellschaften und Tarifverbänden fruchtbar machen.

I. Stand der Governance-Forschung

1. Corporate Governance im gesellschaftsrechtlichen Diskurs

Gute Unternehmensverfassung rückte insbesondere im Aktienrecht ab Mitte der 1990er-Jahre in den Fokus der rechts- und wirtschaftswissenschaftlichen Forschung.[34] Zunächst im angelsächsischen Raum begann eine Diskussion um gute Unternehmensführung, für die sich schon in den 1970er-Jahren der bis dahin auch im englischen Sprachraum noch nicht geläufige Terminus der Corporate

30 http://www.zeit.de/1986/22/neun-fragen-an-ernst-breit.

31 http://www.spiegel.de/spiegel/print/d-8947153.html.

32 *Hopt,* ZHR 175 (2011), 445, 447.

33 Wegweisend zur Verfassung von Großverbänden bereits *Segna*, Vorstandskontrolle; *ders.* zur damaligen Vereinsreform NZG 2002, 1048.

34 Einen Überblick über die kaum noch überschaubare Literatur findet sich etwa bei Ringleb/Kremer/Lutter/v. Werder, DCGK, S. XXVII ff sowie im Handbuch Corporate Governance von Hommelhoff/Hopt/v. Werder, Anhang, S. 931ff.

Governance durchzusetzen begann.[35] Kernanliegen war dabei der Prinzipal-Agent-Konflikt[36] in Form der Trennung von Eigentum und Verfügungsmacht.[37] Gleichwohl waren die seinerzeit unter einem neuen Schlagwort diskutierten Probleme nicht neu: Bereits *Adam Smith*[38] und später *Rudolf von Ihering*[39] hatten auf die Probleme der Fremdorganschaft hingewiesen. Aufgegriffen und für Kapitalpublikumsgesellschaften vertieft wurde die Diskussion in den 1930er-Jahren von *Adolph A. Berle* und *Gardiner C. Means,*[40] die sich vor allem der Kontrolle des Vorstandes bei Aktiengesellschaften widmeten.

Die Arbeiten von *Oliver E. Williamson*[41] in den 80er Jahren und die Verbreitung des Governance-Denkens beförderten das wissenschaftliche und später auch das gesetzgeberische Interesse. In Deutschland nahm die Governance-Debatte erst in den 1990er-Jahren Fahrt auf. Es setzte sich die Meinung durch, die Frage nach guter Unternehmensführung dürfe nicht auf das Problem mangelhafter Kontrolle der Unternehmensführung durch die Aktionäre, also auf den eigentlichen Prinzipal-Agent-Konflikt begrenzt werden.[42] Gute Unternehmensführung könne sich nicht auf die *Shareholder* beschränken, sondern müsse auch die Interessen der *Stakeholder* berücksichtigen.[43]

2. *Corporate und Collective Governance*

Grundsätzlich gefragt: Inwiefern lassen sich die Erkenntnisse der Corporate Governance auf Tarifverbände übertragen?

---

35 Hierauf weist etwa *Zingales*, New Palgrave Dictionary, S. 497 hin.

36 Grundlegend *Jensen/Meckling*, Theory of the firm, S. 305, 312ff.

37 Zur historischen Entwicklung der Corporate Governance *Gräwe*, ZCG 2013, S. 24

38 *"The directors of such companies, however, being the managers rather of other people's money than of their own, it cannot well be expected, that they should watch over it with the same anxious vigilance with which the partners in a private copartnery frequently watch over their own… Negligence and profusion, therefore, must always prevail, more or less, in the management of the affairs of such a company."* An inquirey into the Nature and Causes of the Wealth of Nations, S. 700.

39 *Von Ihering*, Der Zweck im Recht, S. 221. *„Sowie aber das Steuerruder fremden Händen anvertraut wird, ist diese Garantie, welche das eigene Interesse gewährt, hinweggefallen, und heraufbeschworen, dass der Steuermann den Kurs dahin richte, wohin sein Interesse, nicht das fremde es wünschenswert macht".*

40 *Berle/Means*, The Modern Corporation and Private Property, 1932, S. 67ff.

41 *Williamson*, Yale Law Journal 93 (1984), S. 1197.

42 *Abeltshauser*, Corporate Governance, S. 6.

43 So nun auch ausdrücklich Tz. 4.1.1 des DCGK.

a. Governance als institutionenökonomischer Ansatz

Für die Übertragbarkeit streiten zunächst dogmatische Argumente. Bei der Corporate Governance handelt es sich keineswegs um ein abgeschlossenes, allein auf Kapitalgesellschaften oder gar Aktiengesellschaften beschränktes Forschungsfeld. Die beiden Bestandteile des Begriffspaars Corporate Governance sind nicht untrennbar miteinander verbunden. *Luigi Zingales,*[44] und aus dem juristischen Schrifttum etwa *Peter Behrens*[45] haben herausgearbeitet, dass dem Begriff der Governance eine eigenständige Bedeutung zukommt, die grundlegende, sowohl für die Corporate Governance, aber auch für andere Ausprägungen der Governance-Forschung relevante Aussagen enthält. „Governance“ bezeichnet demnach ganz allgemein einen Regelungsmechanismus, der nicht nur auf die Leitung, Kontrolle und Verfassung von Unternehmen, sondern auch auf diejenige sämtlicher anderer vertraglicher und faktischer Institutionen anwendbar ist. In generalisierter Form lässt sich Governance als Ausübung von Herrschaft, Direktionsrechten und Kontrolle beschreiben.[46] Auch wenn die Probleme der Steuerung und Verteilung von Herrschaft, Direktionsrechten und Kontrolle zuerst im Hinblick auf Unternehmen wissenschaftlich untersucht wurden, haben die Vertreter der Neuen Institutionenökonomik die Notwendigkeit von Governance-Mechanismen für Verträge an Hand des Prinzipal-Agent-Ansatzes und der Transaktionskostenanalyse herausgearbeitet (*Contract Governance*).[47]

aa. Prinzipal-Agent-Konflikt

Das bereits von *Adam Smith* für Unternehmen erkannte Dilemma des Auseinanderfallens der Interessen von Management und Eigentümern stellt sich nicht nur bei gemeinsamen Unternehmungen, sondern in jeder vertraglichen Beziehung, in der ein Vertragspartner (Prinzipal) dem anderen Vertragspartner (Agenten) Rechte und Aufgaben überträgt.[48] Die Grundprobleme jeder

---

44 *Zingales*, New Palgrave Dictionary, S. 497.

45 *Behrens*, FS Drobnig, S. 491; ihm folgend *Littger*, DCGK, Kodex, S. 21ff.

46 So *Zingales*, New Palgrave Dictionary, S. 497: “*The word ‚Governance is synonymous with the exercise of authority, direction, and control.*”

47 Zu diesen Ansätzen *Richter/Furubotn*, Institutionenökonomik, S. 225ff; 271ff; aus rechtswissenschaftlicher Sicht auch *Behrens*, FS Drobnig, S. 491ff; *Littger*, DCGK, S. 21ff sowie zum Begriff der *Contract Governance* einführend *Möslein*, JZ 2010, 72.

48 Zu den unterschiedlichen Definitionen der Kernbegriffe *Prinzipal* und *Agent*: *Göbel*, Institutionenökonomik, S. 98f; *Koss*, Prinzipal-Agent-Konflikte, S. 203. Zu Recht weisen die Autoren darauf hin, dass je nach Definition, eine Prinzipal-Agent-Beziehung in jeder Lebenslage vorzufinden sei.

Leistungserbringung sind, dass der leistende Agent stets über bessere Informationen verfügt als der beauftragende Prinzipal und dem Prinzipal die Bewertung der Leistung erheblich schwerer fällt als dem Agenten.[49] Während der Agent dabei die Handlungen ausführt, muss der Prinzipal die Konsequenzen dessen Handelns tragen. Ausgehend vom Modell des *homo oeconomicus*, demzufolge Vertragspartner opportunistisch zu ihrem eigenen Vorteil handeln,[50] besteht die Gefahr, dass der Agent seine Position zu Lasten des Prinzipals ausnutzt. Denn seine Interessen decken sich nicht notwendigerweise mit denen des Prinzipals. So wird dem typischen Arbeitnehmer weniger an der Maximierung des Gewinns des Arbeitgebers als etwa an der Minimierung seiner Anstrengungen bei gleichem Lohn oder der Erhöhung seines Lohns bei gleicher Arbeit liegen.[51] Daher bedarf es Steuerungs- und Kontrollmechanismen, die sicherstellen, dass der Agent seinen Informationsvorsprung und seine Einwirkungsmöglichkeiten nicht hinter dem Rücken und zu Lasten des Prinzipals ausnutzt.

bb. Transaktionskostenansatz

Außerdem gebietet die Ungewissheit zukünftiger Entwicklungen bei langlaufenden Verträgen eine klare Zuweisung von Herrschaft, Direktionsrechten und Kontrolle (etwa: Zuweisung des Direktionsrecht im Arbeitsvertrag),[52] sodass sich die Notwendigkeit von Governance-Mechanismen auch auf die Erkenntnisse der Transaktionskostenökonomik, einer weiteren Stoßrichtung der Neuen Institutionenökonomik, stützen kann.[53] Zumeist ist es für die Vertragsparteien nicht möglich, sämtliche Vertragsbestandteile zum Zeitpunkt des Vertragsschlusses exakt zu bestimmen, da die zukünftige Entwicklung ungewiss ist. Es fehlen den Akteuren die notwendigen Informationen, um eine rationale, sämtliche Kosten und Nutzen abschätzende Wertung vornehmen zu können (*bounded rationality*)[54] bzw. die Informationsgewinnung ist mit derart hohen Kosten verbunden, dass diese unwirtschaftlich wäre. Es ist den Vertragspartnern also zumeist nicht möglich, vorauszusehen, ob etwa die vereinbarte Leistung tatsächlich den ihr zugedachten Nutzen dauerhaft erfüllen kann oder die vertraglich

---

49 Zu diesen Grundproblemen etwa *Göbel*, Institutionenökonomik, S. 100.

50 Zum opportunistischen Handeln etwa *Richter/Furubotn*, Institutionenökonomik, S. 155.

51 Beispiel nach *Göbel*, Institutionenökonomik, S. 100.

52 *Behrens*, FS Drobnig, S. 491, 493.

53 Grundlegend *Williamson*, Economic institutions; zusammenfassend etwa *Richter/Furubotn*, Institutionenökonomik, S. 194ff.

54 *Richter/Furubotn*, Institutionenökonomik, S. 192f.

begründete Gesellschaft tatsächlich die erhofften Geschäftsziele erreichen wird („unvollständige" Verträge).[55]

cc. Interne und externe Governance-Mechanismen

Die Governance-Forschung hat herausgearbeitet, dass Prinzipal-Agent-Konflikten und den mit der ungewissen zukünftigen Entwicklung verbundenen Problemen grundsätzlich auf zwei verschieden Wegen zu begegnen ist: Zum einen durch *interne, rechtlich-institutionelle* Mechanismen,[56] zum anderen durch *marktorientierte*, teilweise auch als *extern* bezeichnete Governance-Mechanismen.[57]

Interne oder rechtlich-institutionelle Mechanismen zielen darauf ab, die Machtbalance innerhalb der Organisation selbst herzustellen. Durch gesetzliche[58] oder untergesetzliche[59] Vorgaben werden innerverbandliche Strukturen geschaffen, die eine effektive Kontrolle der Geschäftsführung ermöglichen. Zentraler Anknüpfungspunkt ist dabei eine interne Kontrollinstanz, die, abhängig vom betrachteten Rechtskreis, entweder als eigenständiges Organ (*dualistisches Modell*) oder auch innerhalb des Führungsorgans selbst (*monistisches Modell*) ausgestaltet sein kann (hierzu noch ausführlich unten § 4 C. I. 1, S. 148). Ziel dieser internen Mechanismen ist es, den Prinzipalen die Einflussnahme auf die Führung zu ermöglichen (*voice*).[60]

Daneben hat die Governance-Forschung weitere Regelungsmechanismen identifiziert, die ihre steuernde Funktion durch externe marktwirtschaftliche Grundsätze entfalten.[61] So kann die Organisationsführung auch durch Wettbewerb mit anderen Organisationen auf die Interessen der Prinzipale eingeschworen werden.[62] Unter den richtigen Marktbedingungen werden die Agenten zwangsläufig die Interessen der Prinzipale wahren, wenn sie auf die Gewinnung

---

55 *Richter/Furubotn*, Institutionenökonomik, S. 194ff; 271ff.

56 Auch als „Supervisionskonzept" bezeichnet (*Picot*, Organisation, S. 335), im Hinblick auf die Notwendigkeit einer zentralen Überwachungsinstanz.

57 Zu diesen Begriffen statt aller Hommelhoff/Hopt/v. Werder/*Hopt*, Handbuch Corporate Governance, S. 39, 41ff.

58 Vgl. etwa §§ 94ff AktG; §§ 36ff GenG.

59 Etwa: DCGK.

60 Grundlegend zu den beiden Organisations-Steuerungselementen *voice* (Widerspruch) und *exit* (Abwanderung) *Hirschman*, Abwanderung, insb. S. 25ff. sowie S. 17ff.

61 Zum externen Wettbewerb der Tarifverbände bereits *Külp*, Lohnbildung, S. 118ff, ohne hier jedoch von Governance Mechanismen zu sprechen.

62 Im Hinblick auf Unternehmen etwa *Picot*, Organisation S. 344f.

neuer Prinzipale angewiesen sind.[63] Auf der anderen Seite kann auch die Sorge vor einem Ausscheiden der Prinzipale die Agenten entsprechend disziplinieren (*exit*). Abhängig von den gesetzlichen Rahmenbedingungen werden Prinzipale die Organisation verlassen, um sich einem Wettbewerber zuzuwenden, wenn sie ihre Interessen nicht mehr hinreichend durch die Agenten vertreten sehen.

Für Aktiengesellschaften, bei denen der Austritt aus der Gesellschaft nicht direkt möglich und nur durch Übertragung der Anteile auf dem Sekundärmarkt möglich ist, hat die Corporate-Governance-Forschung umfassend diesen Wettbewerbsmechanismus herausgearbeitet.[64] Denn mit dem Verkauf der Anteile und dem hiermit verbundenen Absinken des Unternehmenswertes geht die Gefahr einher, von Wettbewerbern oder weiteren Marktakteuren übernommen zu werden. Mit einer Übernahme des Unternehmens steigt das Risiko für die Agenten, ausgetauscht und durch Agenten des Erwerbers ersetzt zu werden.[65] Für Vereine, aus denen der Austritt sogar direkt möglich ist (§ 39 BGB), hätte der mit dem Entzug des Kapitals verbundene Austritt aus der Organisation grundsätzlich die gleiche Folge.[66] Jedoch bedarf es hierfür eines funktionierenden Marktes, in welchem die Übernahme überhaupt möglich ist.[67] In jedem Fall aber hat der Verlust der Gesellschafter/Mitglieder für die Führung insofern einen disziplinierenden Einfluss, als dass sie ohne die entsprechenden Mitglieder auch ihre eigenen Ziele nicht mehr hinreichend verfolgen können (zu diesen sogleich § 1 C. I. 2. b. bb, S. 12).

b. Geltung auch für Tarifverbände

aa. Transaktionskostenansatz bei Tarifverbänden

Wendet man nun den Blick auf Tarifverbände, wird deutlich, dass auch hier vergleichbare Probleme existieren. Auch Tarifverbände lassen sich wie Unternehmen als Vertragsbündel (*nexus of contracts*[68]) verstehen. In den zwischen Führung und Verbänden geschlossenen Verträgen verpflichten sich die Verbandsführer,

---

63 Hommelhoff/Hopt/v. Werder/*v. Werder*, Handbuch Corporate Governance, S. 16 m.w.N.

64 Hommelhoff/Hopt/v. Werder/*v. Werder*, Handbuch Corporate Governance, S. 16 m.w.N.

65 *Eidenmüller*, JZ 2001, S. 1041, 1047 m.w.N; *Picot*, Organisation S. 345, der auch die Schwächen und Grenzen des Modells aufzeigt.

66 *Niklisch*, Inhaltskontrolle, S. 40; *Segna*, Vorstandskontrolle, S. 274.

67 Pointiert *Segna*, Vorstandskontrolle: „Markt der Meinungen"; kritisch zu dieser „Floskel" *Fritsche*, ZSt, 2004, S. 336, 337.

68 *Jensen/Meckling*, Theory of the firm, S. 305, 311.

bestmögliche Ergebnisse für die Verbandsmitglieder zu erreichen, während die Verbandsmitglieder sich ihrerseits zu einem loyalen Verhalten gegenüber den übrigen Mitgliedern sowie der Verbandsführung verpflichten. Dabei sind sämtliche Verträge auf einen langen Zeitraum ausgerichtet und als „unvollständig" im oben genannten Sinne anzusehen. Um also flexibel auf auftretende Probleme reagieren zu können, müssen die Verträge entsprechende Governance-Strukturen enthalten, welche den Vertragspartnern Herrschafts- und Kontrollrechte sinnvoll zuweisen.

bb. Prinzipal-Agent-Konflikt in Tarifverbänden

Ein grundsätzlicher Prinzipal-Agent-Konflikt ist bei Tarifverbänden ebenfalls nicht zu leugnen: Auch die Interessen der Verbandsfunktionäre unterscheiden sich grundsätzlich von denen der Mitglieder. Ebenso wie bei Führungspersonen anderer Organisationen besteht hier zumindest die Gefahr, dass Verbandsfunktionäre eigene Interessen wie einen höheren Bekanntheitsgrad, bessere Karrierechancen, gesteigertes Prestige und Status, gegebenenfalls aber auch ein höheres Einkommen oder eine geringere Arbeitsbelastung über die Interessen der Mitglieder stellen.[69] Konkret besteht die Gefahr, dass Funktionäre mehr Mitarbeiter als nötig auf Kosten der Verbandsmitglieder in der Verbandsverwaltung beschäftigen, um sich selbst zu entlasten oder sich eine stärkere Unterstützerbasis etwa im Hinblick auf den eigenen Verband, die Bedeutung im Dachverband oder gegenüber Dritten zu verschaffen. Bei alledem ist sicherlich zuzugeben, dass gerade auf Gewerkschaftsseite für viele Verbandsfunktionäre idealistische oder altruistische und weniger monetäre Gründe im Vordergrund stehen. Gleichwohl kommen soziologische Untersuchungen zu dem Schluss, Gewerkschaftsfunktionäre würden zumindest *auch* zu ihrem Vorteil eigene Interessen verfolgen.[70] Gerade weil sie sich ganz erheblich mit den Zielen und der Gewerkschaftsorganisation identifizieren,[71] besteht darüber hinaus die besondere Gefahr der Gleichsetzung ihrer eigenen Interessen mit denen der Mitglieder („Der Verband bin ich").

cc. Vergleichbare Organisationen

Auch ein soziologischer Vergleich macht deutlich, dass Überlegungen der Corporate-Governance-Forschung für Tarifverbände fruchtbar gemacht werden

---

69 Allgemein zu möglichen Interessen der Agenten, *Picot*, Organisation, S. 331 m.w.N.

70 Zum Ganzen etwa *Witjes*, Führungsgruppen; *Wilke*, Funktionäre, insbesondere ab S. 181 jeweils m.w.N.

71 Hierzu *Wilke*, Funktionäre, S. 183f.

können. *Martin Vorderwülbecke* stellt zutreffend fest: „Verbandssoziologisch gesehen ähnelt den Gewerkschaften im Spektrum der verschiedenen Verbandsformen am ehesten die Aktiengesellschaft.“[72] Beide Organisationen bestehen typischerweise aus einer Vielzahl von Personen (Publikumsgesellschaft), in denen die Willensbildung nur noch sehr eingeschränkt durch die Gesamtheit der Mitglieder erfolgen kann. Zur Führung der Geschäfte und Vertretung nach außen werden beide Organisationen von einer zumindest faktisch sehr starken Führung geleitet, welche nur schwer durch die Aktionäre bzw. die Mitglieder selbst überwacht werden kann. Auch inhaltlich bestehen gewisse Übereinstimmungen, sind doch sowohl die Aktiengesellschaft als auch die Tarifverbände letztlich auf monetäre Ziele ausgerichtet.

c. Grenzen der Übertragbarkeit

aa. Machtbefugnisse, politische Dimension

Gleichwohl bestehen auch erhebliche Unterschiede zwischen den Organisationen. Ist der typische Aktionär nur mit einer überschaubaren Summe seines Vermögens an „seiner“ Aktiengesellschaft beteiligt und das Risiko der Beteiligung auf diesen Vermögenseinsatz beschränkt, geht es in Gewerkschaften und Arbeitgeberverbänden um mehr: Allein die Mitgliedschaft im Verband gibt der Verbandsführung die Möglichkeit, unmittelbar (§ 4 Abs. 1 TVG) auf die Arbeits- und Wirtschaftsbedingungen, mithin auf einen der elementaren Lebensbereiche der Mitglieder einzuwirken und diesen zu regeln. Dies gilt es im Hinblick auf Arbeitgeberverbände ganz besonders im Blick zu behalten. Denn mag es für das Gewerkschaftsmitglied „nur“ um eine Gehaltssteigerung von wenigen Prozentpunkten gehen, kann eine zu nachgiebige Haltung des Arbeitgeberverbandes den Unternehmer schlimmstenfalls in die Insolvenz treiben.

Daneben ist auch die ideell-politische Dimension nicht zu leugnen. Auch wenn eine Wandlung der Verbände hin zu Dienstleistungsgesellschaften zu beobachten ist,[73] bleiben Tarifverbände gerade nach ihrem Selbstverständnis *auch* politische Verbände und unterscheiden sich somit erheblich von Kapitalgesellschaften.

bb. Mitgliederinteresse statt „Unternehmensinteresse“

Dies hat Folgen für den Verbandscharakter: Während sich die Aktiengesellschaft als Organisation von einer hierarchischen, allein auf die Hauptversammlung

---

72 *Vorderwülbecke*, Rechtsform, S. 114.

73 Hierzu auch *Streeck*, Organisation, S. 147ff.

ausgerichteten Vereinigungen gelöst hat und nun nach wohl überwiegender Meinung die Interessen sämtlicher Stakeholder zu befriedigen hat,[74] bleiben die Vereine allein ihren Mitgliedern verpflichtet. Rechtlich zeigt sich die Ausrichtung an der Organhierarchie: Während der Vorstand der AG weisungsunabhängig von Hauptversammlung und Aufsichtsrat agiert,[75] ist im Vereinsrecht die Mitgliederversammlung als oberstes Organ dem Vereinsvorstand gegenüber grundsätzlich weisungsbefugt (nach § 27 Abs. 3 i.V.m. § 665 BGB).

cc. Gesetzlicher Rahmen

Anders als in der Diskussion um gute Unternehmensführung kann bei der guten Koalitionsführung nicht auf ein Regelwerk zwingender Vorgaben zurückgegriffen werden. Während Corporate Governance an strenge und im Grundsatz zwingende Regelungen des AktG (§ 23 Abs. 5 AktG) gebunden ist und auf diese aufbauen kann, fehlt es fast vollständig an vergleichbaren verbandsrechtlichen Regelungen. Kann es bei guter Unternehmensführung also nur darum gehen, strittige Punkte innerhalb des strengen Korsetts aktienrechtlicher Regelungen näher zu bestimmen, muss Collective Governance zwangsläufig umfassender verstanden werden. Angesichts der nur geringen Regelungsdichte und weitgehenden Dispositivität der bestehenden Regelungen des Vereinsrechts (§ 40 BGB) stellen sich grundsätzlichere Fragen.

II. Stand des Tarifverbänderechts

1. Demokratische Willensbildung in Tarifverbänden

a Willensbildung als Gegenstand der Forschung

Im Fokus des rechts- und sozialwissenschaftlichen Interesses der Verbändeforschung stand bislang vor allem die verbandsinterne, demokratische Willensbildung. Als grundlegend für die späteren Untersuchungen zur demokratischen Verfassung von Gewerkschaften lässt sich die vielzitierte soziologische Arbeit von *Robert Michels*[76] 1911 bezeichnen. Nach dem von *Michels* erkannten „ehernen Gesetz der Oligarchie", beginnt in jeder Massenorganisation über kurz oder lang eine kleine Elite die Geschicke allein und ohne Beteiligung der apathischen Mitglieder zu lenken und bewahrt diese Macht auch über die notwendigen

74 Hommelhoff/Hopt/v. Werder/*Schmidt/Weiß*, Handbuch Corporate Governance, S. 161 sowie Hommelhoff/Hopt/v. Werder/*Fleischer*, Handbuch Corporate Governance, S. 185 m.w.N.

75 Statt aller MüKoAktG/*Habersack*, § 111 AktG Rn. 12.

76 *Michels*, Soziologie des Parteiwesens, passim.

personellen Wechsel hinaus. Diese pointierte Erkenntnis war der Anstoß für viele spätere, zunächst angelsächsische Arbeiten, die eine demokratischere Willensbildung für Verbände entwarfen.[77]

Ende der 1960er-Jahre setzte auch in Deutschland eine verstärkte rechtliche und soziologische Auseinandersetzung mit dem Thema ein. Zahlreiche abstrakte[78] und empirische Untersuchungen[79] analysierten die demokratische Willensbildung in Verbänden, vor allem in Gewerkschaften. Wenn überhaupt, so wurde die Willensbildung von Arbeitgeberverbänden allenfalls am Rande behandelt.[80] Der etwa von *Gunther Teubner* erhobene Vorwurf, die Diskussion

---

77 Wegweisend zur Theorie der „Eliten-Konkurrenz" etwa *Schumpeter*, Capitalism, Socialism and Democracy, 1942; für Gewerkschaften *Lipset/Trow/Coleman*, Union Democracy, 1956; zusammenfassend etwa auch *Schüren*, Legitimation, S. 193ff.

78 In chronologischer Reihenfolge etwa: *Külp*, Lohnbildung im Wechselspiel zwischen politischen und wirtschaftlichen Kräften, 1965; *Hirsch*, Die öffentlichen Funktionen der Gewerkschaften, 1966; *Adels*, Wie entscheiden Verbände? 1969; *Weitbrecht*, Effektivität und Legitimität, 1969 *Hanau/Stindt*, Machtverteilung in deutschen Gewerkschaften, Der Staat 1971, S. 539; *Mertens*, Überlegungen zur innergewerkschaftlichen Demokratie, WSI Mitteilungen 1972, S. 213; *Streeck*, Das Dilemma der Organisation. Tarifverbände zwischen Interessenvertretung und Stabilitätspolitik, S. 130, 1972; *Rölke*, Die Beteiligung von Gewerkschaftsmitgliedern der unteren Organisationsebenen an der innergewerkschaftlichen Willensbildung, 1973, *Föhr*, Willensbildung in den Gewerkschaften und Grundgesetz, 1974; *ders.* Anforderungen des Grundgesetzes an den Aufbau von Verbänden, NJW 1975, S. 617; *Rinken*, Innere Demokratie in den Verbänden, S. 127, 1975; *Teubner*, Ziele und Methoden der verbandsrechtlichen Reformdiskussion, ZGR 1975, 459; *Popp*, Öffentliche Aufgaben der Gewerkschaften und innerverbandliche Willensbildung, 1975; *Leßmann*, Die öffentlichen Aufgaben und Funktionen privatrechtlicher Wirtschaftsverbände, 1976; *Nicklisch*, Gesetzliche Anerkennung und Kontrolle von Verbandsmacht, FS Schiedermair, S. 459, 1976; *Schelter*, Demokratisierung der Verbände? 1976; *Stindt*, Verfassungsgebot und Verfassungswirklichkeit demokratischer Organisation der Gewerkschaften, 1976; v. *Allemann*, Innerverbandliche Demokratie – Privatsache oder Politikum? 1977; *Gerhardt*, Das Koalitionsgesetz, 1977; *Teubner*, Organisationsdemokratie und Verbandsverfassung, 1978; *Bergmann*, Organisationsstruktur und innergewerkschaftliche Willensbildung, 1979; *Göhner*, Demokratische Willensbildung in privatrechtlichen Interessenverbänden, 1979.

79 *Noé*, Gebändigter Klassenkampf, 1970; *Bosch*, Wie demokratisch sind Gewerkschaften? 1975; *Witjes*, Führungsgruppen, 1976; *Borsdorf*, Historische Wandlungsprozesse im gewerkschaftlichen Führungspersonal, GewerkMH 1978, S. 602; *Wilke*, Die Funktionäre, 1979; *Schilling*, Der Einigungsprozess bei Tarifverhandlungen, 1984.

80 Paradigmatisch hierfür etwa die Arbeit von *Gerhardt*, Das Koalitionsgesetz, 1977: Nach über 300 Seiten zur Willensbildung in Gewerkschaften wird auf acht Seiten die Übertragbarkeit der Ergebnisse auf Arbeitgeberverbände untersucht.

um eine verbesserte Verbändedemokratie und ein etwaiges Tarifverbändegesetz diene einigen wohl primär zur „Disziplinierung der Gewerkschaften",[81] scheint daher nicht vollkommen aus der Luft gegriffen. Zu einem Verbände- oder Koalitionsgesetz kam es freilich nie[82] und auch das wissenschaftliche Interesse daran erlahmte bald. Einzelaspekte wie die Legitimation der Tarifautonomie[83] und ihr Charakter als kollektiv ausgeübte Privatautonomie[84] erfuhren nun die gebotene Aufmerksamkeit.

b. „Demokratische Organisation" als Tariffähigkeitsvoraussetzung

Praktisch betrachten sowohl BVerfG als auch BAG sowie die einhellige Meinung im Schrifttum eine demokratische Organisation bereits nach der geltenden Rechtslage als Voraussetzung der Tariffähigkeit.[85]

aa. Demokratische Organisation im staatsrechtlichen Sinne?

Warum überhaupt eine demokratische Organisation der Tarifverbände erforderlich sein soll, war bereits Gegenstand intensiver Auseinandersetzungen und zahlreicher Publikationen, auf die an dieser Stelle verwiesen werden soll.[86] Abzulehnen sind jedenfalls Ansätze, die das staatsrechtliche Demokratieverständnis – mit unterschiedlichen Begründungen – insbesondere auf Gewerkschaften, wohl aber auch auf Arbeitgeberverbände übertragen wollen. Demokratie im ursprünglich staatsrechtlichen Sinne der Volksherrschaft kann jedenfalls nicht gemeint sein. Es handelt sich bei Tarifverbänden gerade nicht um staatliche, sämtliche Bürger eines Staatsgebietes umfassende Zusammenschlüsse, sondern um privatrechtliche Zusammenschlüsse Einzelner. Auch das innerverbandliche Demokratiegebot des Art. 21 Abs. 1 Satz 2 GG kann nicht analog für eine demokratische Willensbildung der Tarifverbände herangezogen werden, handelt es sich bei Tarifverbänden doch gerade nicht um „Bindeglieder" zwischen Volk und Staat, sondern vielmehr um

81 Auf diese Formel bringt *Teubner* die Stoßrichtung der politischen Forderungen nach einem Verbändegesetz in den 1970er Jahren, JZ 1978, 545, 545, die er aber gegen verbandsrechtliche Sachprobleme abgrenzt.

82 Vgl. aber den Entwurf der F.D.P.- Fraktion im Bundestag, abgedruckt in RdA 1977, 235.

83 So der gleichnamige Titel der Habilitationsschrift von *Schüren*.

84 Stellvertretend und mit weiteren Nachweisen *Bayreuther*, Tarifautonomie, passim.

85 Grundlegend *Biedenkopf*, Tarifautonomie, S. 47ff; mit guter Übersicht etwa Wiedemann/*Oetker*, § 2 TVG Rn. 341 m.w.N.

86 Vgl. hierzu den umfassenden Überblick bei *Teubner*, Organisationsdemokratie S. 246; *Schüren*, Legitimation, S. 230ff oder zuletzt *Fuest*, Spartengewerkschaften, S. 45ff.

eigenständige Interessenverbände, welche ihren Mitgliedern besondere Vorzüge gewähren sollen.[87] Genauso wenig leuchtet es ein, demokratische Strukturen aufgrund des „öffentlichen Charakters" der Tarifverbände zu fordern.[88] Dagegen sprechen ähnliche Gründe wie gegen die analoge Anwendung von Art. 21 GG.

bb. Konsequenz kollektiv ausgeübter Privatautonomie

Überzeugender ist es, demokratische Willensbildung als notwendige Folge der Normsetzungsbefugnis der Tarifverbände anzusehen[89] und zur Vermeidung falscher Assoziationen auf „Demokratie" als Terminus im Zusammenhang mit Tarifverbänden zu verzichten. In Übereinstimmung mit der neueren Rechtsprechung des BAG[90] und der überwiegenden Meinung im Schrifttum[91] ist davon auszugehen, dass Tarifautonomie nichts anderes als kollektiv ausgeübte Privatautonomie darstellt, die Normsetzungsbefugnis der Tarifverbände sich also auf die mitgliedschaftliche Legitimation der Verbandsmitglieder stützt.

Mitgliederbeteiligung an der Willensbildung lässt sich zunächst aus der Funktion der Normsetzungsbefugnis ableiten.[92] Mit der Normsetzungsbefugnis und der Verhandlung auf kollektiver Ebene soll die strukturelle Unterlegenheit der Arbeitnehmer ausgeglichen werden.[93] Verbandsmitglieder verhandeln ihre Arbeitsverträge nicht länger individuell, sondern bündeln ihre individuelle Selbstbestimmung auf kollektiver Ebene.[94] Mit dieser Bündelung geht die Unterwerfung unter die Macht des Tarifverbandes einher, der fortan die Mindestarbeitsbedingungen direkt und unmittelbar bestimmen kann. Gleichwohl hat diese Verhandlung des Tarifverbandes zu jeder Zeit allein im Interesse der Normunterworfenen zu erfolgen und muss daher auf den Willen der Mitglieder zurück zu führen sein.[95] Auf die Mitglieder stützt sich die Legitimation des Verbandes, für sie werden Tarifverträge geschlossen. Daher sind sie auch an der Willensbildung so weit wie möglich zu beteiligen. Auch wenn im Verbandsbeitritt die

---

87 Mit ausführlicher Diskussion dieses insbesondere von *Föhr*, Willensbildung, S. 126 vertretenen Argumentes *Fuest*, Spartengewerkschaften, S. 50ff.

88 Ablehnend und m.w.N. auch *Popp*, Öffentliche Aufgabe, S. 50.

89 Umfassend schon *Fuest*, Spartengewerkschaften, S. 84ff.

90 BAG v. 25.2.1998 - 7 AZR 641/96, BAGE 88, S. 118, 123; BAG v. 4.4.2000 - 3 AZR 729/98, NZA 2002, 917, 918; BAG v. 27.5.2004 - 6 AZR 129/03, BAGE 111, 8, 14f; BAG v. 7.7.2010 - 4 AZR 549/08, NZA 2010, 1068, 1071.

91 *Löwisch/Rieble*, Grund. TVG Rn. 22; umfassend *Bayreuther*, Tarifautonomie, passim.

92 *Ricken*, Autonomie, S. 154ff.

93 Zu dieser BVerfGE 84, 212, 229; statt aller *Gamillscheg*, Kollektives Arbeitsrecht I, S. 3.

94 *Zachert* DB 1990, 986, 987: „*Gebündelter Ausdruck individueller Selbstbestimmung*".

95 *Ricken*, Autonomie, S. 155, *Schüren*, Legitimation, S. 285.

Legitimation der Normsetzungsbefugnis begründet liegt, erteilt das Verbandsmitglied der Verbandsführung damit keine Generalermächtigung, die den Funktionären freie Hand ließe.[96] Gerade weil das Verbandsmitglied auf das direkte Verhandlungsergebnis der Verbandsführung keinen Einfluss nehmen kann, ist eine indirekte Beteiligung der Mitglieder im Vorfeld von umso größerer Bedeutung.

Weiterhin ist eine Beteiligung der Mitglieder auch aufgrund der Reichweite der Normsetzungskompetenz erforderlich.[97] Tarifverbände greifen durch Tarifverträge unmittelbar in die durch Art. 12 GG, Art. 2 Abs. 1 und mittelbar Art. 14 GG geschützten Arbeits- und Wirtschaftsbedingungen der Mitglieder ein.[98] Einmal dem Tarifverband beigetreten unterwirft sich das Verbandsmitglied der Regelungskompetenz des Verbandes in einem existenziellen Lebensbereich. Tarifverbänden steht somit eine erheblich erweiterte Regelungskompetenz im Vergleich zu anderen Vereinen zu, was Konsequenzen für die Beteiligung der Mitglieder haben muss („Sonderlegitimation")[99]. Gerade weil das einzelne Mitglied auf den Verbandsbeitritt angewiesen ist, muss eine entsprechende Vertretung der Mitgliederinteressen gewährleistet sein.[100]

cc. Praktische Bedeutung der „demokratischen Organisation"

Der Begriff der „demokratischen Organisation" ist vielschichtig und nach dem oben Gesagten grundsätzlich abzulehnen. Welche Folgerungen für die Binnenstruktur aus ihm abzuleiten sind, ist unklar. Im Schrifttum sind folgende Anforderungen zumindest für Gewerkschaften anerkannt: Sie müssen eine Mitwirkung ihrer Mitglieder an der Meinungs- und Willensbildung ermöglichen, Entscheidungen nach dem Mehrheitsprinzip fällen, alle Mitglieder gleich behandeln und den Austritt nicht versagen.[101] Während eine Entscheidung des BVerfG zu dieser Frage aussteht, stellt die Rechtsprechung des BAG geringe Anforderungen an den Begriff der „demokratischen Organisation". Wörtlich führt der 1. Senat in seiner Entscheidung zur Tariffähigkeit der CGM aus:

96 *Rieble*, FS Canaris, S. 1439, 1446.

97 *Fuest*, Spartengewerkschaften, S. 84f.

98 *Greiner*, Pluralität, S. 102; MünchArbR/*Rieble/Klumpp*, § 164 Rn. 5.

99 *Fuest*, Spartengewerkschaften, S. 85.

100 Bedeutung des „angewiesen seins" unten § 1 D. II. 2. b. bb. [1], S. 30 sowie bereits MüKoBGB/*Reuter*, Vor. § 21 BGB Rn. 120ff. („Verbände mit und ohne Aufnahmezwang").

101 ErfK/*Franzen*, § 2 TVG Rn. 15.

„Sofern die Statuten einer Arbeitnehmervereinigung aber grundsätzlich die Gleichheit der Mitglieder und deren Teilnahme am innerverbandlichen Willensbildungsprozess vorsehen, besteht kein Grund, die Tariffähigkeit der Arbeitnehmervereinigung wegen etwaiger Defizite in der demokratischen Binnenstruktur in Frage zu stellen.“[102]

Insbesondere hänge die Wirksamkeit von Tarifverträgen nicht von Vorgängen innerhalb der tarifschließenden Gewerkschaft ab, solange die fundamentalen Grundsätze der Gleichbehandlung und des Willkürverbotes beachtet würden:

„Bei der Willensbildung war das Gebot der Gleichbehandlung der Mitglieder und das Verbot der Willkür zu beachten, wobei für Vereinigungen, die den Zugang zu wesentlichen Vorteilen beherrschen, besondere Anforderungen zu stellen waren. Zu diesen Vereinigungen gehören auch Gewerkschaften, die den Zugang zu tariflichen Leistungen gewähren (§§ 2 I, 3 I TVG). [...] Ob und in welcher Weise die Tarifvertragsparteien im Einzelfall die Betriebsrentner beteiligt haben, ist allerdings für die Wirksamkeit eines Tarifvertrages nicht entscheidungserheblich. Dies widerspräche dem aus dem Rechtsstaatsprinzip (Art. 20 III GG) folgenden Grundsatz der Rechtssicherheit. Die Wirksamkeit der Rechtsnormen (§ 1 TVG) eines Tarifvertrages kann nicht von den inneren Vorgängen innerhalb einer Tarifvertragspartei abhängig gemacht werden. Es reicht aus, dass es den Betriebsrentnern offensteht, ihren Beteiligungsanspruch notfalls gerichtlich durchzusetzen.“[103]

Insofern lässt sich festhalten, dass zumindest derzeit dem Erfordernis nach „demokratischer“ Willensbildung nur Mindestvorgaben entnommen werden können, die kaum über die nach §§ 138, 242 BGB ohnehin in das Verbandsrecht einstrahlenden guten Sitten hinaus reichen.

c. Verbändedemokratie und Elitenkonkurrenz

aa. Soziologische Kritik

Zunächst in der Soziologie und später auch in der Rechtswissenschaft wurde erkannt, dass allein durch eine satzungsrechtliche Stärkung der vereinsrechtlichen Organe den Interessen der Mitglieder nicht gedient ist. Aus der juristischen Literatur war es vor allem *Gunther Teubner*, der auf die Unzulänglichkeiten der allgemein unter dem Begriff der Verbandsdemokratie diskutierten Stärkung der Mitgliederrechte im Hinblick auf das „Eherne Gesetz der Oligarchie“ hinwies.[104] Die Kritik zielt auf die soziologische Zwischenebene: Auch eine umfangreiche Stärkung der Mitgliederrechte auf dem Papier wird praktisch im Sande verlaufen, wenn die Mitglieder in Apathie verharren.

102 BAG v. 28. 3. 2006 – 1 ABR 58/04, S. 1112, Rn. 55.

103 BAG v. 17. 6. 2008 – 3 AZR 409/06, NZA 2008, S. 1244, Rn. 34.

104 *Michels*, Soziologie des Parteiwesens, passim.

Einen allgemeinen Weg zur Abhilfe dieses Missstandes haben bereits früh *Joseph A. Schumpeter*[105] (für den staatlichen Bereich) sowie an Hand der US-amerikanischen Druckergewerkschaft „International Typographical Union" für Gewerkschaften *Seymour M. Lipset, Martin Trow* und *James S. Coleman*[106] mit dem Modell der „Elitenkonkurrenz" aufgezeigt.[107] Durch den Wettbewerb mehrerer Parteien innerhalb eines Verbandes sollen den Mitgliedern Auswahlmöglichkeiten geboten und so letztlich die Rückkoppelung zwischen Führung und Mitgliedschaft gestärkt werden.[108] Da sich die Kontrahenten in regelmäßigen Abständen einem innerverbandlichen Wettbewerb stellen müssen, sind sie zur bestmöglichen Verwirklichung der Mitgliederinteressen verpflichtet. Kernanliegen dieses Ansatzes ist daher weniger die möglichst unverfälschte Repräsentation des Mitgliederwillens, wie sie der staatsrechtlichen repräsentativen Demokratie zu Grunde liegt, sondern vor allem der mehr oder minder institutionalisierte Wettstreit um die besten Ideen.[109]

Auch durch andere, teilweise komplexe Systeme, haben verschiedene Autoren versucht, die Mitglieder an die Entscheidungsfindung heranzuführen und die „Funktionärsoligarchie" zu brechen.[110]

bb. Praktische Einbindung des Elitenwettbewerbs

Praktisch können diese Theorien eine bestmögliche Einbindung der Mitglieder ergänzen. Gerade die inhaltlich überzeugende Idee der Elitenkonkurrenz vermag etwa die personelle Auswahl der Funktionäre zu optimieren. Gleichwohl ist ein Wettbewerb verbandsrechtlich kaum zu erzwingen. Schon *Seymour M. Lipset* und ihm folgend *Peter Schüren* haben herausgearbeitet, welche Umstände den Wettstreit begünstigen:[111] So beflügeln etwa dezentrale Organisationsstrukturen,

---

105 *Schumpeter*, Kapitalismus, S. 427ff im Hinblick auf die demokratische Ausgestaltung von Staaten.

106 *Lipset/Trow/Coleman*, Union Democracy, insb. 13ff, 77ff, 440ff, zit. nach Schüren, Legitimation, S. 196.

107 Weiterführend *Schüren*, Legitimation, S. 195ff.; *Teubner*, Organisationsdemokratie, S. 90ff.

108 *Schüren*, Legitimation, S. 196.

109 Hierzu insbesondere *Herder-Dorneich*, Verbandsökonomik, S. 13ff, 164ff sowie auf ihn verweisend *Teubner*, Organisationsdemokratie, S. 91.

110 Vgl. etwa den insbesondere von *Naschold* geprägten Ansatz der *partizipatorischen Demokratie, Naschold*, Organisation und Demokratie sowie weitere Ansätze und Variationen, die *Teubner* umfassend untersucht und auf ihre rechtliche Praktikabilität hin untersucht hat, *Teubner*, Organisationsdemokratie, S. 98ff.

111 *Schüren*, Legitimation, S. 199ff.

Normen zum Schutze abweichender Meinungen und insbesondere ein offener Zugang zu den Verbandsmedien, eine homogene Mitgliederstruktur oder eine hohe berufliche Qualifikation der Mitglieder die Konkurrenz der Eliten. Erzwungen werden können die meisten dieser Anforderungen gleichwohl nicht.

2. *Verbandsunabhängigkeit von Gegner und Dritten*

Seit jeher begleiten auch Fragen der Unabhängigkeit die Gewerkschafts- und Arbeitgeberbewegung.[112] Nach den Vorarbeiten von *Philipp Lotmar*[113] und *Hugo Sinzheimer*[114] und einer Entscheidung des Reichsgerichts 1923[115] bestand nahezu Einigkeit in Rechtsprechung und Wissenschaft darüber, dass ein vom sozialen Gegenspieler abhängiger Verband nicht dazu geeignet ist, wirksam für die Interessen seiner Mitglieder einzutreten.[116]

Auch heute sehen BVerfG[117] und BAG[118] sowie herrschende Lehre[119] Gegnerfreiheit wie Gegnerunabhängigkeit als notwendige Voraussetzung für Koalitionen an.[120] Begründet wird das historisch: Es gilt „gelbe", also von der Arbeitgeberseite abhängige Gewerkschaften - wie sie Ende des 19. Jahrhunderts bestanden - zu verhindern.[121] Eine vom Arbeitgeber unterwanderte und

112 Umfassend und instruktiv *Jung*, Unabhängigkeit.

113 *Lotmar*, Archiv für soziale Gesetzgebung und Statistik, 1900 (Bd. 15),1, 10, 48, zit. nach *Jung*, Unabhängigkeit, S. 11f.

114 *Sinzheimer*, Arbeitstarifgesetz S. 57f, der bereits 1916 gemeinsam von Arbeitnehmern und Arbeitgebern gebildete „Harmonieverbände" ablehnte.

115 RG v. 1.10.1923 - IV 789/22 - RGZ 107,144, 146; dazu Wiedemann/*Oetker*, § 2 TVG Rn. 300.

116 Wiedemann/*Oetker*, § 2 TVG Rn. 299ff mit kurzer Übersicht über die historische Entwicklung.

117 BVerfG v. 18. 11. 1954, BVerfGE 4, S. 96, 106; BVerfG v. 6. 5. 1964, BVerfGE 18, S. 18, 28; BVerfG 19. 10. 1966, BVerfGE 20, S. 312, 319; BVerfG v. 20. 10. 1981, BVerfGE 58, S. 233, 235.

118 BAG v. 19. 1. 1962, SAE 1964, S. 193; BAG v. 9. 7. 1968, BAGE 21, S. 98, 101f; BAG v. 15. 3. 1977, AuR 1977, S. 281, 283; BAG v. 10. 9. 1985, SAE 1986, S. 193; BAG v. 16. 1. 1990, SAE 1991, S. 97; BAG v. 17. 2. 1998, SAE 1998, S. 243; BAG v. 14. 12. 2004, SAE 2006, S. 89.

119 Statt aller Wiedemann/*Oetker*, § 2 TVG Rn. 298 m.w.N. aus dem Schrifttum.

120 Zu Gegnerfreiheit und Gegnerunabhängigkeit im Einzelnen etwa Däubler/*Peter*, § 2 TVG Rn. 30ff. Zur Frage, ob die Gegnerunabhängigkeit ein Problem der Koalition oder der Tariffähigkeit sei *Jung*, Unabhängigkeit, S. 50ff mit vielen Nachweisen in Rechtsprechung und Literatur.

121 Etwa *Kempen*/Zachert, § 2 TVG Rn. 62.

abhängige Gewerkschaft könne die Arbeitnehmerinteressen nicht angemessen fördern und wahren.[122] Vor allem aber ist Gegnerunabhängigkeit notwendig, um das von Art. 9 Abs. 3 GG geschützte Gegengewichtsprinzip[123] nicht zu verletzen.[124] Wie *Ute Jung* in Anlehnung an *Wolfgang Zöllner* und *Hugo Seiter*[125] zutreffend bemerkt, ermöglichen „nur unabhängige Koalitionen [...] die Herstellung eines potentiellen Gleichgewichts zwischen den sozialen Gegenspielern und damit die Herbeiführung einer sinnvollen Ordnung des Arbeitslebens."[126] Mit anderen Worten: Nur unabhängige Koalitionen können Tarifverträge gleichberechtigt aushandeln.[127]

Daneben besteht Einigkeit, dass *tariffähige* Koalitionen ihre Unabhängigkeit auch gegenüber dem Staat wie auch gesellschaftlichen Institutionen (Parteien, Kirchen) bewahren müssen.[128] Dies folge aus der Tarifautonomie und sei erforderlich, um die tatsächlich autonome Tariffindung zu gewährleisten.[129]

3. *Ableitungen für die Collective Governance*

Der Stand des Tarifverbänderechts skizziert erste Aspekte der Collective Governance. Doch sowohl die demokratischen Organisationsanforderungen als auch den Unabhängigkeitsgedanken gilt es zu erweitern:

- „Demokratische Organisation" ist kein soziologisch-emotionaler Selbstzweck, sondern geht von der selbstbestimmten Verbandswillensbildung durch die Mitglieder aus. Die Mitglieder müssen – so gut es eine effiziente Verbandsführung zulässt – ihre Interessen selbst bestimmen und ihre Durchsetzung steuern.
- „Unabhängigkeit" meint *erstens* nicht nur die Unabhängigkeit vom sozialen Gegenspieler und von den klassischen Institutionen (Staat, Parteien und Kirchen).[130] Es kann nicht genügen, allein den bislang etablierten

122 So zutreffend *Jung*, Unabhängigkeit, S. 60ff.

123 *Zöllner/Seiter* in ihrer wegweisenden Untersuchung zur Unternehmensmitbestimmung, ZfA 1970, S. 97, 131.

124 *Jung*, Unabhängigkeit, S. 69.

125 *Zöllner/Seiter*, ZfA 1970, S. 97, 131.

126 *Jung*, Unabhängigkeit, S. 69.

127 Wiedemann/*Oetker*, § 2 TVG Rn. 303ff.

128 Statt aller Däubler/*Peter*, § 2 TVG Rn. 30ff m.w.N.

129 Däubler/*Peter*, § 2 TVG Rn. 35f; Wiedemann/*Oetker*, § 2 TVG Rn. 330f.

130 In diese Richtung bereits *Löwisch/Rieble* § 2 TVG Rn. 89, die darauf hinweisen, dass diese Unabhängigkeit auch gegenüber anderen, für viele wohl sogar relevanteren gesellschaftlichen Institutionen wie DFB oder Greenpeace gelten müsse.

Negativkatalog beliebig fortzuschreiben. Collective Governance muss *positiv* gegenüber sämtlichen unzulässigen Fremdeinflüssen die Autonomie der Tarifverbände sicherstellen.[131] *Zweitens* muss „Unabhängigkeit" inhaltlich neu justiert werden. Über die Vermeidung tatsächlicher Abhängigkeiten hinaus müssen jegliche Interessenkonflikte identifiziert und (soweit möglich) neutralisiert werden.

D. Innere Koalitionsfreiheit und Collective Governance

Will man die Erkenntnisse der Corporate Governance auf Tarifverbände übertragen, sind Art. 9 Abs. 3 GG und die verfassungsrechtliche Überformung der vereinsrechtlichen Regelungen für Tarifverbände zu berücksichtigen.[132] Denn anders als das Handeln der Aktionäre oder der Aktiengesellschaften stehen sowohl der Beitritt der Mitglieder und ihre Betätigung im Tarifverband als auch die Arbeit des Tarifverbandes selbst unter dem besonderen grundrechtlichen Schutz des Art. 9 Abs. 3 GG. Die grundsätzlich ökonomische Betrachtungsweise der *Corporate* Governance wird bei der *Collective* Governance um eine verfassungsrechtliche Dimension ergänzt. Insofern dürfen die Erkenntnisse der Corporate Governance nicht unbesehen auf Tarifverbände übertragen werden. Von überragender Bedeutung für die kollektivarbeitsrechtliche Prägung ist die durch Art. 9 Abs. 3 GG geschützte, bislang jedoch kaum von Wissenschaft, geschweige denn Rechtsprechung herausgearbeitete innere Koalitionsfreiheit.

I. Schutzgehalt innerer Koalitionsfreiheit

1. Verbandsmitglieder als geschützter Personenkreis

Bislang standen vor allem die individuelle Koalitionsfreiheit in ihren Ausprägungen als positive und negative Koalitionsfreiheit[133] sowie die kollektive Koalitionsfreiheit[134] der Verbände selbst im Mittelpunkt des wissenschaftlichen Interesses. Weniger und nur ausschnittsweise Beachtung hingegen findet die grundrechtliche Dimension der Rechtsbeziehung des Verbandsmitglieds zu seinem Verband.

131 Ähnlich *Rieble* FS Reuter, S. 805, 820, 824.
132 Zur Überlagerung *Oetker*, RdA 1999, 96.
133 Statt aller MünchHdbArbR/Löwisch/Rieble, § 156 Rn. 1ff, 24ff.
134 Statt aller MünchHdbArbR/Löwisch/Rieble, § 157 Rn. 1ff.

In Anlehnung an die von *Ekkehard Stein*[135] und *Theodor Maunz*[136] geprägten Begriffe der äußeren und inneren *Vereinigungsfreiheit* lässt sich mit Bezug auf die Koalitionsfreiheit von äußerer und innerer *Koalitionsfreiheit* sprechen.[137]

Mit der inneren Koalitionsfreiheit wird nicht auf die im Bereich der Meinungsfreiheit (Art. 5 Abs. 1 GG) insbesondere in den 1960er/70er-Jahren entwickelte *innere Pressefreiheit*[138] rekurriert.[139] Unter diesem Begriff erhoben nicht zuletzt die Gewerkschaften selbst in Zeiten einer vermeintlichen oder tatsächlichen „Pressekonzentration"[140] die Forderung, den Redakteuren größere Autonomie gegenüber den Verlegern einzuräumen.[141] So sollte der „Binnenpluralismus der Meinungen" auch im Interesse der Leser und letztlich der demokratischen Staatsverfassung gestärkt werden.[142] Innere Koalitionsfreiheit in diesem Sinne hieße, den Begriff auf das Verhältnis von *Verbandsangestellten* zu „ihren" Tarifverbänden anzuwenden. Das soll hier nicht der Untersuchungsgegenstand sein.[143]

Vielmehr soll hier unter innerer Koalitionsfreiheit (in Anlehnung an die innere Vereinigungsfreiheit) das Verhältnis der *Mitglieder* zu ihrem Tarifverband verstanden und untersucht werden.[144] Die Mitgliederinteressen – und nicht die Rechte der Verbandsangestellten – hat die Collective Governance in angemessener Weise zu sichern.

---

135 *Stein*, Staatsrecht 1. Auflage 1968, S. 140f, zit. nach *Schmitz*, Innere Vereinsfreiheit, S. 1; ähnlich auch die aktuelle 21. Auflage, *Stein/Frank*, Staatsrecht, S. 336f.

136 Maunz/Dürig/*Maunz*, Art. 9 GG Rn. 55 Stand 1973, zit. nach *Schmitz*, Innere Vereinsfreiheit, S. 1.

137 Zur inneren Vereinigungsfreiheit vgl. auch die Dissertation von *Schmitz*, Innere Vereinsfreiheit sowie *W. Schmidt*, ZRP 1977, S. 255; der Begriff findet sich aber etwa auch bei MüKoBGB/*Reuter* Vor § 21 BGB Rn. 77.

138 Sehr kritisch *Rüthers*, DB 1972, 2471.

139 So aber *Lessner- Sturm*, Gewerkschaften als Arbeitgeber, S. 70ff.

140 Mit Statistiken *Dieterichs*, Massenmedien, S. 59ff, insb. 78.

141 Statt aller BK/*Degenhardt*, GG, Art. 5 Abs. 1 und 2 Rn. 387ff m.w.N.

142 Kritisch auch zu dieser *„Mitbestimmung zugunsten Dritter"*, *Rüthers*, DB 1972, 2471, 2474.

143 Dazu ablehnend *Lessner-Sturm*, Gewerkschaften als Arbeitgeber, S. 70ff.

144 Nicht zu verwechseln ist sie daher auch von der gelegentlich als innere Koalitionsautonomie beschriebene Ausprägung der kollektiven Koalitionsfreiheit, die auf eine autonome Ausgestaltung der eigenen Angelegenheiten ausgerichtet ist, vgl. *Schmiegel*, Inhaltskontrolle, S. 24. Sie ist letztlich auch eine der Ausprägungen der Verbandsautonomie, vgl. unten § 2 A. I. 2, S. 48.

2. *Koalitionsfreiheit als klassisches Abwehrrecht*

Art. 9 Abs. 3 GG gewährt in erster Linie[145] dem *Einzelnen* das Recht, sich mit anderen zur Verbesserung seiner Arbeits- und Wirtschaftsbedingungen zusammen zu schließen. Nur in der Gemeinschaft können Arbeitnehmer ihre „strukturelle Unterlegenheit" überwinden.[146] Erst die Bildung von Koalitionen stellt ein angemessenes Kräftegleichgewicht der sozialen Gegenspieler her und ermöglicht Verhandlungen auf „Augenhöhe".[147] Ein solcher Zusammenschluss bliebe freilich schwach, wäre nicht auch die Koalition als solche in den Schutzbereich der Koalitionsfreiheit einbezogen und gegen Eingriffe des Staates sowie Dritter (Art. 9 Abs. 3 S. 2 GG) geschützt.[148]

3. *Schutzrichtung Verbandsmacht*

Das reicht aber nicht aus, um die Koalitionsfreiheit des Einzelnen zu gewährleisten. Denn mit dem Beitritt zum Verband ergeben sich neue Gefahren und Abhängigkeiten.[149] In einer durch starke Verbände geprägten Wirtschaftsordnung genügt es nicht, die Freiheit des Einzelnen gegenüber *staatlichen* Eingriffen zu verteidigen. Der Einzelne gewönne wenig, wäre ihm der Beitritt zur Koalition unbeschränkt möglich, doch verfügte er in dieser über keinerlei Möglichkeiten, Einfluss zu nehmen. Er tauschte die Unterlegenheit gegenüber dem sozialen Gegenspieler gegen die Unterlegenheit gegenüber seinem Tarifverband.[150] Hier darf er nicht schutzlos der „Herrschaft von Funktionärseliten"[151] ausgesetzt werden.[152] Mitgliederrechte sind daher nicht nur nach außen gegenüber Staat und Dritten, sondern auch nach innen gegenüber dem eigenen Verband zu schützen.

---

145 BVerfG v. 1.3.1979 – 1 BvR 532/77, 419/78 und 1 BvL 21/78, BVerfGE 50, 290, 367: *„in erster Linie ein Freiheitsrecht"*.

146 Zum typischen Machtgefälle BVerfG v. 26.6.1991 – 1 BvR 779/85, BVerfGE 84, 212, 229; statt aller *Gamillscheg*, Kollektives Arbeitsrecht I, S. S. 3.

147 ErfK/*Franzen*, § 1 Rn. 2 TVG m.w.N.

148 ErfK/*Dieterich/Linsenmaier*, Art. 9 GG Rn. 39, auch zum Streitstand der rechtlichen Verankerung in Art. 9 Abs. 3 GG direkt oder durch Art. 9 Abs. 3 i.V.m. Art. 19 Abs. 3 GG.

149 Instruktiv und überzeugend *A. Wiedemann*, Tarifnormen, S. 100ff.

150 Ähnlich *Rieble*, Anm. zu BAG v. 17.2.1998 – 1 AZR 364/97, SAE 1998, 237, 244.

151 *Löwisch/Rieble*, § 2 TVG Rn. 95.

152 Weniger pathetisch, in der Sache gleichwohl ähnlich den Mitgliederschutz von Monopolvereinen betonend MüKoBGB/*Reuter*, Vor § 21 BGB Rn. 120.

II. Staatliche Schutzpflicht

Ihre rechtliche Grundlage findet die so verstandene innere Koalitionsfreiheit ebenso wie die äußere Koalitionsfreiheit des Einzelnen und der Koalition gegenüber dem Staat in Art. 9 Abs. 3 GG. Auch wenn Art. 9 Abs. 3 GG grundsätzlich und hauptsächlich ein Freiheitsrecht zur Abwehr staatlicher Eingriffe normiert, erschöpft sich die Koalitionsfreiheit nicht in dieser abwehrrechtlichen Dimension.

1. *Ausgestaltungsbedürftigkeit der Koalitionsfreiheit*

Allgemein anerkannt ist, dass es sich bei der Koalitionsfreiheit um ein ausgestaltungsbedürftiges Grundrecht handelt. Insofern weist Art. 9 Abs. 3 GG Parallelen zu anderen, ebenfalls ausgestaltungsbedürftigen Freiheitsrechten wie Art. 14 GG oder auch Art. 6 GG auf. Ebenso wie die Eigentumsfreiheit auf einfachgesetzliche Regelungen zum Erwerb und Schutz von Rechtspositionen und der Schutz der Ehe und Familie auf ein funktionierendes Familienrecht angewiesen sind, bedarf auch die Koalitionsfreiheit rechtlicher Regelungen, die es dem Einzelnen überhaupt ermöglichen, Vereinigungen zur Verbesserung der Arbeits- und Wirtschaftsbedingungen zu gründen, ihnen beizutreten oder auch fernzubleiben.[153] Es besteht daher allgemein Einigkeit darüber, dass den Gesetzgeber eine Pflicht trifft, einen entsprechenden Normenkomplex zur Verwirklichung sowohl der individuellen als auch der kollektiven Koalitionsfreiheit bereitzustellen.[154] Dazu führte das BVerfG in seinem Mitbestimmungsurteil zutreffend aus:

> „Mehr noch als die in Art. 9 Abs. 1 GG gewährleistete allgemeine Vereinigungsfreiheit bedarf die Koalitionsfreiheit von vornherein der gesetzlichen Ausgestaltung. Diese besteht nicht nur in der Schaffung der Rechtsinstitute und Normenkomplexe, die erforderlich sind, um die grundrechtlich garantierten Freiheiten ausüben zu können. Die Bedeutung und Vielzahl der von der Tätigkeit der Koalitionen berührten Belange namentlich im Bereich der Wirtschafts- und Sozialordnung machen vielmehr vielfältige gesetzliche Regelungen notwendig, die der Koalitionsfreiheit auch Schranken ziehen können".[155]

2. *Pflicht zum Schutz der Mitgliederinteressen*

Mit diesem allgemeinen Ausgestaltungsauftrag verknüpft, aber auch von diesem abzugrenzen, ist die Frage, ob und in welcher Form dem Staat eine Schutzpflicht

153 Etwa MünchArbR/*Löwisch/Rieble*, § 155, Rn. 7.

154 Statt aller v. Mangoldt/Klein/Starck/*Kemper*, GG, Art. 9, Rn. 145 m.w.N.

155 BVerfG v. 1. 3. 1979 – 1 BvR 532/77, 419/78 und 1 BvL 21/78, BVerfGE 50, 290, 368.

obliegt, bei dieser Ausgestaltung die Grundrechte der Verbandsmitglieder zu schützen.[156] Während der oben aus Art. 9 Abs. 3 GG abgeleitete Anspruch[157] auf Schaffung allgemeiner Verbands- und Betätigungsregelungen gerichtet ist und somit das zweipolige Verhältnis Bürger-Staat bzw. Koalition-Staat betrifft, besteht daneben auch eine weitere Schutzdimension im „Rechtsdreieck"[158] Bürger-Verband-Staat.

a. Grundsätzliche Schutzpflichten des Staates

Unabhängig vom dogmatischen Verhältnis zwischen Ausstrahlungswirkung und Schutzpflichten[159] besteht weitgehend Einigkeit, dass neben der Ausstrahlungswirkung der Grundrechte in das Zivilrecht etwa über die Generalklauseln des § 242 BGB oder § 138 BGB der Staat verpflichtet ist, sich unter Umständen schützend zwischen Private zu stellen.[160] Wie das BVerfG zunächst an Art. 2 Abs. 1 GG zur Zulässigkeit von Schwangerschaftsabbrüchen[161] und später auch für Verträge[162] entschieden hat, treffen den Staat jenseits der primär abwehrrechtlichen Dimension der Freiheitsgrundrechte auch Schutzpflichten, dafür Sorge

156 Ausführlich hierzu *A. Wiedemann*, Tarifnormen, S. 97ff, 116ff; vgl. auch *Giesen*, Rechtsgestaltung, S. 237ff; *Ramm*, Willensbildung, S. 113f.

157 Str. Wie hier für eine leistungsrechtliche Dimension insbesondere Sachs/*Höfling*, GG, Art. 9, Rn. 6, 26ff (für Art. 9 Abs. 1 GG), 77ff (für Art. 9 Abs. 3 GG); ein guter Überblick über den Streitstand findet sich bei *Greiner*, Pluralität, S. 75f.

158 Grundlegend zu diesem Rechtsdreieck *Isensee*, Das Grundrecht auf Sicherheit, 1983, S. 34; *Stern*, Staatsrecht III/1 § 69 IV 5.

159 Umfassend zum Ganzen etwa *Dietlein*, Die Lehre von den grundrechtlichen Schutzpflichten.

160 Zur Schutzpflichtenlehre allgemein statt aller Sachs/*Sachs*, Vor. Art. 1 Rn. 35ff.

161 Grundlegend BVerfG v. 25.2.1975, BVerfGE 39, 1ff, darauf aufbauend wieder zur Zulässigkeit von Fristenregelungen beim Schwangerschaftsabbruch BVerfG v. 28.5.1993, BVerfGE 88, 203 (251ff); umfassender Überblick über die Entscheidungen des BVerfG zu staatlichen Schutzpflichten bei Isensee/Kirchhof/*Isensee*, HStR IX, § 191 Rn. 146ff, 197ff.

162 Wegweisend hierfür steht die „Handelsvertreterentscheidung" zum entschädigungslosen Wettbewerbsverbot des früheren § 90a Abs. 2 S. 2 HGB, BVerfG v. 7.2.1990, BVerfGE 81, 242; daran anschließend etwa BVerfGE 89, 276, 285ff (zu § 611a BGB); BVerfGE 89, 214, 229ff (zur Bürgschaft für nahe Familienangehörige); BVerfGE 92, 140, 150ff (Kündigungsschutz); BVerfGE 103, 89, 101ff, 105 (Ehevertrag); BVerfGE 114, 1, 33, 43f, 55f (Lebensversicherungen) – Auswahl nach Isensee/Kirchhof/*Isensee*, HStR IX § 191, Fn. 514.

zu tragen, Private vor Privaten zu schützen.[163] So wie die Grundrechte in ihrer Abwehrfunktion dem Staat übermäßige Eingriffe verbieten (Übermaßverbot), so zwingen sie ihn auf der anderen Seite, aktiv Vorkehrungen zu treffen, um den Bürgern die Ausübung ihrer Grundrechte zu ermöglichen und sie dabei vor äußeren, auch nicht-staatlichen Beschränkungen möglichst freizuhalten (Untermaßverbot).[164] Während etwa die Pflicht des Staates zum Schutze des Lebens aus Art. 2 Abs. 2 Satz 1 GG unumstritten ist, erscheint es problematisch, über den Umweg einer Schutzpflicht letztlich auch Private faktisch einer Grundrechtsbindung zu unterwerfen. Um hier nicht jedem Eingriff seitens des Staates zu legitimieren, beschränkt das BVerfG die Schutzpflicht des Staates im Vertragsrecht auf Konstellationen, bei denen ein erhebliches Ungleichgewicht in der Verhandlungsposition gegeben ist:[165]

> „Hat einer der Vertragsteile ein so starkes Übergewicht, daß er vertragliche Regelungen faktisch einseitig set zen kann, bewirkt dies für den anderen Vertragsteil Fremdbestimmung. Wo es an einem annähernden Kräftegleichgewicht der Beteiligten fehlt, ist mit den Mitteln des Vertragsrechts allein kein sachgerechter Ausgleich der Interessen zu gewährleisten. Wenn bei einer solchen Sachlage über grundrechtlich verbürgte Positionen verfügt wird, müssen staatliche Regelungen ausgleichend eingreifen, um den Grundrechtsschutz zu sichern. Gesetzliche Vorschriften, die sozialem und wirtschaftlichem Ungleichgewicht entgegenwirken, verwirklichen hier die objektiven Grundentscheidungen des Grundrechtsabschnitts und damit zugleich das grundgesetzliche Sozialstaatsprinzip (Art. 20 Abs. 1, Art. 28 Abs. 1 GG)."

Wann genau ein solch erhebliches Ungleichgewicht besteht, bleibt freilich eine Frage des Einzelfalls. Die vielerorts konstatierte Gefahr des übermäßigen Eingriffs des Verfassungsgerichts in die Privatautonomie ist nicht von der Hand zu weisen, da sich wohl in nahezu jeder Verhandlungssituation irgendein

163 Umfassend etwa *Stern*, Staatsrecht III/1 § 69 IV 1ff. Eine andere Interpretation findet sich bei Isensee/Kirchhof/*Isensee*, HStR, IX, § 191, Rn. 198, der zwischen „echten" und „unechten grundrechtlichen Schutzpflichten" des Staates unterscheidet. Danach handelt es sich bei den in die Verhandlungsfreiheit eingreifenden Schutzhandlungen des Staates nicht um aus Ausprägungen der betroffenen Grundrechte (etwa Art. 12 GG, Handelsvertreterentscheidung, s.u.), sondern um solche des Sozialstaatsprinzips. Ähnlich, aber zeitlich sehr viel früher bereits *Ramm*, Willensbildung, S. 113f, der einen Schutzauftrag des Gesetzgebers, sich vor die Verbandsmitglieder zu stellen, ebenfalls auf das Sozialstaaatsgebot stützen will. Wie hier aber etwa *Giesen*, Rechtsgestaltung, S. 245; ErfK/*Dietrich*, Einl. GG, Rn. 40.

164 Grundlegend *Canaris*, AcP 184 (1984), 201 und *Isensee*, Das Grundrecht auf Sicherheit, 1983.

165 BVerfG v. 7.2.1990 – 1 BvR 26/84, BVerfGE 81, 242, 255.

Ungleichgewicht finden lässt.[166] Daher ist es wichtig, eine Schutzpflicht allein in Situationen einer erheblichen Störung der Verhandlungsparität zuzulassen. Das BVerfG weist seinerseits stets auf den sehr weiten Einschätzungsspielraum des Gesetzgebers hin.[167]

b. Koalitionsspezifische Schutzpflichten

Bei der Ausgestaltung der Verbandsregelungen von Tarifverbänden wird nicht „lediglich" in die Privatautonomie des Einzelnen, sondern auch in die durch Art. 9 Abs. 3 GG i.V.m. Art. 19 Abs. 3 GG[168] geschützte kollektive Koalitionsfreiheit eingegriffen.[169] Es ist also genau darzulegen, worin überhaupt das erhebliche Ungleichgewicht liegen soll, dass Vorgaben hinsichtlich verbandsinterner Regelungen zur Gewährleistung einer inneren Koalitionsfreiheit bedingen kann.

aa. Machtungleichgewicht bei Tarifnormsetzung

Roland Schwarze[170] und *Richard Giesen*[171] haben bereits für die Tarifnormsetzung begründet, dass eine staatliche Schutzpflicht aufgrund eines erheblichen Machtungleichgewichts zwischen Verband und Verbandsmitglied besteht,[172] und auch in der neueren Rechtsprechung des BAG[173] ist anerkannt, dass die Tarifvertragsparteien bei Abschluss der Tarifverträge zwar nicht selbst unmittelbar an Grundrechte gebunden sind, jedoch mittelbar auf Grund der Schutzpflicht des Staates Grundrechte zu beachten haben.[174] Nicht von der Hand zu weisen

---

166 Kritisch daher etwa *Chr. Hillgruber*, ZRP 1995, 6ff, *ders.*, AcP 191 (1991), 69ff; *Zöllner*, AcP 196 (1996), 1ff; *Ruffert*, Vorrang der Verfassung, insb. ab S. 287ff.

167 BVerfG v. 7.2.1990, BVerfGE 81, 242, 255f; BVerfG v. 19.10.1993, BVerfGE 89, 214, 234.

168 Zur umstrittenen Herleitung der kollektiven Koalitionsfreiheit bereits oben Fn. 14891.

169 So etwa auch BAG v. 28.5.2004, NZA 2004, S. 1399, 1403 oder zuletzt BAG v. 15.08.2012 - 7 AZR 184/11, NZA 2013, 34, 48.

170 *Schwarze*, ZTR 1996, 1, 4.

171 *Giesen*, Rechtsgestaltung, S. 249f.

172 Im Ergebnis ebenso MüKoBGB/*Reuter*, Vor § 21 BGB Rn. 120ff, der weniger auf die Grundrechtliche Dimension als auf die Rechtsprechung des BGH zur Inhaltskontrolle von sozial mächtigen Verbänden abstellt.

173 Mit Übersicht über die Rechtsprechungsentwicklung der einzelnen Senate weg von der unmittelbaren hin zur mittelbaren Grundrechtsbindung *Burkiczak*, RdA 2007, 17.

174 Wegweisend für die übrigen Senate die Entscheidung des 7. Senats vom 25.02.1998, 7 AZR 641/96, BAGE 88, S. 118, 123f: „*Mit der privatautonomen Unterwerfung unter*

ist zwar die Kritik von *Frank Bayreuther*, der betont, es gehe bei der Beurteilung der ungleichen Verhandlungspositionen gerade nicht um das abstrakte Machtgefälle der Vertragspartner, sondern um die konkrete Verhandlungsposition im Einzelfall.[175] Gleichwohl ergeben sich zumindest bei der Beurteilung der Verhandlungspositionen eines Verbandsmitglieds mit der des Verbands regelmäßig keine Abweichungen zwischen konkretem Einzelfall und generellem Machtgefälle. Insofern besteht ein erhebliches Ungleichgewicht in der Verhandlungsmacht, das die Schutzpflicht des Staates aktiviert.[176]

bb. Verbandsinternes Machtungleichgewicht

Eine solche Schutzpflicht obliegt dem Staat jedoch nicht erst bei Abschluss oder Inkrafttreten der Tarifnormen. Vielmehr muss er sich bereits im Vorfeld schützend vor die Verbandsmitglieder stellen.[177] Insofern kann auch auf die bereits seit Jahrzehnten geführte, um eine dogmatische Absicherung der demokratischen Willensbildung bemühte Diskussion zurückgegriffen werden.[178] Sie weist inhaltliche Parallelen zur Absicherung der inneren Koalitionsfreiheit durch Governance-Mechanismen auf.

Begründen lässt sich die Pflicht zum Schutz der inneren Koalitionsfreiheit aus der Kompetenzfülle der Tarifverbände und dem Versagen externer Governance-Mechanismen.[179]

(1) Normsetzungsbefugnis und Machtstellung der Tarifverbände

So verfügen Tarifverbände – wie bereits oben (§ 1 C. II. 1. b. bb, S. 29) ausgeführt – über das Privileg der Normsetzungsbefugnis mit unmittelbarer Wirkung

---

geltendes und zukünftiges Tarifrecht sind die Parteien des Arbeitsverhältnisses der Gestaltungsmacht der Tarifvertragsparteien allerdings nicht schutzlos ausgeliefert. Das folgt aus der vom BVerfG anerkannten Schutzpflichtenfunktion der Grundrechte, die staatliche Grundrechtrechtsadressaten dazu verpflichtet, einzelne Grundrechtsträger vor einer unverhältnismäßigen Beschränkung ihrer Grundrechte durch privatautonome Regelungen zu bewahren".

175 *Bayreuther*, Tarifautonomie, S. 237.

176 So im Ergebnis bereits *Ramm*, Willensbildung, S. 113f, aber dogmatisch gestützt auf das Sozialstaatsgebot aus Art. 20 Abs. 1, 28 Abs. 1 GG.

177 Im Hinblick auf die letztlich daraus folgende Inhaltskontrolle *Schmiegel*, Inhaltskontrolle, S. 14ff.

178 Hierzu bereits oben 27 § 1 C. II. 1. b, S. 27.

179 In diese Richtung bereits MüKoBGB/*Reuter*, Vor § 21 BGB Rn. 120ff, § 32 BGB Rn. 11; *ders.*, FS Söllner, S. 937, 943ff sowie zur Begründung der Inhaltskontrolle *Coester-Waltjen*, AcP 190 (1990), 1.

gegenüber Dritten. Dabei greifen sie in einen existenziellen, durch Art. 12 GG geschützten Lebensbereich ein. Tarifverbänden steht somit eine erheblich erweiterte Regelungskompetenz im Vergleich zu anderen Vereinen zu, was Konsequenzen für die Beteiligung der Mitglieder, aber für sonstige Kontrollmechanismen haben muss („Sonderlegitimation")[180]. Dies gilt umso mehr, da auch eine nachträgliche gerichtliche Kontrolle der Tarifverträge unzulässig wäre („Tarifzensur" bzw. unverhältnismäßige Rechtskontrolle[181]).

Hinzu kommt, dass das Mitglied deutlich stärker auf den Verband angewiesen ist als dieser auf das einzelne Mitglied. Zwar benötigt auch der Verband eine möglichst große Mitgliederzahl, um seine Interessen wirksam durchzusetzen. Der Austritt eines einzelnen Mitglieds wird aber regelmäßig kaum ins Gewicht fallen. Umgekehrt ist der Einzelne auf den Beitritt zum Tarifverband angewiesen, wenn er die Verhandlungsmacht der Gegenseite überwinden will.[182]

(2) Versagen externer Governance-Mechanismen bei Tarifverbänden

Die Normsetzungsbefugnis sowie die unterschiedliche faktische Machtstellung allein genügten aber nicht, die Schutzpflicht des Staates zu begründen. Denn stünden den Mitgliedern Alternativen offen, bestünde kein Verhandlungsungleichgewicht zwischen Mitglied und Tarifverband.

- Wettbewerb bei Gewerkschaften?

Auf Gewerkschaftsseite verhindern verschiedene Tendenzen eine Steuerung mittels Marktmechanismen: Zum einen gewährleisten die Zuständigkeitsregelungen und Streitschlichtungsmöglichkeiten des DGB schon seit dessen Gründung, dass zwischen „Schwestergewerkschaften" jeglicher Wettbewerb unterbunden wird.[183] Die wettbewerbsverhindernde Wirkung dieser Regelungen konnte in den letzten Jahren durch den Zusammenschuss zu Großgewerkschaften noch gesteigert werden.[184] Führten etwa vor Gründung der ver.di Überschneidungen in den Zuständigkeitsregelungen der Satzungen dazu, dass kleinere

180 *Fuest*, Spartengewerkschaften, S. 85.

181 Hierzu umfassend *Vielmeier*, Tarifzensur.

182 *Giesen*, Rechtsgestaltung, S. 249.

183 § 15 Abs. 1 Satzung DGB. Im Streitfall entscheidet gem. § 16 der Satzung des DGB ein Schiedsgericht. Zu diesem, hinsichtlich der Selbstbestimmung bedenklichen Recht unten § 2C.II, S. 81.

184 Dass dennoch Überschneidungen nicht vollständig vermieden werden können zeigt das in der RdA 2003, 53 abgedruckte Schiedsgerichtsurteil sowie die kurze Darstellung von *Dieterich*, RdA 2003, 59.

Dienstleistungsgewerkschaften wie HBV und NGG miteinander in Einzelfällen konkurrierten, wurden diese Schnittmengen nun durch die Zusammenführung weitgehend ausgeschlossen.[185]

Zum anderen erschweren gesetzliche Institute wie Allgemeinverbindlicherklärung (§ 5 Abs. 1 TVG) und Nachwirkung von Tarifverträgen (§ 3 Abs. 3 TVG),[186] sowie verschiedene Rechtsprechungslinien die Entstehung eines echten Wettbewerbs.[187] Auch nach Aufgabe der wettbewerbshindernden BAG-Rechtsprechung zur Tarifpluralität[188] stehen noch immer gerichtliche Anforderungen an die soziale Mächtigkeit[189] und auch eine restriktive Linie im Hinblick auf Differenzierungsklauseln[190] einem Wettbewerb der Gewerkschaften um neue Mitglieder entgegen.

Für einen Wettbewerb unter Gewerkschaften sorgt allein eine andere Tendenz im Kollektivarbeitsrecht: Der Trend zu schlagkräftigen Spartengewerkschaften.[191] Denn nicht zuletzt aufgrund der Unzufriedenheit mit den zentralisierten Großgewerkschaften des DGB erlangten nach (zumeist sehr spezialisierten) einzelnen Berufsgruppen organisierte Gewerkschaften einen enormen Zulauf.[192] Gerade diese Spezialisierung der Mitglieder der Spartengewerkschaften aber zeigt auch die Grenzen des Wettbewerbs. Denn es steht gerade nicht sämtlichen Mitgliedern der Großgewerkschaften offen, eine eigene schlagkräftige Gewerkschaft zu gründen. Das hierfür notwendige Drohpotential erfordert eine herausgehobene Stellung sowie eine erschwerte Austauschbarkeit, die vor allem im

---

185 Hierzu *Rieble*, Arbeitsmarkt, Rn. 130, der den Wettbewerb innerhalb des DGB mit weiteren Beispielen illustriert, die allerdings aus der Zeit vor der Zusammenführung in die Großgewerkschaften ver.di, IG Bau und IG BCE stammen. Insgesamt zu Zuständigkeitskonflikten bei DGB-Gewerkschaften, *Ricken*, Autonomie, S. 12ff.

186 Hierzu statt aller Henssler/Moll/Bepler/*Greiner*, Tarifvertrag, Teil 2, Rn. 39.

187 In diese Richtung bereits *Koop*, Tarifvertragssystem, S. 227.

188 Richtungsweisend BAG v. 7.7.2010 – 4 AZR 549/08, NZA 2010, 1068; hierzu statt aller ErfK/*Franzen* § 4 TVG Rn. 70.

189 Nachweise auch bei *Gamillscheg*, Kollektives Arbeitsrecht I, S. 429, der die Rechtsprechung zur Tariffähigkeit zusammenfasst und aufzeigt, dass kleineren Koalitionen fast immer Tariffähigkeit abgesprochen wurde. Däubler/*Peter*, § 2 TVG Rn. 22 mit anderen Beispielen zu CGBCE und CGHB aus den 1990er Jahren.

190 ErfK/*Franzen*, § 1 TVG Rn. 62ff.

191 Zum Begriff der Spartengewerkschaft und zu deren Struktur *Fuest*, Spartengewerkschaften, S. 28.

192 Zu den Hintergründen für diese Entwicklung bereits *Rieble*, SAE 2006, 89, 90 und *Giesen*, NZA 2009, 11, 17.

Bereich der Daseinsvorsoge beschäftigten Arbeitnehmern, keinesfalls aber sämtlichen Arbeitnehmern zukommt.

Es lässt sich daher keinesfalls von einem funktionierenden Markt an Gewerkschaften sprechen, der unzufriedenen Verbandsmitgliedern Auswahlmöglichkeiten böte.[193] Sieht man von den im CGB organisierten, unter dem Damoklesschwert der Tarifunfähigkeit stehenden „Christengewerkschaften" ab,[194] verfügen allein die „Funktionseliten" mit den Spartengewerkschaften über eine Alternative zu den DGB-Gewerkschaften. Allen übrigen Gewerkschaftsmitglieder hingegen bleibt die unrealistische Möglichkeit der Neugründung einer für sie passenden Gewerkschaft, wollen sie gewerkschaftlich organisiert bleiben. Von der emotionalen Bindung der Mitglieder zu ihrer Gewerkschaft abgesehen, dürften bei vielen Gewerkschaftsmitgliedern Anreize wie Streikgeld, Rechtsberatungs- und Versicherungsleistungen etc. höher wiegen als die konkrete Führung der Gewerkschaft durch die Funktionäre.[195]

- Wettbewerb bei Arbeitgeberverbänden?

Die Wettbewerbssituation bei Arbeitgeberverbänden ist demgegenüber anders gelagert.[196] Zunächst existieren tatsächlich mehrere Verbände, die um die Gunst der Arbeitgeber buhlen. So bieten etwa der „*Verband der Papier, Pappe und Kunststoff verarbeitenden Industrie Baden-Württemberg e. V.*" sowie der „*Verband der Südwestdeutschen Kunststoffindustrie und verwandter Industrien e. V.*", der „*Verband Druck und Medien in Baden-Württemberg*" und der „*Verband Papier, Druck und Medien Südbaden e. V.*" oder der „*Bundesarbeitgeberverband der Personaldienstleister e. V.*" sowie der „*Interessenverband Zeitarbeit*" um Mitglieder. Allerdings sind auch dies Einzelfälle, die bei Weitem nicht für einen echten Wettbewerb der Arbeitgeberverbände sorgen. So bleiben weiterhin die meisten der Arbeitgeber auf einen Verband angewiesen, wollen sie nicht selbst auf Unternehmensebene Tarifverträge schließen. Dass auch dies möglich ist, garantiert

---

193 Henssler/Moll/Bepler/*Greiner*, Tarifvertrag, Teil 2, Rn. 38.

194 Vgl. die Entscheidungen zu den Christlichen Gewerkschaften Holz und Bau sowie Bergbau-Chemie-Energie, BAG v. 16.1.1990 – 1 ABR 93/88 und 1 ABR 10/89, NZA 1990. 623, 626 sowie die zumindest vorinstanzlich negierte Tariffähigkeit der CGM (LAG Baden-Württemberg, 1.10.2004 – 4 TaBV 1/04), aufgehoben vom BAG durch 28.3.2006 – 1 ABR 58/04, NZA 2006, 1112.

195 MüKoBGB/*Reuter*, Vor § 21 BGB Rn. 72.

196 Differenzierend daher *Giesen*, Rechtsgestaltung, S. 250ff und S. 253; in diese Richtung – gleichwohl im Ergebnis die Vergleichbarkeit hinsichtlich der zulässigen Kündigungsfristen betonend – BGH v. 29. 7. 2014 – II ZR 243/13, DZWIR 2015, 71, besprochen von *Oetker*, DZWIR 2015, 47.

§ 2 Abs. 1 TVG, der sowohl Arbeitgeberverbände als auch einzelne Arbeitgeber für tariffähig erklärt. Arbeitgeberverbände müssen daher den Mehrwert ihrer Tätigkeit besonders nachdrücklich herausstellen und auf die Mitgliedsinteressen in besonderer Weise eingehen.

Auf der anderen Seite sind gerade kleine und mittlere Unternehmen auf die Verbände und deren Expertise angewiesen, wollen sie den Gewerkschaften nicht alleine gegenübertreten.[197] Denn bleiben Arbeitgeber den Arbeitgeberverbänden fern, stehen sie im Falle des Arbeitskampfs nicht nur unter erheblichem gewerkschaftlichem Druck, sondern müssen zusätzlich fürchten, dass Konkurrenten ihre wirtschaftliche Situation ausnutzen.[198] Hinzu kommt das tarifpolitische Netzwerk der Arbeitgeberverbände, die nicht nur besser rechtlich beraten sind, sondern auch faktisch über einen erheblichen Wissensvorsprung in Tarif- und Arbeitskampffragen gegenüber den einzelnen Arbeitgebern verfügen.[199]

Im Ergebnis versagen sowohl auf Gewerkschafts- als auch Arbeitgeberseite externe Governance-Mechanismen.

E. Zwischenergebnis

Collective Governance behandelt Fragen guter Verbandsverfassung aus einer neuen Perspektive, hier am Beispiel von Tarifverbänden. Gute Koalitionsführung ist aber nicht nur akademisches Desiderat, sondern reagiert auf tatsächliche Probleme der Rechtspraxis. Die Notwendigkeit eines Systems der Collective Governance ergibt sich dabei zunächst aus den Erkenntnissen der Corporate-Governance-Forschung, die auch auf Tarifverbände übertragbar sind: Zum einen handelt es sich bei Prinzipal-Agent-Konflikt und der Transaktionskostenanalyse um verallgemeinerungsfähige Konstruktionen. Zum anderen sind Aktiengesellschaft und Tarifverbände auch als Publikumsorganisationen miteinander vergleichbar. Die gleichwohl bestehenden Unterschiede dürfen dabei aber nicht aus dem Blick verloren werden. Neben diesen sozio-ökonomischen Gründen sprechen aber auch verfassungsrechtliche Gründe dafür, entsprechende Collective-Governance-Strukturen zu schaffen. So trifft den Staat aufgrund der Bedeutung und Machtstellung der Tarifverbände eine Schutzpflicht, sich schützend vor die Verbandsmitglieder zu stellen und die innere Koalitionsfreiheit der Verbandsmitglieder zu gewährleisten.

---

197 *Schmiegel*, Inhaltskontrolle, S. 21.
198 *Schmiegel*, Inhaltskontrolle, S. 21.
199 *Schmiegel*, Inhaltskontrolle, S. 21.

§ 2. Selbstbestimmte Willensbildung

Selbstbestimmte Willensbildung ist ein zentraler Bestandteil einer als gute Koalitionsführung verstandenen Collective Governance. Tarifverbände leiten ihre Normsetzungsbefugnis von den Mitgliedern ab, so dass diese bestmöglich in die Willensbildung einzubeziehen sind.

A. Rechtlicher Hintergrund

Den gesetzlichen Rahmen für Tarifverbände bilden die größtenteils nach § 40 BGB dispositiven Regelungen des Vereinsrechts. Das gilt in jedem Fall für die als eingetragene Vereine organisierten Arbeitgeberverbände und nach allgemeiner Ansicht auch für die aus historischen Gründen meist als nichteingetragene Vereine strukturierten Gewerkschaften.[200]

I. Geltende Rechtslage

1. Willensbildung im Vereinsrecht

Nach der gesetzlichen Konzeption für eingetragene Vereine obliegt der Mitgliederversammlung die Willensbildung des Vereins (§ 32 BGB). Sie verfügt – vorbehaltlich abweichender Satzungsregelungen – über die Entscheidungskompetenz in sämtlichen vereinsrechtlichen Grundsatzfragen[201] sowie die Kompetenz zur Bestellung und Abberufung der Vorstandsmitglieder (§ 27 Abs. 1 und 2 BGB) und Liquidatoren (§ 48 Abs. 1 S. 2 BGB) sowie das diesbezügliche Weisungsrecht (§§ 27 Abs. 3, 48 Abs. 2 i.V.m. § 665 BGB). Nach der Vorstellung des Gesetzgebers sind es daher die Mitglieder selbst, die im Rahmen einer Mitgliederversammlung über die Geschicke des Vereins entscheiden,[202] sodass die Mitgliederversammlung als „oberstes" oder „höchstes" Vereinsorgan bezeichnet wird.[203] Gleichwohl steht es den Vereinsmitgliedern frei, von dieser mitgliedergetragenen Willensbildung in weiten Teilen satzungsrechtlich abzuweichen (§ 40 BGB). Nach h.M. ist allein die Existenz der Mitgliederversammlung als

---

200 Statt aller *Oetker*, RdA 1999, S. 96; kritisch hierzu und mit eigenem Ansatz *Vorderwülbecke*, Rechtsform, S. 28ff.

201 Satzungsänderungskompetenz (§ 33 Abs. 1 BGB), Auflösungskompetenz (§ 41 BGB).

202 Motive I S. 106.

203 Etwa BGH v. 6.2.1984 – II ZR 119/83, BGHZ 90, 92, 95; statt aller Palandt/*Heinrichs*, § 32 BGB Rn. 1 m.w.N.

Organ aufgrund der Regelungen der §§ 36, 37 BGB der Dispositivität entzogen. Ihre Ausgestaltung, Rechte und Pflichten hingegen stehen dem Satzungsgesetzgeber offen.[204]

2. *Grundsatz der Verbandssouveränität*

Der Selbstentmachtung der Mitgliederversammlung sind jedoch aus dem das gesamte Körperschafts- und Gesellschaftsrecht umfassenden[205] Grundsatz der Verbandssouveränität[206] Grenzen gesetzt.[207] Auch wenn der Bedeutungsgehalt dieses Begriffes variiert[208] und ganz erhebliche Unterschiede in der Schwerpunktsetzung bestehen, lassen sich diesem Begriff doch drei Aussagen entnehmen:

- Zunächst und primär beschreibt die Verbandssouveränität die Freiheit der Verbände, ihre Angelegenheiten eigenverantwortlich und ohne staatliche Einflussnahme selbstständig zu regeln.[209]
- Nicht zuletzt das BVerfG zeigte jedoch in seiner „Bahá'í- Entscheidung"[210] eine weitere Dimension dieses Grundsatzes auf: So sei einerseits die bereits genannte „Autonomie in der Bildung und organisatorischen Gestaltung des Vereins nach der freien Selbstentscheidung der Mitglieder" als wesentlicher Bestandteil in der Vereinsautonomie enthalten, andererseits aber gebiete die Vereinsautonomie auch „die Selbstbestimmung des Vereins und seiner Mitglieder vor einer Entäußerung, die die eigene Willensbildung nahezu

204 MüKoBGB/*Reuter*, § 32 BGB Rn. 1.

205 *K. Schmidt*, Gesellschaftsrecht, S. 83ff, *Schubel*, Verbandsouveränität, S. 3 m.w.N.

206 Auch „Verbandsautonomie" (K. *K. Schmidt*, Gesellschaftsrecht, S. 84) oder bezogen auf Vereine „Vereinsautonomie" "(*Steinbeck*, Vereinsautonomie, insb. S. 31ff), allgemein auch „Grundsatz der körperschaftlichen bzw. gesellschaftlichen Selbstbestimmung" (Etwa *U. H. Schneider*, ZGR 1975, 253, 269f).

207 Grundlegend *Teichmann*, Gestaltungsfreiheit, S. 189ff; *Wiedemann*, FS Schilling, S. 105; umfassend zum Ganzen *Schubel*, Verbandssouveränität, S. 1ff, 554ff m.w.N.; kritisch etwa *Weber*, Außeneinfluss, S. 58ff, 87ff, 115ff.

208 *Schubel*, Verbandssouveränität, S. 4; *Segna*, Vorstandskontrolle, S. 348.

209 Etwa *Flume*, Juristische Person, S. 193f; MüKoBGB/*Reuter*, Vor § 21 BGB Rn. 120; diese Ausprägung als „Satzungsautonomie" beschreibend auch *K. Schmidt*, Gesellschaftsrecht, S. 84; für Koalitionen etwa Moll, MünchAnwHdbArbR/*Hamacher*, § 71 Rn. 29.

210 BVerfG v. 5.2.91 - 2 BvR 263/86, BVerfGE 83, 341; hierzu etwa auch *Steinbeck*, Vereinsautonomie, S. 21.

zum Erliegen bringt", (Selbstschutz vor Willensentäußerung zu Gunsten Dritter).[211]

- Schließlich lässt sich die interne Selbstbestimmung der Mitglieder aus dem Grundsatz der Verbandsautonomie ableiten. Auch wenn diese dritte Dimension dogmatisch noch umstritten ist, geht die weit überwiegende Meinung von einem im Kern bestehenden Selbstverwaltungsrecht der Mitglieder (Gesellschafter) einer Körperschaft (Gesellschaft) aus.[212] Die Mitgliedergesamtheit hat das unveräußerliche Recht, aber auch die Pflicht, über die existenziellen vereinsrechtlichen Fragen selbst zu entscheiden. Diese können auch innerhalb des Vereins nicht auf andere Organe um den Preis der vollständigen Selbstentmündigung der Mitglieder delegiert werden.

3. *„Demokratische Organisation"*

Neben diesen, im gesamten Gesellschafts- und Verbandsrecht gültigen Grundsatz der Verbandssouveränität und diesen gleichsam überformend tritt im Tarifverbandsrecht das von der Rechtsprechung für die Tariffähigkeit entwickelte Erfordernis einer „demokratischen Organisation" (oben § 1C.II.1.b, S. 28). Allerdings: Konkrete Vorgaben über eine selbstbestimmte Willensbildung sind hieraus wie oben beschrieben nur begrenzt zu entnehmen. So ist das Tariffähigkeitsmerkmal der „demokratischen Organisation" bereits erfüllt, wenn die Mitglieder überhaupt in die Meinungs- und Willensbildung einbezogen, Entscheidungen nach dem Mehrheitsprinzip gefällt, alle Mitglieder gleich behandelt werden und das Austrittsrecht nicht verwehrt wird.

II. Impulse der Corporate Governance für Collective Governance

Möglichkeiten der Mitgliederbeteiligung können der Corporate Governance entnommen werden.

1. *OECD-Grundsätze der Corporate Governance 2004*

Erste Anhaltspunkte sind etwa den von der Organisation für wirtschaftliche Zusammenarbeit und Entwicklung (OECD) entwickelten Grundsätzen der

---

211 BVerfG v. 5.2.91 – 2 BvR 263/86, BVerfGE 83, 341, 359; *Segna*, Vorstandskontrolle, S. 349ff, auch mit weiteren Beispielen aus der zivilrechtlichen Instanzenrechtsprechung.

212 So etwa *K. Schmidt*, Gesellschaftsrecht, S. 84, eingehend *Schubel*, Verbandsautonomie, S. 24ff m.w.N.; im Ergebnis ähnlich, dies aber auf § 138 BGB stützend *Segna*, Vorstandskontrolle, S. 344ff.

Corporate Governance zu entnehmen.[213] Sie enthalten – im Gegensatz zu den wegweisenden Empfehlungen des *Cadbury Comitee*[214] – grundsätzliche Vorgaben über Aktionärsrechte (Teil II und III. der Grundsätze).[215] Hervorzuheben ist dabei insbesondere II A, wonach zu den grundlegenden Rechten der Aktionäre das Recht auf rechtzeitige und regelmäßige Offenlegung relevanter, wesentlicher Informationen über das Unternehmen, auf Teilnahme an und Ausübung des Stimmrechts bei den Hauptversammlungen sowie auf Wahl und Absetzung der Board-Mitglieder gehören.[216] Nach II B sollte den Aktionären das Recht eingeräumt werden, hinreichend informiert zu werden und an grundlegenden Entscheidungen, wie namentlich der Änderung der Satzung, einzelner Satzungsartikel oder ähnlicher relevanter Dokumente, mitwirken zu können.[217] II C enthält zahlreiche Empfehlungen über Ausgestaltung und Durchführung der Hauptversammlungen, um die Ausübung der Aktionärsrechte verfahrensrechtlich zu erleichtern und abzusichern.

2. *Ziff. 2 Deutscher Corporate Governance Kodex*

Diese Empfehlungen werden auch in Ziff. 2 des DCGK aufgegriffen. Da jedoch das deutsche Aktienrecht bereits eine hohe Regelungsdichte aufweist, zeichnet

---

213 Zur Bedeutung und rechtlichen Bindungswirkung etwa Ringleb/Kremer/Lutter/*v. Werder*/Kremer, DCGK, Vorb. Rn. 4f.

214 Report of the Comittee on the Financial Aspects of Corporate Governance, 1992 ("Cadbury Report").

215 Hier wie auch bei den Satzungen der Tarifverbände soll die in den jeweiligen Dokumenten vorgenommene Bezeichnung aufgegriffen werden, um möglichst nahe am Text zu bleiben (Etwa: „Ziff." oder „Nr." statt „Abs.").

216 Wörtlich heißt es in II A der deutschen Fassung der OECD Grundsätze 2004: *„Zu den grundlegenden Rechten der Aktionäre sollte das Recht gehören auf 1. Verlässliche Verfahren für die Registrierung ihrer Kapitalbeteiligungen; 2. Veräußerung oder Übertragung von Aktien; 3. rechtzeitige und regelmäßige Offenlegung relevanter, wesentlicher Informationen über das Unternehmen; 4. Teilnahme an und Ausübung des Stimmrechts bei den Hauptversammlungen; 5. Wahl und Absetzung von Board-Mitgliedern sowie 6. Beteiligung an den Unternehmensgewinnen"*.

217 II. B der OECD Grundsätze 2004: *„Die Aktionäre sollten das Recht auf Mitwirkung bei – und hinreichende Informationen über – Entscheidungen haben, die grundlegende Veränderungen im Unternehmen betreffen, die namentlich: 1. Änderungen der Satzung, einzelner Artikel der Satzung oder ähnlicher für die Unternehmensorganisation maßgeblicher Dokumente; 2. Genehmigung von Aktienemissionen sowie 3. Außerordentliche Transaktionen, einschließlich der Übertragung aller bzw. fast aller Aktiva, die im Ergebnis einem Verkauf des Unternehmens gleichkommen"*.

Ziff. 2 DCGK primär den Gesetzesinhalt des Aktiengesetzes nach.[218] Weitergehend gebietet Tz. 2.1.2 DCGK das grundsätzliche Verbot von Mehrstimmrechten und Vorzugsstimmrechten („one share one vote") sowie über die gesetzlichen Vorgaben hinausgehende Empfehlungen und Anregungen,[219] die auf den effizienten und zügigen Ablauf der Hauptversammlung zielen. Soweit für Tarifverbände passend, werden sie nachfolgend im Einzelnen aufgegriffen.

B. Selbstbestimmung und verbandsinterne Willensbildung

In diesem rechtlichen Rahmen der mitgliedergetragenen Willensbildung ist die Beteiligung der Mitglieder an der Willensbildung auszugestalten. Dabei ist dreierlei zu unterscheiden:

- Mitgliederbeteiligung in allgemeinen verbandsrechtlichen Fragen in der Mitgliederversammlung
- direkte Mitgliederbeteiligung in allgemeinen Fragen
- Mitgliederbeteiligung speziell in tarifpolitischen Entscheidungen

Untersucht wird dabei allein die Willensbildung an der Verbandsspitze selbst, nicht aber die Willensbildung der Untergliederungen.[220]

I. Willensbildung in Verbandsfragen

Zentrale Bedeutung für die innerverbandliche Willensbildung hat die Mitglieder- oder Delegiertenversammlung.

1. Mitglieder- und Delegiertenversammlung

a. Direkte und indirekte Mitgliederbeteiligung

In der Mitgliederversammlung kann – ebenso wie bei der staatsrechtlichen Willensbildung – sowohl direkt als auch indirekt der Mitgliederwille repräsentiert werden.[221]

218 Ringleb/Kremer/Lutter/v. Werder/*Kremer*, Ziff. 2 DCGK, Rn. 197.
219 Ringleb/Kremer/Lutter/v. Werder/*Kremer*, Ziff. 2 DCGK, Rn. 197.
220 Zum Aufbau der Verbände etwa zuletzt *Kobler*, Fremdeinflüsse, 71ff.
221 Einführend MüKoBGB/*Reuter*, § 32 BGB Rn. 2ff.

aa. Direkte Mitgliederbeteiligung

Dem Leitbild des BGB-Vereins (§ 32 Abs. 1 Satz 1 BGB) entspräche es, Tarifverbände streng zweigliedrig aufzubauen. In einer dem Vorstand gegenübergestellten Mitgliederversammlung könnten sämtliche Mitglieder direkt in die Entscheidungsfindung einbezogen werden und in dieser Versammlung über sämtliche den Verband betreffende Fragen ihre Meinung äußern und abstimmen. Ist der Vorstand daneben auch den Weisungen der Mitgliederversammlung unterworfen, käme der Mitgliederwille unmittelbar zum Tragen. Dieser Weg direkter Willensbildung ist auch durchaus praktikabel, wie der Blick in die Satzungen einiger Spartengewerkschaften sowie der Arbeitgeberverbände zeigt. Sowohl die Satzung der Unabhängigen Flugbegleiter Organisation (UFO)[222] und der Vereinigung Cockpit (VC)[223] auf Arbeitnehmerseite als auch die allermeisten Satzungen der Arbeitgeberverbände[224] (Ausnahme etwa: AGV Bau Saar[225]) sehen die direkte Beteiligung der Mitglieder an der verbandsinternen Willensbildung über die Mitgliederversammlung vor.[226]

bb. Indirekte Mitgliederbeteiligung

Direkte Willensbildung ist freilich bei den großen DGB-Gewerkschaften wie ver.di, IG Metall oder IG BCE mit teilweise siebenstelligen Mitgliederzahlen unpraktikabel. Daher geht die (spärliche) Rechtsprechung[227] sowie die Lehre nahezu einhellig davon aus, dass Tarifverbände ab einer bestimmten Größe berechtigt sind, eine Repräsentantenversammlung[228] satzungsrechtlich zu installieren.[229]

---

222 § 6 Satzung UFO.

223 § 7 Satzung VC.

224 Beispielhaft § 8 Satzung VBM.

225 § 9 Abs. 1 Satzung AGV Bau Saar, trotz der „nur" ca. 900 Mitgliedern, http://www.bau-saar.de/mitglieder-partner.html.

226 Zur Mitgliederbeteiligung bei Spartengewerkschaften umfassend schon *Fuest*, Spartengewerkschaften, S. 168ff.

227 OLG Frankfurt a.M. v. 19.12.1984 – 9 U 107/83, ZIP 1985, S. 213, 215; dieses Urteil analysierend *Säcker/Oetker, Repräsentation.*

228 Im Folgenden werden die Begriffe der Repräsentantenversammlung, Delegiertenversammlung sowie der Vertreterversammlung synonym verwendet.

229 Für das Vereinsrecht etwa MüKoBGB/*Reuter*, § 32 BGB Rn. 2; Soergel/*Hadding*, § 32 BGB Rn. 3; Staudinger/ *Weick*, § 32 BGB Rn. 6; für Gewerkschaften etwa *Oetker*, RdA 1999, S. 96, 103; *Säcker/Oetker*, Repräsentation, S. 1ff; *Schüren*, Legitimation, S. 241f; *Fuest*, Spartengewerkschaften, S. 133ff; kritisch aber *Segna*, Vorstandskontrolle, S. 290ff und wohl auch *Rieble*, SAE 2006, S. 89, 92.

b. Zulässigkeit einer Delegiertenversammlung

aa. Allgemein: Vor- und Nachteile der Delegiertenversammlung

Ab einer bestimmten Größe ist es nur schwer möglich, geeignete Räume zu finden und einen sinnvollen Meinungsaustausch im angemessenen zeitlichen Rahmen zu organisieren.[230] Der Ablauf der Hauptversammlung bei Aktiengesellschaften verdeutlicht, dass direkte Mitgliederbeteiligung keinesfalls gleichgesetzt werden kann mit gesteigerter Mitgliederhoheit.[231] Hinzu kommt, dass gerade in Massenverbänden mit heterogenen Mitgliederinteressen das Interesse der einzelnen Mitglieder schwach ausgeprägt ist, selbst an den Mitgliederversammlungen teilnehmen („Apathie der Mitglieder"). Dies gilt umso mehr, wenn der Verband bundesweit agiert und räumliche Barrieren hinzutreten.[232] Eine schlecht besuchte Mitgliederversammlung wäre die Folge, die die Interessenlage der Gesamtmitglieder nicht mehr angemessen wiederspiegeln kann.[233] In dieser Situation ist es daher sinnvoll, den Mitgliederwillen nicht länger durch direkte Beteiligung durchzusetzen und auf eine Repräsentantenlösung zurückzugreifen.

Repräsentation ist freilich janusköpfig.[234] So wird das Partizipationsinteresse der Mitglieder regelmäßig noch weiter abnehmen, wenn sie nicht direkt an der verbandsinternen Willensbildung beteiligt werden. Die Repräsentantenversammlung droht, losgelöst von den Mitgliedern zu einer Funktionärsversammlung zu werden, die weniger an den Interessen der Mitglieder, als vielmehr an persönlichen Vorteilen interessiert ist.[235] Die großen Mitgliederverbänden ohnehin immanente Oligarchie-Gefahr wird so verstärkt, zumal die Delegierten selbst über den zukünftigen Zuschnitt der Versammlung beschließen können, mithin die Regeln ihrer Wiederwahl oder Wahl ihrer Nachfolger durch Wahlmodi beeinflussen können.

bb. Lösungsansätze außerhalb des Vereinsrechts

Auch dem Gesetzgeber war diese Problematik bewusst, ist diese Frage doch in den verschiedenen Organisationsformen individuell gelöst. Wie der Blick in das Aktien- und GmbH-Recht zeigt, gab der Gesetzgeber dabei der direkten

---

230 Ähnlich zur vergleichbaren Situation bei Genossenschaften BGH v. 22.2.82 – II ZR 219/81, BGHZ 83, S. 228,232.

231 MüKoBGB/*Reuter*, § 32 BGB Rn. 5 a. E.

232 *Segna*, Vorstandskontrolle, S. 286.

233 Hierauf weist zutreffend *Segna*, Vorstandskontrolle, S. 286, hin.

234 *Beuthien*, Vertreterversammlung, S. 14; daher kritisch gegenüber der Delegiertenversammlung *Segna*, Vorstandskontrolle, S. 288ff.

235 *Segna*, Vorstandskontrolle, S. 288.

Vertretung bei den wichtigsten Unternehmensformen den Vorzug. Sowohl § 118 AktG als auch § 48 GmbHG sehen die direkte Willensbildung der Aktionäre bzw. Gesellschafter vor. Anders und nach Verbandsgröße differenzierend ausgestaltet ist das Recht der Genossenschaften (§ 43a GenG) sowie das Parteienrecht (§§ 8 Abs. 1 Satz 2, 9 Abs. 1, 13 Abs. 1 PartG). Ausdrücklich offen sowohl für die Mitglieder- als auch die Vertreterversammlung ist § 29 VAG für Versicherungsvereine auf Gegenseitigkeit. Nach § 43a GenG kann die Satzung bei Genossenschaften mit mehr als 1.500 Mitgliedern die Einführung einer Vertreterversammlung bestimmen, während nach §§ 8 Abs. 1 Satz 2, 9 Abs. 1, 13 Abs. 1 PartG eine Vertreterversammlung bereits ab 250 Personen für zulässig erachtet.[236]

c. „Ergänzte Delegiertenversammlung" als Ausdruck guter Koalitionsführung

aa. Verpflichtende Delegiertenversammlung bei Großverbänden

Vor diesem Hintergrund überzeugt es nicht, größere Vereine *vereinsrechtlich* zur Einführung einer Delegiertenversammlung zu verpflichten.[237] Bereits die analoge Anwendung des § 43a Abs. 1 S. 1 GenG a. F., der eine verpflichtende Vertreterversammlung ab 3.000 Mitgliedern vorsah, war angesichts der verschiedenen gesellschaftsrechtlichen Regelungen eine Anomalie. Seit der Abschaffung dieser Verpflichtung auch im Genossenschaftsrecht[238] scheidet eine solche Analogie jedenfalls aus.

Gleichwohl ist die Einführung einer Vertreterversammlung nach den Grundsätzen guter Koalitionsführung geboten. Insofern ist an den *Rechtsgedanken* des § 43a GenG anzuknüpfen.[239] Die Grundkonstellation bei Genossenschaften ist mit der bei Tarifverbänden vergleichbar: Beide Vereinigungen sind autonome, zum Zwecke der Selbsthilfe gegründete Vereinigungen, die allein der Förderung der Mitgliederinteressen verpflichtet sind.[240] Im Unterschied hierzu muss das

---

236 Zu diesen Vorschriften und der Übertragbarkeit auf Gewerkschaften umfassend *Säcker/Oetker,* Repräsentation, S. 16ff.

237 Vor Aufhebung des § 43a Abs. 1 GenG: OLG Frankfurt a.M. v. 19.12.1984 – 9 U 107/83, ZIP 1985, S. 213, 215; *Leßmann,* Wirtschaftsverbände, S. 250f; *Oetker*, RdA 1999, 96, 103; *Säcker/Oetker,* Repräsentation, S. 6f.; *Schüren*, Legitimation, S. 241. Auch nach der Aufhebung des § 43a Abs. 1 GenG daran festhaltend MüKoBGB/*Reuter*, § 32 BGB Rn. 5; *ders.* FS Söllner, S. 937, 947; für Spartengewerkschaften auch *Fuest*, Spartengewerkschaften, S. 133ff. Eine solche Rechtspflicht ablehnend aber *Segna*, Vorstandskontrolle, S. 291f.

238 Aufgehoben durch Art. 7 Registerverfahrensbeschleunigungsgesetz vom 24.12.1993.

239 Ähnlich MüKoBGB/*Reuter* § 32 BGB Rn. 6.

240 Zu den Genossenschaftlichen Grundsätzen *Beuthien* GenG, § 1 Rn. 30.

PartG nicht lediglich die Mitgliederhoheit selbst bewahren, sondern insbesondere der staatstragenden Bedeutung der Parteien Rechnung tragen.[241] Es dient daher nur eingeschränkt als Leitbild für die Entwicklung einer Collective Governance. Gem. § 43a Abs. 1 GenG steht es einer Genossenschaft ab einer Mitgliederzahl von 1.500 Mitgliedern frei, eine Delegiertenversammlung zu schaffen. So soll der oben geschilderte Widerspruch aus theoretisch bestmöglicher Mitgliederbeteiligung und praktisch notwendiger Repräsentation angemessen bewältigt werden.

Angelehnt hieran sind kleine Tarifverbände, die in der Lage sind, ihre Mitglieder direkt in die Willensbildung einzubeziehen, aufgrund der oben genannten Argumente im Sinne einer guten Koalitionsführung zur direkten Mitgliederbeteiligung verpflichtet. Große Tarifverbände müssen eine Delegiertenversammlung einführen, da nur so eine effektive Einbindung der Mitglieder gewährleistet ist. Bei alledem kann § 43a Abs. 1 GenG aber nur eine Orientierung und keinen strengen Trennwert liefern.[242] Gute Gründe (etwa räumliche Entfernung, homogene oder heterogene Mitgliederstruktur) können im Einzelfall auch für eine Delegiertenversammlung unterhalb der Mitgliederzahl von 1.500 Mitgliedern streiten bzw. die direkte Mitgliederversammlung auch oberhalb dieser Grenze gebieten.

bb. Weiterbestehen der Mitgliederversammlung

Die Mitgliederversammlung kann aber durch die Delegiertenversammlung nicht vollständig verdrängt werden. Ihr verbleibt zumindest die Kompetenz, die Delegiertenversammlung einzusetzen, abzuschaffen und ihre Verfassung zu regeln.[243] Selbst wenn sämtliche sonstige Entscheidungen bis hin zum Recht der Verbandsauflösung auf die Delegiertenversammlung übergehen,[244] müssen die Verbandsmitglieder jederzeit rechtlich in der Lage sein, wieder selbst über ihre Angelegenheiten zu entscheiden. Alles andere liefe auf eine Selbstentmachtung hinaus und verstieße damit gegen den Grundsatz der Verbandsautonomie.[245]

---

241 *Schmiegel*, Inhaltskontrolle, S. 143.

242 Für Spartengewerkschaften schon *Fuest*, Spartengewerkschaften, S. 137.

243 *Säcker/Oetker*, Repräsentation, S. 67; MüKoBGB/*Reuter*, § 32 BGB Rn. 11; für ein Nebeneinander nur bei ausdrücklicher Satzungsregelung aber Sauter/Schweyer/*Waldner/Wörle-Himmel*, Rn. 221.

244 Mit unterschiedlichen Begründungen *Säcker/Oetker*, Repräsentation, S. 64ff; MüKoBGB/*Reuter*, § 32 BGB Rn. 11.

245 Hierzu oben § 2 A. I. 2, S. 48.

Im Genossenschaftsrecht hat der Gesetzgeber diese Wertung mit der GenG-Novelle 2006 normiert. So kann seit der Einfügung des § 43 Abs. 7 S. 1 GenG die satzungsrechtliche Einrichtung einer Vertreterversammlung die originäre (basisdemokratische) Mitgliederversammlung nicht länger vollständig verdrängen. Nach der gesetzlichen Konzeption besteht ein gesetzliches Nebeneinander von (basisdemokratischer) Mitgliederversammlung und (repräsentativdemokratischer) Vertreterversammlung.[246] Wie sich aus § 43 Abs. 7 S. 1 GenG ergibt, verbleibt letzterer zumindest als zwingende Restzuständigkeit das Recht, die Vertreterversammlung jederzeit wieder abzuschaffen.[247] Darüber hinaus steht es den Genossen frei, der Mitgliederversammlung auch weitere (Grundlagen-)Kompetenzen zu belassen, also die Entscheidungskompetenzen von Mitglieder- und Vertreterversammlung aufzuteilen.[248]

Um den oben skizzierten Konflikt direkter und indirekter Beteiligung zu entschärfen, sollten Tarifverbände hierüber hinaus gehen und generell grundlegende Entscheidungen der Mitgliederversammlung vorbehalten. Praktikabel wird die Mitgliederversammlung auch in Großverbänden, wenn die Tarifverbände die Präsenzpflicht lockern oder aufgeben. Die Grenzen zur direkten Willensbildung (Urabstimmung) sind insofern fließend (vgl. daher unten § 2 B. I. 3. b. bb, S. 59).

d. Grundsätze der Repräsentation

Überträgt ein Tarifverband den Großteil der Entscheidungsgewalt auf eine Delegiertenversammlung, hat er eine angemessene, die Mitgliederinteressen so gut wie möglich widerspiegelnde Repräsentation sicherzustellen.[249] Ohne dass an dieser Stelle die vor allem von *Franz Jürgen Säcker* und *Hartmut Oetker*[250] sowie auch *Ulrich Segna*[251] herausgearbeiteten Grundsätze der Repräsentation dargelegt werden sollen, muss zumindest auf mögliche Konfliktpunkte bei Tarifverbänden eingegangen werden.[252] Angelehnt an § 43a Abs. 4 S. 1 GenG bedeutet

246 Zum Ganzen Beuthien/*Beuthien*, § 43a GenG Rn. 2.

247 Beuthien/*Beuthien*, § 43a GenG Rn. 2.

248 Beuthien/*Beuthien*, § 43a GenG Rn. 2.

249 Für Genossenschaften BGH v. 22.2.82 – II ZR 219/81, BGHZ 83, S. 228, 232.

250 *Säcker/Oetker*, Repräsentation, S. 16ff.

251 *Segna*, Vorstandskontrolle, S. 295ff.

252 Vgl. auch bereits die Ausführungen von *Gerhardt*, Koalitionsgesetz, S. 274; *Föhr*, Willensbildung, S. 189ff; *Leßmann*, Wirtschaftsverbände, S. 250; MüKoBGB/*Reuter* § 32 BGB Rn. 7.

der Grundsatz der Repräsentation vor allem, dass die Vertreter in freier, allgemeiner, unmittelbarer, gleicher und geheimer Wahl gewählt werden sollen.[253]

aa. Wahlgrundsätze in Satzung

Die materiellen und formellen Grundfragen des „wie" der Wahl zur Delegiertenversammlung, allen voran der Delegiertenschlüssel, sind in der Satzung festzuschreiben.[254] Auch wenn Details der Wahlen dem Vorstand oder einer Wahlkommission zugewiesen werden können, müssen sich die Grundlinien der Wahl bereits aus der Satzung ergeben. Die Entscheidung, wer überhaupt zur Wahl zugelassen oder wer in der Delegiertenversammlung vertreten ist, darf nicht in den Händen der Verbandsführung liegen. Diese Fragen sind durch die Mitgliederversammlung und damit in der Satzung zu regeln, um jeglichem Missbrauch der Verbandsführung vorzubeugen.

Die Satzungen der allermeisten Gewerkschaften enthalten die wesentlichen Wahlmodi, insbesondere den Delegiertenschlüssel. Solange der Schlüssel aus der Satzung heraus berechenbar ist, ist es unerheblich, ob die Satzungen einen klaren Delegiertenschlüssel (IG Metall: 1:5000[255]) oder die Gesamtzahl der Delegierten, verbunden mit der Anordnung der quotalen Aufteilung auf die Untergliederungen enthalten (IG BCE: 400[256]). Ungenügend ist hingegen die Satzung der GDL,[257] aus der weder Gesamtzahl noch Delegiertenschlüssel hervorgehen, so dass hierüber der Hauptvorstand entscheidet.[258]

bb. Aktives- und passives Wahlrecht

Jedem Verbandsmitglied steht ein aktives Wahlrecht zu (Allgemeinheit der Wahl).[259] Allerdings muss es zum Schutz vor einer kurzfristigen „feindlichen

---

253 So auch die staatsrechtliche Vorgabe für die Wahl zum deutschen Bundestag in Art. 38 Abs. 1 S. 1 GG.

254 Ausführlich bereits OLG Frankfurt a.M. v. 19.12.1984 – 9 U 107/83, ZIP 1985, S. 213, 215; *Säcker/Oetker*, Repräsentation, S. 16ff; *Segna*, Vorstandskontrolle, S. 297ff; *Fuest*, Spartengewerkschaften, S. 173, hiergegen aber MüKoBGB/*Reuter*, § 25 BGB Rn. 10.

255 § 20 Ziff. 2 Satzung IG Metall.

256 § 17 Ziff. 2 Satzung IG BCE.

257 § 12 Ziff. 4 S. 2 Satzung GDL: *„Die Anzahl der von den Bezirksversammlungen zu wählenden Delegierten ist unter Berücksichtigung der Mitgliederzahl der einzelnen Bezirke von Hauptvorstand festzusetzen".*

258 *Fuest*, Spartengewerkschaften, S. 174; *Löwisch/Rieble*, § 2 TVG Rn. 95.

259 Zur Allgemeinheit der Wahl in Genossenschaften OLG Nürnberg v. 20.1.1977 – 8 U 93/76, BB 1978, 1380.

Unterwanderung" möglich sein, das aktive Wahlrecht an eine Mindestmitgliedschaftsdauer zu knüpfen.[260] Dies darf jedoch nicht dazu führen, missliebige Meinungen durch überhöhte Anforderungen an die Mitgliedsdauer aus der Repräsentantenversammlung fern zu halten. So sollte die Mindestmitgliedschaft regelmäßig nicht länger als einen Monat betragen. In der Praxis finden sich keine derartigen Klauseln in den Gewerkschafs- oder Arbeitgeberverbandssatzungen.

Ebenso muss es jedem Mitglied möglich sein, selbst Delegierter zu werden (passives Wahlrecht).[261] Gerade Gewerkschaften neigen dazu, eine lange Mitgliedschaft zur Voraussetzung des passiven Wahlrechts zu machen (so etwa die Satzungen der IG Metall: 36 Monate).[262] Dies ist aber – ebenso wie die Begrenzung des aktiven Wahlrechts – nur eingeschränkt zulässig.[263] Vorgaben über eine 36-monatige Mitgliedschaft verwehren gerade in Branchen mit starker Fluktuation vielen Mitgliedern die Beteiligung in der Gewerkschaft und verstoßen in einer nicht zu rechtfertigenden Weise gegen das sonst von Gewerkschaften gern ins Feld geführte Gleichheitsgebot (der Mitglieder). Findet die Willensbildung in der Delegiertenversammlung statt, muss die Wahl in diese grundsätzlich sämtlichen Mitgliedern offen stehen. Grenzen dürfen allein zur Missbrauchskontrolle (schnelle Unterwanderung der Tarifverbände durch Konkurrenten) gezogen werden und sollten zeitlich keinesfalls mehr als sechs Monate überschreiten.[264]

cc. Wahlmodi, Gleichheit und „geborene Delegierte"

Die Delegiertenversammlung sollte ein möglichst genaues Abbild der Mitgliederversammlung darstellen, um die verschiedenen Mitgliederinteressen in den Willensbildungsprozess einzubeziehen. Ob die Repräsentanten durch Verhältnis- oder Mehrheitswahlen bestimmt werden, ist grundsätzlich Sache des Tarifverbandes.[265] Unzulässig, weil nicht mehr repräsentativ, ist aber die Wahl

---

260 *Segna*, Vorstandskontrolle, S. 310.

261 Zum passiven Wahlrecht schon *Föhr*, Willensbildung, S. 171f; *Popp*, Öffentliche Aufgabe, S. 115f.

262 § 20 Ziff. 4 Satzung IGM: *„36-monatige ununterbrochene Mitgliedschaft"*; andererseits § 38 Ziff. 6 Satzung ver.di: *„seit mindestens sechs Monaten Mitglied"*.

263 Kritisch *Löwisch/Rieble*, § 2 TVG Rn. 95.

264 Zur zulässigen Verknüpfung von passivem Wahlrecht und Zahlung der Mitgliedsbeiträge *Fuest*, Spartengewerkschaften, S. 181f.

265 Ausführlich zur Stimmgleichheit sowie zu Zähl- und Erfolgswert der Stimmen *Segna*, Vorstandskontrolle, S. 310ff

der Delegierten durch Block- oder Listen-Mehrheitswahl.[266] Auch Minderheiten muss es möglich sein, ihre Vertreter in die Delegiertenversammlung zu entsenden.[267] Dies aber ist nicht möglich, wenn den Mitgliedern lediglich die Annahme oder Ablehnung einer vorab festgelegten Gesamtliste übrig bleibt.

Ebenfalls unstatthaft ist die Besetzung der Delegiertenversammlung mit nicht durch die Verbandsmitglieder gewählten („gekorenen"), sondern kraft Amtes in der Delegiertenversammlung vertretenen („geborenen") Mitgliedern. Zwar hält die h. M.[268] geborene Delegierte zumindest solange für zulässig, wie die gekorenen Mitglieder die Mehrheit der Delegierten stellen, doch wiederspricht eine solche Ungleichbehandlung den Grundsätzen guter Koalitionsführung.[269] Insofern ist die gekorene Mitgliedschaft weniger ein Problem der „Checks and Balances", wie dies scheinbar die h. M. vertritt, als vielmehr ein Problem der Gleichheit: Räumt man den Verbandsvorständen oder anderen Funktionären eine Delegiertenstellung kraft Amtes ein, sind sie als Mitglieder weit überproportional gegenüber den anderen Mitgliedern in der Delegiertenversammlung vertreten. Während sich einfache Verbandsmitglieder mit der Repräsentation durch einen Vertreter für eine Vielzahl der Mitglieder (IG Metall. 1 : 5000) begnügen müssen, können die Mitglieder des Vorstandes ihre Interessen direkt (1:1) in der Delegiertenversammlung vertreten. Ihnen kommt somit ein völlig unverhältnismäßiges Stimmgewicht zu.[270] Diese Abweichung vom Gleichheitsgrundsatz ist nicht gerechtfertigt. Auch das mit Blick auf die Gesetzesbegründung des § 9 Abs. 2 PartG erwägenswerte Argument, die Vertretung des Vorstands in der Delegiertenversammlung sei zur effizienten Arbeit des Verbandes notwendig,[271] überzeugt nicht. Es genügt für eine gute Vereinsarbeit, dem Vorstand ein Teilnahme- und Rederecht in der Delegiertenversammlung einzuräumen. Bereits auf diese Weise ist es ihm möglich, den Standpunkt

266 Kritisch für Koalitionen etwa *Löwisch/Rieble*, § 2 TVG, Rn. 95; MüKoBGB/*Reuter*, § 32 BGB Rn. 7; *ders.* FS Zöllner, S. 937, 948; Sauter/Schweyer/*Waldner*/*Wörle-Himmel*, Rn. 217; vertiefend *Segna*, Vorstandskontrolle, S. 310ff.

267 Auch zur Persönlichkeits- und Listenwahl *Segna*, Vorstandskontrolle, S. 310ff.

268 Für Koalitionen OLG Frankfurt a.M. v. 19.12.1984 – 9 U 107/83, ZIP 1985, S. 213, 215; *Oetker*, RdA 1999, 96, 103; *Säcker/Oetker*, Repräsentation, S. 27ff, *Schmiegel*, Inhaltskontrolle, S. 146; zum Vereinsrecht allgemein KG v. 12. 3. 1962 – 1 W 76/62, NJW 1962, 1917; MüKoBGB/*Reuter*, § 32 BGB Rn. 7; Sauter/Schweyer/ *Waldner*/*Wörle-Himmel*, Rn. 217; *Segna*, Vorstandskontrolle, S. 304ff.

269 Wie hier zumindest für Spartengewerkschaften, *Fuest*, Spartengewerkschaften, S. 187ff.

270 *Fuest*, Spartengewerkschaften, S. 188; *Säcker/Oetker*, Repräsentation, S. 28, *Segna*, Vorstandskontrolle, S. 304.

271 Vgl. die Regierungsbegründung zu § 12 Abs. 2 PartG a. F. (= § 9 Abs. 2 PartG n. F.); BT-Drucks. 3/1509, S. 20.

des Vorstandes deutlich zu machen und argumentativ auf die Delegierten einzuwirken. Ein Stimmrecht ist hierzu nicht erforderlich.[272]

Positiv zu bewerten ist es daher, dass die meisten Gewerkschaften[273] ihren Vorständen (und Beiräten[274]) lediglich ein Teilnahme- und Rederecht auf der Delegiertenversammlung einräumen (etwa ver.di[275], IG Metall[276], IG BCE[277], EVG[278]). Gleichwohl halten andere Gewerkschaften und teilweise auch Arbeitgeberverbände an Vorständen und Beiräten als „geborene" Delegierte fest (etwa IG Bau[279]; GEW[280]; GDL[281], auf Arbeitgeberseite etwa der AGV Bau Saar[282], der eine Delegiertenversammlung vorsieht).

2. *Durchführung der Versammlung*

Eine selbstbestimmte Willensbildung kann nur gelingen, wenn Mitglieder- oder Delegiertenversammlung regelmäßig und in überschaubaren Zeitabständen zusammenkommen und ihre Mitglieder gleichermaßen antragsberechtigt sind.

---

272 So auch *Fuest*, Spartengewerkschaften, S. 188.

273 Bei Arbeitgeberverbänden mit Mitgliederversammlung kommt es hierauf nicht an.

274 Zu beiden Organen ausführlich unten § 4 C. I. 2, S. 152.

275 § 38 Ziff. 2 Satzung ver.di: „*Die Mitglieder des Gewerkschaftsrats, des Bundesvorstands, des Beirats, [...] nehmen mit beratender Stimme teil*".

276 § 20 Ziff. 14 Satzung IGM: „*Die Mitglieder des Vorstandes, des Kontrollausschusses, die Bezirksleiter bzw. Bezirksleiterinnen und die in den Bezirken gewählten Beiratsmitglieder nehmen an dem Gewerkschaftstag mit beratender Stimme teil*".

277 § 17 Ziff. 9 Satzung IG BCE: „*Mit beratender Stimme nehmen am Gewerkschaftskongress teil: a) die Mitglieder des Hauptvorstands, b) die Mitglieder des Beirates [...]*"

278 § 20 Ziff. 3 Satzung: „*Die Mitglieder des Bundesvorstandes, [...] nehmen am ordentlichen Gewerkschaftstag mit beratender Stimme teil, soweit sie nicht als gewählte Delegierte [...] stimmberechtigt teilnehmen*".

279 § 27 Ziff. 2 Satzung IG Bau: „*Stimmberechtigt auf dem Gewerkschaftstag sind die auf den Bezirksverbandstagen gewählten Delegierten, die Mitglieder des Gewerkschaftsbeirats und die Mitglieder des Bundesvorstands*".

280 § 13 Ziff. 1 Satzung GEW: „*Der Gewerkschaftstag hat 432 Delegierte, die sich wie folgt zusammensetzen: a) die Delegierten der Landesverbände, b) [...] c) die Mitglieder des Hauptvorstandes [...]*".

281 § 12 Ziff. 4 Satzung GDL: „*Stimmberechtigte Delegierte sind: a) die Mitglieder des Hauptvorstandes, b) die von den Bezirksversammlungen gewählten Delegierten, c) die Kassenprüfer der Hauptkasse*".

282 § 9 Ziff. 2 lit. b Satzung AGV Bau Saar.

a. Tagungsturnus

Um die Mitglieder in die Willensbildung einzubeziehen, ist ein häufiger Tagungsturnus geboten. Die Willensbildung kann umso eher von den Mitgliedern selbst übernommen werden, je häufiger sie zur Beratung und Entscheidung zusammen kommen und schneller auf aktuelle Entwicklungen reagieren können. Das Vereinsrecht selbst enthält keine Vorgaben hinsichtlich eines Tagungsturnus und stellt die Tagungshäufigkeit in das Ermessen der Vereine (§ 36 S. 1 BGB). Eine für unternehmerische Rechtsformen wie Aktiengesellschaft, GmbH, Genossenschaft oder den Versicherungsverein auf Gegenseitigkeit mittelbar[283] bestehende Pflicht zur jährlichen Zusammenkunft kennt das Vereinsrecht nicht.[284] Dies ist insofern verständlich, als das Vereinsrecht den rechtlichen Rahmen für eine enorme Bandbreite von Vereinen vorgibt, für die derartige Pflichten nicht angemessen wären.

aa. Tagungsturnus und Collective Governance

Für Tarifverbände ist es jedoch überlegenswert, vergleichbare Regelungen anderer Großverbände wie Aktiengesellschaft oder Genossenschaft zu übertragen. So wurden bereits an anderer Stelle Forderungen nach einer jährlichen Durchführung einer ordentlichen Mitgliederversammlung für Tarifverbände erhoben[285] und auch der Entwurf eines Verbändegesetzes der FDP-Fraktion 1976 enthielt in § 9 Abs. 1 S. 2 eine solche Pflicht.[286] Dem ist zuzustimmen. Auch wenn mit der jährlichen Durchführung einer Versammlung zweifelsohne Mehrkosten und ein erhöhter Zeitaufwand für Organisation und Vorbereitung verbunden sind,[287] ermöglicht

283 Aufgrund der jährlichen Beschlussfassung über die Verwendung des Bilanzgewinns (§§ 120 Abs. 1, 174, 175 AktG; § 42a, 46 Nr. 5 GmbHG; § 48 Abs. 1 GenG; §§ 120 Abs. 1, 174, 175 AktG i.V.m. § 36 S. 1 VAG) bzw. zur Feststellung des Jahresabschlusses (§ 42a, 46 Nr. 5 GmbHG; § 48 Abs. 1 GenG).

284 *Segna*, Vorstandskontrolle, S. 199.

285 *Göhner*, Demokratie, S. 46; *Leßmann*, Wirtschaftsverbände, S. 251; *Löwisch/Rieble*, § 2 TVG Rn. 95; *Schmiegel*, Inhaltskontrolle, S. 145.

286 Entwurf der F.D.P.- Fraktion im Bundestag, abgedruckt in RdA 1977, 235.

287 Zugespitzt die Ausführung des damaligen 2. Vorsitzenden der IGM auf dem 7. IGM-Gewerkschaftstages zur Verlängerung des Tagungsturnus: „*Wenn wir nüchtern und sachlich den gegenwärtigen Stand der Dinge betrachten, so bedeutet die zweijährige Legislaturperiode in der Praxis, daß von diesen zwei Jahren ein Jahr für die Vorbereitung des kommenden Gewerkschaftstages gebraucht wird*“, IGM-Protokoll 1962, S. 406, zit. nach *Witjes*, Führungsgruppen, S. 320. Mit der gleichen Begründung auch die Anträge M 036, M 064, M 065, M 066, M 067 auf dem 3. Ordentlichen Gewerkschaftstag der ver.di 2011: Gewerkschaftstage alle fünf Jahre.

erst ein kurzer Tagungsturnus die zeitnahe Willensbildung durch die Mitglieder bzw. deren Delegierte.[288] Je größer die Abstände der Mitglieder- bzw. Delegiertenversammlungen werden, desto weniger Einfluss können die Mitglieder auf ihre Verbandsführung nehmen und desto weniger können sie über die sie betreffenden Fragen entscheiden.

Jedoch ist zu beachten, dass ein seltener Tagungsturnus durch die Einrichtung weiterer Willensbildungsgremien kompensiert werden kann.[289] Gerade der von den meisten Gewerkschaften geschaffene Beirat kann diese Funktion grundsätzlich übernehmen. Insofern handelt es sich um nichts anders als eine kleine Delegiertenversammlung bzw. eine Delegiertenversammlung mit größerem Delegiertenschlüssel. Voraussetzung hierfür ist allerdings, dass dieses Gremium wiederum die Mitglieder angemessen repräsentiert, was auch eine Mindestgröße erfordert.[290] Dominieren Vorstand und von diesem abhängige hauptamtliche Gewerkschaftsmitarbeiter dieses Gremium als geborene Mitglieder (hierzu noch unten § 4 C. IV. 1. a. bb, S. 177), kann ein solches Gremium die jährliche Zusammenkunft der Mitglieder- bzw. Delegiertenversammlung aufgrund mangelnder Repräsentativität nicht ersetzen.[291]

bb. Satzungsrechtliche Umsetzung

Die Satzungen der meisten Arbeitgeberverbände sehen einen jährlichen Tagungsturnus vor (etwa: VBM[292])und entsprechen so den soeben gemachten Ausführungen. Differenzierter hingegen zeigt sich das Bild bei den Gewerkschaften. Gerade nach den Satzungen der großen Gewerkschaften des DGB tagen die Mitglieder- bzw. Delegiertenversammlung nur alle vier (IGM, BCE),[293] teilweise gar fünf (EVG)[294] Jahre. Auch Gewerkschaften wie IG Chemie oder IG Metall, welche in den Anfangsjahren der Bonner Republik noch einen zweijährigen Tagungsturnus vorsahen, weiteten diesen nach teilweise intensiven internen

288 Zu den auch gewerkschaftsintern bereits vielfach ausgetauschten Argumenten auch *Witjes*, Führungsgruppen, S. 320.

289 So bereits *Schmiegel*, Inhaltskontrolle, S. 145.

290 Zu Mindestgrößen von Repräsentantenversammlung schon *Segna*, Vorstandskontrolle, S. 303.

291 So auch *Schmiegel*, Inhaltskontrolle, S. 145.

292 § 8 Ziff. 1 Satzung VBM.

293 § 20 Ziff. 1 S. 2 Satzung IGM: „*Ein ordentlicher Gewerkschaftstag muss in jedem vierten Jahr abgehalten werden*“; § 37 Ziff. 3 Satzung ver.di: „*Der Bundeskongress findet alle vier Jahre statt*“; § 17 Ziff. 3 Satzung IG BCE: „*Der Ordentliche Gewerkschaftskongress findet alle vier Jahre statt*“.

294 § 20 Ziff. 5 S. 1 Satzung EVG: „*Der Gewerkschaftstag findet alle fünf Jahre statt […]*“.

Debatten in den Folgejahren beständig aus, um Kosten und Verwaltungsarbeit zu sparen.[295]

Interessant ist, wie dieses Defizit selbstbestimmter Willensbildung in den verschiedenen Gewerkschaften gemildert wird. Während etwa die EVG zwischen den ordentlichen alle fünf Jahre stattfindenden Gewerkschaftstagen jährlich einen „*kleinen Gewerkschaftstag*" (selbe Besetzung wie ordentlicher Gewerkschaftstag, eingeschränkter Themenkreis) durchführen,[296] findet die Willensbildung der übrigen Gewerkschaften allein im Rahmen des Beirates[297] statt. Nach dem oben Gesagten genügt dies aber nur dann Grundsätzen guter Koalitionsführung, wenn es sich bei diesem Gremium tatsächlich um ein repräsentatives Spiegelbild der Mitgliederversammlung und nicht lediglich um ein vom Vorstand dominiertes Organ der Verbandsführung handelt. Unvereinbar, und angesichts der kleineren Mitgliederzahl noch dramatischer, ist die geborene Mitgliedschaft von Vorstandsmitgliedern in diesem Gremium, wie sie in den meisten Gewerkschaftssatzungen (IG Metall ver.di, nicht aber IG BCE) vorgesehen wird.[298] So stehen etwa im Beirat der IG Metall den derzeit 73 in den Bezirkskonferenzen gewählten Delegierten 36 (!) geborene wahlberechtigte Vorstandsmitglieder gegenüber,[299] sodass von einem repräsentativen Bild der Mitglieder nicht mehr gesprochen werden kann.[300]

b. Antragsrechte

Den Teilnehmern der Mitglieder- bzw. Delegiertenversammlung muss es möglich sein, auf ihre Interessen bestmöglich aufmerksam zu machen und für

---

295 Hierzu *Witjes*, Führungsgruppen, S. 319f.

296 § 20 Ziff. 10 Satzung EVG: „*Zwischen den alle fünf Jahre stattfindenden ordentlichen Gewerkschaftstagen findet jedes Jahr ein kleiner Gewerkschaftstag statt*".

297 Zu den unterschiedlichen Bezeichnungen dieses zwischen den Gewerkschaftstagen höchsten Organs unten § 4 C. I. 2. a. bb, S. 152.

298 § 19 Ziff. 3 S. 1 Satzung IGM: „*Mitglieder des Beirates sind außerdem die Mitglieder des Vorstandes*"; § 41 Ziff. 7 Satzung ver.di: „*An den Sitzungen des Gewerkschaftrates nehmen die Mitglieder des Bundesvorstands stimmberechtigt teil*". Positiv hervorzuheben ist hingegen § 18 Ziff. 3 Satzung IG BCE, wonach die Mitglieder des Hauptvorstandes nur mit beratender Stimme an den Beiratssitzungen teilnehmen.

299 http://www.igmetall.de/beirat-sitzverteilung-auf-die-bezirke-9309.htm.

300 Noch dramatischer zeigt sich etwa die Situation bei der GDL, bei der die Willensbildung zwischen den Gewerkschaftstagen nach § 13 Satzung GDL durch den Hauptvorstand, bestehend aus dem geschäftsführenden Vorstand, den Bezirksvorsitzenden, den stellvertretenden Bezirksvorsitzenden und dem Bundesjugendleiter gebildet wird. Vgl. hierzu schon *Fuest*, Spartengewerkschaften, S. 161f.

deren Umsetzung zu werben. Voraussetzung hierfür ist, dass ihnen ein freies Antragsrecht zusteht.[301] Nur wenn die Mitglieder/Delegierten die Möglichkeit haben, ihr Anliegen in der Versammlung zu präsentieren, kann ein entsprechender Beschluss gefasst werden. Insofern handelt es sich um ein wichtiges, eng mit dem Recht auf Teilnahme verbundenes Recht.[302] Einschränkungen dieses Rechtes sind rechtfertigungsbedürftig.

aa. Einschränkbarkeit

Im Interesse eines geordneten und zügigen Ablaufs der Versammlung sind Einschränkungen des Antragsrechts erforderlich. Zulässig ist etwa die Vorgabe, Anträge unter Wahrung einer gewissen Frist bei dem Verband einzureichen. Dies dient zum einen der besseren Planbarkeit der Versammlung, zum anderen können so die übrigen Teilnehmer rechtzeitig über die gestellten Anträge informiert werden. Indes muss es daneben auch möglich sein, Eilanträge unter Ausschluss der Fristwahrung abzugeben, etwa um auf aktuelle Entwicklungen oder Anträge anderer Mitglieder oder Gremien zu reagieren.

Problematischer sind Regelungen, welche dem einzelnen Teilnehmer vollständig das Antragsrecht entziehen und ein solches Antragsrecht nur bestimmten Gremien (Vorstand, Landesverbände) zuweisen. *Ulrich Segna* etwa hält eine solche Beschränkung in Großvereinen für unzulässig, da die hierfür stets vorgebrachten Argumente des Schutzes vor einer „Überflutung“ der Versammlung mit Anträgen sowie querulatorische Anträge nur vorgeschoben seien.[303] Sie ließen sich im Einzelfall unter Hinweis auf ein missbräuchliches Verhalten unterbinden, ohne dass vorab bereits das Mitgliedschaftsrecht beschnitten werden müsste. Dem ist beizupflichten.

bb. Satzungsrechtliche Umsetzung

In den Satzungen der Tarifverbände sind Vorlauffristen für Anträge regelmäßig enthalten und nach dem oben Gesagten auch nicht zu beanstanden.[304] Problematisch sind derartige Klauseln, wenn Sonderregelungen für Eilanträge

---

301 *Leßmann*, Wirtschaftsverbände, S. 252; ausführlicher *Segna*, Vorstandskontrolle, S. 219ff sowie speziell für Gewerkschaften *Witjes*, Führungsgruppen, S. 327.

302 *Paulick*, Genossenschaften, S. 244; *Segna*, Vorstandskontrolle, S. 220, auch zum folgenden Absatz.

303 *Segna*, Vorstandskontrolle, S. 220.

304 Etwa § 39 Ziff. 3 Satzung ver.di.

fehlen.[305] Unzulässig – weil die Mitglieder unsachgemäß benachteiligend – ist es, die Antragsfrist nur auf Mitgliedergruppierungen zu beziehen, den Vorstand hingegen von dieser Frist auszunehmen, wie dies etwa nach Satzung der GDL der Fall ist.[306]

Während die Satzungen der Arbeitgeberverbände (VBM, AGV Chemie Nord, IGZ) ihren Mitgliedsunternehmen jeweils einzeln ein Antragsrecht zugestehen,[307] sieht die Realität auf Gewerkschaftsseite anders aus. Abgesehen von den Spartengewerkschaften Cockpit und Marburger Bund[308] können auf den Gewerkschaftstagen nur die Versammlungen unterer Verwaltungsgliederungen (IG Metall: Verwaltungsstelle,[309] ver.di, IG BCE: Bezirksversammlung[310]) und damit noch nicht einmal die Ortsverbände selbst Anträge stellen. Kompensiert wird dies nur teilweise damit, dass Minderheitsvertretungen (Jugend, Frauen), vor allem aber die „verwaltungsnahen" Gremien wie Beirat oder Vorstand Anträge stellen können.[311] Dies mag man als *„relativ großzügig ausgestaltet"*[312] betrachten, doch stellt es bei Lichte betrachtet eine erhebliche Einschränkung der Mitgliedschaftsrechte dar.

Verstärkt wird diese Einschränkung des Antragsrechts noch durch die Kompetenzen der Antragskommission. So sehen die Gewerkschaftssatzungen regelmäßig eine Antragskommission vor, die die Anträge vorab bündelt, eine Stellungnahme abgibt und Wahlvorschläge erarbeitet (Annahme, Ablehnung, Verweisung in den Vorstand/Beirat). Wer über die Besetzung dieses – rein faktisch über einen erheblichen Einfluss verfügendes – Gremium bestimmt, variiert zwischen den Gewerkschaften.[313] Akzeptabel im Sinne einer beschleunigten Versammlung ist eine solche Antragskommission jedenfalls nur, wenn sie mit vom Vorstand unabhängigen und von den Mitgliedern

---

305 Kritisch daher der soeben zitierte § 39 Ziff. 3 Satzung ver.di, der keine Sonderregelung für Eilanträge enthält, obwohl solche Anträge praktisch möglich sind wenn 10% der Delegierten bis Ablauf des ersten Tages diese stellen, Tagesprotokoll v. 3. Ordentlichen Gewerkschaftstag 2011, 18.09.2011, S. 45f.

306 § 12 Ziff. 6 Satzung GDL.

307 Etwa: § 8 Ziff. 7 Satzung VBM; § 4 Abs. 3 Satzung AGV Chemie Nord; § 12 Nr. 3 Satzung IGZ.

308 7.4.1 Satzung Cockpit, § 1 Abs. 3 Satzung MB Bayern.

309 § 20 Ziff. 11 Satzung IG Metall: *„Delegiertenversammlung der Verwaltungsstelle"*.

310 § 39 Ziff. 2 lit. a) Satzung ver.di; § 17 Ziff. 7 lit. b) Satzung IG BCE.

311 § 20 Ziff. 11 Satzung IG Metall.

312 *Popp*, Öffentliche Aufgabe, S. 217.

313 Umfassend und kritisch zu Besetzung und Einfluss der Antragskommissionen *Witjes*, Führungsgruppen, S. 328ff, dessen Analyse auch für die heutigen Satzungen weitgehende Gültigkeit hat.

(Landes/Regionalversammlungen) gewählten Personen besetzt ist.[314] Insgesamt sind die mitgliedschaftlichen Antragsrechte bei den großen Gewerkschaften stark eingeschränkt. So ist das einzelne Mitglied bereits durch die (für sich genommen gebotene) Einrichtung der Delegiertenversammlung von der Willensbildung und Antragstellung ausgeschlossen und auch „sein" Delegierter kann keine Anträge in der Delegiertenversammlung stellen. Allein über die Mobilisierung der Verwaltungsstelle oder gar der Bezirksversammlung können Mitglieder neue Ideen einbringen – so sie nicht durch eine entsprechende Aufbereitung und Kommentierung der Antragskommission marginalisiert werden.

Dies ist bedenklich. Auch wenn die einzelnen Schritte für sich genommen durchaus legitim sind, schränkt ihr Zusammenspiel die Mitgliedsrechte zu weit ein. Wollen die Gewerkschaften die Versammlungen beschleunigen, sollte zunächst der Tagungsturnus der Gewerkschaftstage verringert werden.[315] Darüber hinaus sollte es den Mitgliedern möglich gemacht werden, zumindest durch „ihren" Delegierten, ihren Ortsverband oder mit Hilfe eines kleinen, von der Verbandsgröße abhängigen Quorums Anträge einzubringen. In diesem Zusammenhang kann auf die Idee des im Zuge der Governance-Debatte in das Aktiengesetz aufgenommenen § 127a AktG („Aktionärsforum") zurück gegriffen werden, der vorsieht den Mitgliedern vor der Versammlung auf der Website einen geeigneten Raum zum Gedankenaustausch und zur gegenseitigen Überzeugung zu geben.[316] In Ansätzen verwirklicht hat dies etwa ver.di im Vorfeld des 3. Ordentlichen Gewerkschaftstages 2011, indem sämtliche Anträge vorab veröffentlicht wurden und ein Online-Forum den gegenseitigen Gedankenaustauch ermöglicht hat.

c. Stimmrechtsgleichheit und gewichtete Stimmrechte

Das Gebot der Gleichheit verlangt, jedem Verbandsmitglied eine Stimme zuzuerkennen,[317] was durch den Blick ins Aktien- und insbesondere ins Genossenschaftsrecht (§ 134 Abs. 1AktG bzw. § 43 Abs. 3 S. 1 GenG) sowie den in

314 So auch die Satzungen der IG Metall (Wahl durch Delegierten eines Bezirks aus ihrer Mitte, § 20 Ziff. 8 Satzung IG Metall; Wahl durch den Beirat, Vorschläge von den Bezirken und Personengruppen, § 25 IG BCE.

315 So auch *Witjes*, Führungsgruppen, S. 327.

316 Zur Stärkung der Aktionärsrechte so schon *Habersack*, Gutachten E zum 69. Deutschen Juristentag, S. 89f.

317 Statt aller *Löwisch/Rieble*, § 2 TVG Rn. 95.

Tz. 2.1.2 des DCGK normierten Grundsatz *one share one vote*[318] bestätigt wird. Gleichwohl ist die in einigen Arbeitgebersatzungen übliche Gewichtung der Stimmen nach Anzahl der Beschäftigten, nach der Lohn- und Gehaltssumme oder nach dem Beitragsaufkommen zur Unfallversicherung durch sachliche Gründe gerechtfertigt.[319] Schließlich sind Unternehmen mit hohem Personalbestand in weit größerem Maße von den Folgen der Tarifverträge betroffen als Betriebe mit wenigen Angestellten. In der Praxis haben sich derartige Differenzierungen jedoch überwiegend nicht durchgesetzt, die Mehrheit der Arbeitgeberverbände hält am Grundsatz der gleichberechtigten Stimmrechte fest.[320] Für Gewerkschaften hingegen ist kein sachlicher Grund erkennbar, den Mitgliedern unterschiedlich gewichtete Stimmrechte zuzuerkennen.[321]

3. *Rechte der Versammlung*

Unabhängig von ihrer Zusammensetzung muss der Mitglieder- bzw. Delegiertenversammlung im Sinne guter Collective Governance sowohl die Entscheidungskompetenz in Grundsatzfragen als auch die grundsätzliche Personalhoheit zukommen. Nach § 32 BGB obliegt die Regelung der Vereinsangelegenheiten der Mitgliederversammlung, soweit sie nicht vom Vorstand oder einem andern Vereinsorgan zu besorgen sind. Daneben ist es gem. § 27 Abs. 1 BGB Aufgabe der Mitgliederversammlung, den Vorstand zu bestellen. Allerdings handelt es sich sowohl bei § 32 BGB als auch bei § 27 Abs. 1 BGB um dispositive Vorschriften (§ 40 BGB), so dass es Vereinen frei steht, Rechte der Mitgliederversammlung anderen Vereinsorganen zuzuweisen.[322] In jedem Fall muss nach dem Grundsatz der Verbandsautonomie der Mitgliederversammlung ein Mindestmaß an Entscheidungsbefugnissen vorbehalten bleiben (oben § 2 A. I. 2, S. 49). Für Tarifverbände gelten nach den Grundsätzen guter Koalitionsführung noch strengere Hürden für eine Verlagerung von Kompetenzen.

---

318 Tz. 2.1.2 DCGK: *„Jede Aktie gewährt grundsätzlich eine Stimme. Aktien mit Mehrstimmrechten oder Vorzugsstimmrechten („goldene shares") sowie Höchststimmrechte bestehen nicht"*.

319 Allgemeine Meinung, vgl. nur *Gamillscheg*, Kollektives Arbeitsrecht I, S. 402; *Löwisch/Rieble*, § 2 TVG Rn. 102.

320 Vgl. die leider bereits ältere Statistik von 2006 im Schoeder/*Behrens*, Hdb Arbeitgeberverbände, S. 159.

321 *Löwisch/Rieble*, § 2 TVG Rn. 102.

322 Statt aller Soergel/*Hadding*, § 32 BGB Rn. 4.

a. Grundlagenentscheidungskompetenz

So sind die Mitglieder bzw. Delegierten dazu berechtigt, aber auch verpflichtet, die grundlegenden verbands- und tarifrechtlichen Fragen eigenverantwortlich und unabhängig selbst zu entscheiden.

aa. Alleinige Kompetenz zur Satzungsänderung

Insbesondere dürfen Satzungsänderungen allein in der Hand der Mitglieder- bzw. Delegiertenversammlung liegen. Diese Kompetenz auf den Vorstand zu übertragen, ist unzulässig[323] und auch die Delegation auf den Beirat entspricht nicht den Grundsätzen guter Koalitionsführung.[324] Auch unter dem Vorwand der Eilbedürftigkeit darf von dieser Kompetenzverteilung nicht abgewichen werden. Die Satzung, und damit die Grundorganisation des Verbandes, steht allein zur Disposition der Mitglieder selbst. Keinesfalls dürfen Funktionäre über den Zuschnitt ihrer Kompetenzen entscheiden, ihre Machtbefugnisse also von der Legitimation durch die Mitglieder lösen. Sind notwendige zukünftige Veränderungen der Organisation bereits absehbar, deren konkrete Umsetzung aber noch nicht entscheidungsreif ist, steht es der Mitglieder- bzw. Delegiertenversammlung frei, den Vorstand durch entsprechende Vorratsbeschlüsse vorab zu Satzungsänderungen zu legitimieren. Ein solches Vorgehen darf gleichwohl lediglich auf Einzelfälle beschränkt bleiben und nicht zu einer dauerhaften Machtverschiebung im Organisationsgefüge führen.[325]

Hiermit verbunden ist die Frage, welche Regelungen überhaupt in der Satzung normiert werden müssen, oder anders gewendet: welche Fragen von so zentraler Bedeutung für die Verfassung der Tarifverbände sind, dass sie von der Mitglieder- bzw. Delegiertenversammlung selbst entschieden werden müssen. Unabhängig von der Tragweite des Satzungsbegriffs[326] besteht allgemein

323 Für Tarifverbände *Löwisch/Rieble* § 2 TVG, Rn. 95; generell für Großvereine ohne Aufnahmefreiheit MüKoBGB/*Reuter*, § 32 BGB Rn. 11.

324 Unzulässig daher auch die Kompetenz des Beirates der IG BCE, bestimmte Regelungskomplexe mit 2/3-Mehrheit zu ändern, § 18 Ziff. 5 Satzung IG BCE.

325 Mit kritischem Beispiel für leichtfertig gefasste Vorratsbeschlüsse bei der GdED/Transnet (heute EVG) im Zuge der Bahnreform etwa *Müller/Wilke*, Einfluß nehmen, S. 308.

326 Zum Streit über das Satzungsverständnis vgl. nur MüKoBGB/*Reuter* § 25 BGB Rn. 1 m.w.N.

Einigkeit, dass hierzu zumindest sämtliche Grundlagenentscheidungen, wie etwa der Zweck, aber auch Fragen der inneren Organisation zu zählen sind.[327]

(1) Verbandszweck: Tarifwilligkeit, Tarifzuständigkeit

Für Tarifverbände ist dabei besonders zu beachten, dass aus dem Verbandszweck deutlich hervorgehen muss, dass der Tarifverband gewillt ist, selbst Tarifverträge abschließen zu wollen (Tarifwilligkeit).[328] Vor allem aber muss sich aus der Satzung auch ergeben, für welche Betriebe der Tarifverband seine Zuständigkeit erklärt (Tarifzuständigkeit).[329] Auch hierbei handelt es sich um eine Konkretisierung des Vereinszweckes.[330] Den beitretenden Mitgliedern muss sich aus dem Blick in die Satzung ergeben, ob der Tarifverband zur Förderung und Wahrung ihrer Interessen in der Lage ist. Daher ist es unzulässig, die Zuständigkeit von weiteren, unbestimmten Faktoren abhängig zu machen. Zu Recht hielt der 1. Senat des BAG[331] eine Satzungsbestimmung der DHV für zu unbestimmt, in welcher sich diese u.a. für Betriebe zuständig erklärte, in denen sie *„über eine hinreichende Repräsentativität"* verfügt. Auch Erlass und Änderung des Organisationskataloges dürfen der Mitgliederhoheit nicht entzogen und – wie in vielen Gewerkschaften (IG Metall, IG BCE, IG Bau, NGG)[332] üblich – dem Beirat zugewiesen werden.[333]

(2) Organisationselemente

Weiterhin muss hinsichtlich der inneren Organisation aus der Satzung selbst unzweifelhaft hervorgehen, dass der Tarifverband die Mitgliederversammlung durch eine Delegiertenversammlung ersetzen will. In diesem Fall hat die Satzung selbst den Delegiertenschlüssel zu enthalten (oben § 2 B. I. 1. d. aa, S. 45). Wenn und soweit die Tarifverbände Tätigkeiten und satzungsrechtlich garantierte Leistungen (z.B. Rechtsberatung, Arbeitskampfunterstützung) an Tochtergesellschaften oder Dritte verlagern, muss dies ebenfalls explizit in der Satzung

---

327 Allgemein zum Inhalt der Vereinsverfassung MüKoBGB/*Reuter*, § 25 Rn. 4 m.w.N. auch aus der Rspr.

328 Weiterführend *Löwisch/Rieble*, § 2 TVG Rn. 147ff.

329 BAG v. 25.9.1996 – 1 ABR 4/96, NZA 1997, 613; BAG v. 12.11.1996 – 1 ABR 33/96, NZA 1997, 609; BAG v. 14.12.1999 – 1 ABR 74/98, NZA 2000, 949; ErfK/*Franzen*, § 2 Rn. 33.

330 *Löwisch/Rieble*, § 2 TVG Rn. 229.

331 BAG v. 17. 4. 2012 – 1 ABR 5/11, NZA 2012, S. 1104, 1109.

332 § 19 Ziff. 5 Satzung IG Metall, § 18 Ziff. 4 lit. f Satzung IG BCE, § 26 Ziff. 2 lit. f Satzung IG Bau, § 2 Abs. 3 Satzung NGG.

333 *Löwisch/Rieble*, § 2 TVG Rn. 230.

geregelt werden. Denn eine solche Ausgliederung entzieht der Mitgliederversammlung das Recht, Einfluss auf diese Tätigkeiten im Wege der Weisungserteilung zu nehmen oder von ihrem Informationsrecht Gebrauch zu machen.[334] Allein mittelbar über die Anweisung der Vorstände ist eine Einflussnahme auf diese ausgelagerten Tätigkeitsfelder möglich.

bb. Sonstige Entscheidungen in Grundsatzfragen

Auch außerhalb von Satzungsfragen muss die Mitgliederhoheit über die Entscheidung von Grundsatzentscheidungen gewahrt werden. Insofern ist es problematisch, wenn Grundsatzfragen in Richtlinien normiert werden, die entweder vom Beirat oder gar dem (Haupt-)Vorstand selbst erlassen werden.[335] Gerade die Ausgestaltung und Besetzung der Tarif- und Verhandlungskommissionen ist in den meisten Satzungen äußerst rudimentär geregelt und bleibt der Ausgestaltung durch Richtlinien vorbehalten (etwa IG Metall, IG Bau).[336] Dies darf nicht sein. Tarifverhandlungen sind das Kernstück tarifverbandlicher Arbeit. Hier müssen zumindest grobe Vorgaben über die Zusammensetzung der Kommissionen und deren Arbeit in der Satzung selbst geregelt werden (zur Willensbildung in den Tarifkommissionen sogleich unten § 2 B. II, S. 62).

b. Personalhoheit

Schließlich steht der Mitgliederversammlung nach dem ausdrücklichen Wortlaut des § 27 Abs. 1 BGB auch die Bestellung sowie nach § 27 Abs. 2 BGB die Abberufung des Vorstandes, mithin die wesentlichen Personalkontrollrechte zu.[337] Nichts anderes gilt, wird eine Delegiertenversammlung eingerichtet. In diesem Fall steht den Delegierten das Recht zu, den Vorstand zu bestellen bzw. abzuberufen.

aa. Unzulänglichkeiten bei Tarifverbänden

Bei Tarifverbänden begegnet diese gesetzliche Zuweisung der Personalkompetenz unter dem Gesichtspunkt effektiver Steuerung und Kontrolle aber durchaus Bedenken. So ist zweifelhaft, wie die Mitglieder oder Delegierten der

334 Allgemein zu Vereinen mit ausgelagertem Geschäftsbetrieb *Segna*, NZG 2002, 1048, 1051, *Sprengel*, Vereinskonzernrecht, S. 197ff.

335 Kritisch auch *Popp*, Öffentliche Aufgabe, S. 222f.

336 § 16 Ziff. 4 b) Satzung IG Metall; § 31 Satzung IG Bau: *„Für jede Tarifverhandlung wird eine Tarifkommission gebildet. Näheres wird durch Richtlinien geregelt, die der Bundesvorstand nach Beratungen mit der jeweiligen Bundesfachgruppe beschließt".*

337 Hierzu, sowie zum dispositiven Charakter, MüKoBGB/*Reuter* § 27 BGB Rn. 19.

Tarifverbände eine sinnvolle Auswahl geeigneter Führungspersonen durchführen können. Sie dürften regelmäßig „schlicht damit überfordert [sein], die persönliche und fachliche Eignung der für die Vorstandsämter in Frage kommenden Kandidaten zu beurteilen".[338] Allein schon aufgrund der schieren Größe der Mitgliederversammlung, auch bei Ausgestaltung als Delegiertenversammlung (ver.di: ca. 1000 Personen),[339] ist es den einzelnen Mitgliedern nahezu unmöglich, eigenständig geeignete Kandidaten zu ermitteln, diese zu vergleichen und die Gewählten dann sachgerecht zu überwachen. Eine solche Bestellung muss daher fast zwangsläufig auf die Zustimmung zu vom bisherigen Vorstand vorgeschlagenen Kandidaten hinauslaufen, ohne dass die Mitglieder sich genauer mit Person und Fähigkeiten des Kandidaten vertraut gemacht haben.[340] Dies zeigt sich sehr deutlich in der bisherigen Praxis der Wahl der Gewerkschaftsvorstände. Bereits Jahre im Voraus werden vom amtierenden Vorstand passende Nachfolger „aufgebaut", welche über zweckdienliche Positionen auf ihre Ämter vorbereitet werden.[341] Der Mitgliederversammlung selbst kommt dabei nur mehr formal die Aufgabe zu, die Personalentscheidungen zu treffen. Tatsächlich bestätigt sie die vom früheren Vorstand vorgesehen Kandidaten typischerweise nahezu einstimmig.[342]

bb. Kontrollorgan, dezentrale Wahl und Elitenkonkurrenz

Überzeugender ist es daher, in Anlehnung an die Konzeption der Aktiengesellschaft (§ 84 Abs. 1 AktG) die Auswahl, Bestellung und den Widerruf der Bestellung der Vorstände in die Hände des Kontrollorgans zu legen. Dessen Mitglieder könnten in einem kleineren, fachlich versierten Personenkreis – vorbereitend gegebenenfalls wiederum in einem Ausschuss – Auswahl und Überwachung des Vorstandes übernehmen (Hierzu ausführlicher noch § 4 C. IV. 2, S. 181). Ihm wäre auch die Prüfung mehrerer Kandidaten besser möglich, als dies in

338 *Segna*, Vorstandskontrolle, S. 170.

339 § 38 Ziff. 3. Satzung ver.di.

340 Spitz und treffend *Schüren*, Legitimation, S. 194: „*Die Funktion [...] der formal höchsten Organe der Verbände beschränkt sich überwiegend auf die Akklamation der langfristigen Vorstandspolitik. [...] Dann und wann dürfen die Delegierten auch, wenn ein Wechsel ansteht, einem „Kronprinzen", der auf dem Posten eines verstorbenen oder pensionierten Führers nachfolgen soll, doch längst von der Elite bestimmt ist, die demokratischen Weihen geben*".

341 *Witjes*, Führungsgruppen, S. 152ff.

342 So etwa zuletzt die Wahl des Vorsitzenden des Hauptvorstandes der IG BCE *Vassiliadis*, der mit 99, 2 % der Delegierten Stimmen im Amt bestätigt wurde, https://www.igbce.de/igbce/igbce-kongress-2013/62732/wahlen-hauptvorstand-kongress-2013.

einer Massenveranstaltung von mehreren hundert Personen möglich ist. Die Gesellschafter- bzw. Delegiertenversammlung muss aber als höchstes Organ des Verbandes berechtigt bleiben, ihre Vertreter aus wichtigem Grunde abzuberufen.[343] Dies ist Ausdruck der Selbstbestimmung und daher der Mitglieder- bzw. Delegiertenversammlung unentziehbar vorbehalten.

Fest steht aber auch, dass damit das Problem mangelnder Personalkontrolle lediglich abgeschwächt, keinesfalls aber behoben wird. So kann zwar die Auswahl der direkt leitenden oder geschäftsführenden Vorstände an das Kontrollorgan übertragen werden, die Auswahl der Kontrolleure aber muss bei der Mitgliederversammlung bzw. den regionalen Untergliederungen verbleiben. Hier wird man weiterhin – ebenfalls wie bei der Aktiengesellschaft – mit einer Auswahl der eigenen Nachfolger leben müssen.[344] Allein ein echter Wettbewerb der Eliten, wie ihn die Verfechter des Konzepts der Elitenkonkurrenz vertreten (oben § 1 C. II. 1. c, S. 19), könnte hier Abhilfe schaffen. Wie jedoch bereits eingangs betont, lässt sich ein solcher Wettbewerb nicht von außen erzwingen, sondern muss durch die Mitglieder selbst innerhalb des Verbandes etabliert werden.

Einen anderen Weg gehen teilweise die Arbeitgeberverbände (etwa: VBM[345]), die ihren Vorstand nicht zentral durch die Mitgliederversammlung („Integrationsmodell"), sondern dezentral in den jeweiligen Regionen oder Fachbereichen wählen („Föderalistisches Modell").[346] Auf diese Weise kann zum einen sichergestellt werden, dass sämtliche Regionen und/oder Fachbereiche ausreichend in der Verbandsführung repräsentiert sind (zu diesem Aspekt noch unten, § 4 C. IV. 1, S. 177), zum anderen erfolgen Auswahl und Bestellung der Vorstände „näher an der Basis", so dass Leistung und Eignung der Vorstände realistischer beurteilt werden können.

cc. Kooptation durch das Leitungsorgan?

Abzulehnen ist die von vielen Arbeitgeberverbänden praktizierte Kooptation von Vorstandsmitgliedern durch den Vorstand selbst. Für derartige

343 Staudinger/*Weick*, § 27 BGB Rn. 16; *Flume*, Juristische Person, S. 342; hiergegen MüKoBGB/*Reuter* § 27 BGB Rn. 31.

344 Treffend hinsichtlich des Systems bei Aktiengesellschaften Hommelhoff/Hopt/v. Werder/*Lutter*, Handbuch Corporate Governance, S. 325: „*de facto […] System der Kooptation*".

345 § 9 Ziff. 1 Satzung VBM.

346 *Schwarz*, Organisation in Nonprofit-Organisationen, S. 183ff; schematische Darstellung bei *Schulz-Walz*, Mitgliederorientierte Organisation in Wirtschaftsverbänden, S. 198.

Regelungen spricht sicherlich die Flexibilität, es den Vorständen zu überlassen, weitere qualifizierte Vorstände nach den jeweiligen Bedürfnissen einzustellen. Von den Mitgliedern legitimierte und in die Verbandsinterna eingearbeitete Vorstände können so eine gute Auswahl weiterer Fachleute vornehmen.[347] Allerdings wird mit dieser Verlagerung der Ernennungskompetenz hin zum Leitungsgremium selbst ein entscheidender Kontrollmechanismus außer Kraft gesetzt. Ohne Not verlieren die Mitglieder bzw. das von ihnen mit der Kontrolle beauftragte Kontrollorgan die entscheidende Möglichkeit, eine in ihrem Sinne handelnde Leitung einzusetzen. So kommt es zu einer letztlich erheblichen Machtverschiebung und der unnötigen Schaffung eines sich selbst erhaltenden Systems. Machtstrukturen werden verfestigt, ein Vorstandsklüngel ist nahezu unausweichlich.[348]

4. Direkte verbandspolitische Willensbildung

Gerade in Verbänden, die auf Grund ihrer Größe ihre Entscheidungsgewalt nahezu vollständig auf eine Delegiertenversammlung übertragen haben, sollte den Mitgliedern daneben die Möglichkeit einer direkten Willenskundgabe eingeräumt werden.

Nicht zuletzt aufgrund der geänderten technischen Gegebenheiten ist es durch Online-Abstimmungen möglich, Mitglieder in entscheidende Grundsatz- und Richtungsentscheidungen einzubinden.[349] Entscheidungen etwa über die Einführung einer 35-Stundenwoche, die über Jahre die deutsche Tariflandschaft prägten oder auch Fragen gesellschaftspolitischer Natur, wie der Kampf um die Einführung eines gesetzlichen Mindestlohnes könnten mit nur geringem technischem Aufwand unter direkter Beteiligung durch die Mitglieder entschieden werden. Dies bände vor allem die Mitglieder besser in die Willensbildung ein, ließe sich aber auch medial im Sinne der Tarifverbände nutzen.[350]

Bei alledem sind die Grenzen zwischen sporadischer direkter Mitgliederbeteiligung und einer Mitgliederversammlung ohne Präsenzpflicht, insbesondere

347 So auch *Segna*, Vorstandskontrolle, S. 171.

348 Dies sieht auch *Segna*, Vorstandskontrolle, S. 171.

349 Allgemein zur „Online-Versammlung" in Vereinen bereits *Erdmann*, MMR 2000, 526.

350 Vgl. nur den Mitgliederentscheid der SPD über eine Koalitionsbildung mit der CDU/CSU-Fraktion im Bundestag 2013, http://www.spiegel.de/politik/deutschland/spd-mitgliederentscheid-sozialdemokraten-stimmen-fuer-grosse-koalition-a-939081.html.

als Online-Versammlung, fließend.[351] Man mag in diesem Zusammenhang auch von einer weiterbestehenden Mitgliederversammlung ohne Präsenzpflicht sprechen, die entsprechend dem bereits unter § 2 B. I. 1. c. bb, S. 43 Gesagten auch bei Einrichtung einer Delegiertenversammlung bestehen bleibt.

II. Willensbildung in Tariffragen

In das Kernaufgabenfeld der Tarifverbände, den Abschluss von Tarifverträgen, müssen die Mitglieder ebenfalls bestmöglich einbezogen werden. Sie sind es schließlich, die unmittelbar von dessen Wirkung getroffen werden (§ 4 Abs. 1 TVG).

1. Beteiligungsherausforderungen bei Tarifverhandlungen

a. Interessenvertretung, Kompromiss- und Verpflichtungsfähigkeit

Die authentische Interessenvertretung steht bei den Tarifverhandlungen in einem Spannungsverhältnis zu Kompromissfähigkeit und Verpflichtungsfähigkeit der Tarifverbände.[352] Soll das Tarifvertragssystem funktionieren, müssen die Verhandlungsführer zum einen über eine ausreichende Flexibilität in den Verhandlungen verfügen, zum anderen müssen sie in der Lage sein, ihre Mitglieder im Nachhinein auf das Verhandlungsergebnis zu verpflichten.[353] Beide Voraussetzungen stehen in einem Zielkonflikt zueinander sowie zur authentischen Interessenvertretung.

b. Tarifpolitische Entscheidungsphasen

Abzuschichten sind dabei verschiedene tarifpolitische Entscheidungsphasen, für die jeweils gesondert ein Ausgleich der konfligierenden Ziele zu suchen ist (hierzu sogleich unter § 2 B. II. 3, S. 66).[354] In einer *Planungsphase* legen die Tarifparteien zunächst intern ihre eignen Tarifziele für die anstehenden Verhandlungen fest, über deren Durchsetzung in der *Verhandlungsphase* dann mit dem sozialen Gegenspieler – notfalls mit Mitteln des Arbeitskampfes – gerungen wird. Die Annahme oder Ablehnung des Verhandlungsergebnisses erfolgt schließlich in der *Abschlussphase.*

---

351 Zu Online-Versammlungen und Erweiterungen der Mitgliederversammlung durch die Möglichkeiten des Internet in Genossenschaften jüngst *Wittenberg*, Willensbildung, S. 55ff.

352 Umfassend zu diesem Thema mit zahlreichen Nachweisen *Schüren*, Legitimation, S. 210.

353 Wegweisend die Ausführungen von *Weitbrecht*, Effektivität, insb. S. 64ff.

354 *Schüren*, Legitimation, S. 210ff, auch zum Folgenden.

2. *Dualstrukturen tarifpolitischer Willensbildung*

Akteure der Tarifverhandlungen sind in jedem Fall die Vorstände der Tarifverbände.[355] Daneben sind vor allem auf Gewerkschaftsseite weitere Gremien in die Willensbildung einbezogen, so dass – in Abgrenzung zu den verbandspolitischen Entscheidungsstrukturen – von „Dualstrukturen" tarifpolitischer Willensbildung gesprochen werden kann.[356]

a. Gewerkschaften

aa. Willensbildung in Tarifkommissionen

Bei Gewerkschaften[357] treten neben den Vorstand als vertretungsberechtigtem Vereinsorgan *Tarifkommissionen*, welche in unterschiedlicher Weise in die Tarifverhandlungen eingebunden werden.[358] Sie werden nach den Gegebenheiten des Einzelfalls für den jeweiligen Geltungsbereich der Tarifverträge gebildet und stellen die Bindung zu den Tarifunterworfenen her.[359] Für die Verhandlungen selber werden aus der Tarifkommission heraus noch einmal *Verhandlungskommissionen* gebildet, welche direkt mit der Arbeitgeberseite verhandeln.

bb. Wahl, Besetzung

Auf die Besetzung des Gremiums haben die betroffenen Mitglieder einen relativ hohen Einfluss. So wählen bei der IG Metall bei Flächentarifverträgen die betroffenen Verwaltungsstellen (lokale Ebene) auf Vorschlag der Ortsvorstände ihre Vertreter in die Tarifkommissionen, die durch die Bezirkskonferenzen bestätigt werden.[360] Seitens der hauptamtlichen Funktionäre gehören der

---

355 Hierzu noch unten § 3 B. I. 3, S. 102.

356 *Teubner* in Anlehnung an die von ihm zitierten *Cook*, Dual Government in Unions, Industrial and Labor Relations Review 15 (1962), 323ff und *Bergmann*, Gewerkschaften, S. 270ff.

357 Zur gewerkschaftlichen Willensbildung in Tarifsachen *Lessner*, RdA 2005, S. 285.

358 Die Willensbildung der früheren DPG etwa erfolgte allein innerhalb des Vorstandes selbst, ohne dass Tarifkommissionen eingebunden worden wären, vgl. ausführlich zur DPG *Stindt*, Verfassungsgebot, S. 51f. Die Rückkoppellung zu den Mitgliedern erfolgte rudimentär durch Abteilungskonferenzen. Diese Struktur dürfte der besonderen damaligen Situation geschuldet gewesen sein, dass mit der Deutschen Bundespost lediglich ein sozialer Gegenspieler bestand, mit dem auf Bundesebene ein Tarifvertrag geschlossen wurde.

359 Exemplarisch Ziff. VII. 1 Tarifrichtlinie IG BCE sowie Ziff. 7.1 Tarifrichtlinie ver.di.

360 Anders noch bei der ausführlich durch *Noé*, Klassenkampf, S. 150ff, beschriebenen Tarifauseinandersetzung 1963 sowie der Tarifauseinandersetzung 1978, beschrieben von *Schilling*, Einigungsprozess, S. 21ff.

Tarifkommission der Bezirksleiter oder dessen Beauftragter und ein bezirklicher Tarifsekretär an. Über die abstrakte Größe und Zusammensetzung der Tarifkommissionen entscheidet der Bundesvorstand, wobei die Bezirksleitung bzw. bei bundesweiten Flächentarifen der Vorstand[361] die genaue Verteilung auf die Verwaltungsstellen vornimmt.[362] Ähnlich basisdemokratisch werden auch die Mitglieder der Tarifkommissionen für die Verhandlung von Firmentarifverträgen durch lokale Mitgliederversammlungen bestimmt, die dann von Ortsvorstand und Delegiertenversammlung der Verwaltungsstelle bestätigt oder aber direkt durch die Delegiertenversammlung gewählt werden.[363]

Bei der IG BCE, die über die Besonderheit betrieblicher Vertrauensleute verfügt, werden die Mitglieder der Tarifkommissionen in Vertrauensleuteversammlungen gewählt, die dann durch die Bezirksversammlung betätigt werden.[364]

---

361 Unter Beteiligung der Bezirke, A 2. 1 und 2 der Tarifrichtlinien IG Metall.

362 A 1 Tarifrichtlinien IG Metall: „*1. Die Verteilung der Mandate auf die Verwaltungsstellen erfolgt unter Berücksichtigung der vorstehenden Bestimmungen durch die Bezirksleitung. Die Mitglieder der Tarifkommissionen werden von der Delegiertenversammlung gewählt. Die Vorschläge für die Wahl werden vom Ortsvorstand gemacht. Außerdem gehören der Tarifkommission der Bezirksleiter bzw. die Bezirksleiterin oder dessen/deren Beauftragte/r und ein bezirklicher Tarifsekretär bzw. eine bezirkliche Tarifsekretärin an. 2. Erhält eine Verwaltungsstelle mehr als zwei Tarifkommissionsmandate, muss für mindestens ein Mandat ein hauptamtlicher Funktionär bzw. eine hauptamtliche Funktionärin benannt werden. Die anderen Mitglieder müssen in Betrieben beschäftigt sein, die unter den Geltungsbereich fallen. 3. Die Mitglieder der Tarifkommissionen werden von der Bezirkskonferenz bestätigt. Das Mandat erlischt mit der ordentlichen Bezirkskonferenz, die nach dem Gewerkschaftstag stattfindet.*

363 A 3 Tarifrichtlinien IG Metall: „*1.Die Verhandlungsführung liegt bei der Bezirksleitung. Die zuständige Bezirksleitung kann eine Verwaltungsstelle mit den Verhandlungen beauftragen. 2. Für die zu bildende Tarifkommission wird die Anzahl der Mandate von der Bezirksleitung oder von der/den Verwaltungsstellen in Absprache mit der Bezirksleitung festgelegt. Die Wahl erfolgt in einer Mitgliederversammlung und wird durch den jeweiligen Ortsvorstand vorläufig und von der Delegiertenversammlung endgültig bestätigt. Die Wahl kann auch durch die Delegiertenversammlung selbst erfolgen. 3. Das Mandat erlischt spätestens mit der Delegiertenversammlung im ersten Quartal nach dem Gewerkschaftstag*".

364 VII. Tarifrichtlinie IG BCE: „*5. Der Bezirksvorstand beschließt entsprechend der Aufschlüsselung bzw. Verteilung, wie die Wahl der Tarifkommissionsmitglieder durch die Vertrauensleuteversammlungen zu erfolgen hat. 6. Entsprechend der Aufschlüsselung bzw. Verteilung werden die Tarifkommissionsmitglieder in Vertrauensleuteversammlungen gewählt. Sie bedürfen der Bestätigung durch den jeweilig zuständigen Bezirksvorstand*".

Weniger verbindlich hingegen geben Rn. 7.3.1 und 7.3.2. der Tarifrichtlinie der ver.di vor, dass die Mitglieder der Tarifkommissionen möglichst dezentral durch die Mitglieder des Tarifbereichs oder deren gewählter Vertreter gewählt werden sollen.[365] Einzelheiten des Wahlverfahrens sind durch die Bundes- bzw. Landesfachbereichsvorstände zu regeln.[366]

Dieses Verfahren der Gewerkschaften überzeugt grundsätzlich, verbindet es doch die notwendige Professionalität der hauptamtlichen Funktionäre mit der Beteiligung der Mitglieder „vor Ort". Es muss jedoch sichergestellt werden, dass durch die Besetzung der Tarifkommissionen mit den Berufsfunktionären insbesondere der Bezirksebene als „geborene" Vertreter der Wille der Mitglieder nicht übergangen wird. Daher müssen die Tarifrichtlinien eine klarstellende Regelung enthalten, wonach die hauptamtlichen Funktionäre nicht die Mehrheit in den Tarifkommissionen stellen dürfen.[367]

b. Arbeitgeberverbände

aa. Notwendigkeit eines Tarifgremiums

Die Situation bei Arbeitgebern ist anders. Erstens sind sie im Gegensatz zu Gewerkschaften in den meisten Fällen als Landesverbände organisiert (Ausnahme etwa IGZ). Zweitens sind auch die einzelnen Arbeitgeber selbst tariffähig, so dass unternehmensbezogene Tarifverträge für den Verband nur eine untergeordnete Bedeutung haben. Arbeitgeberverbände werden daher zumeist nur in Flächentarifverträgen tätig, bedürfen daher nicht zwangsläufig eines abweichenden, nur die Tarifunterworfenen repräsentierenden Gremiums. Vor allem aber haben, drittens, Arbeitgeberverbände zwischen den Mitgliedern mit und ohne Tarifbindung zu unterscheiden.[368] Arbeitgeberverbände, die sich zur organisatorischen Trennung in Parallelverbände entschlossen haben, benötigen oftmals kein gesondertes Tarifgremium (etwa: VBM). Für im Stufenmodell organisierte

365 *„Das Wahlverfahren legen die Fachbereichsvorstände auf Bundes- bzw. Landesbezirksebene fest, bei fachbereichsübergreifenden Tarifbereichen der Bundesvorstand bzw. die Landesbezirksvorstände. 7.3.2 Die Wahl der Mitglieder von Tarifkommissionen soll möglichst dezentral durch die Mitglieder oder deren gewählte Vertreter/innen des Tarifbereichs erfolgen".*

366 7.3.1 Tarifrichtlinie ver.di.

367 So auch VII Nr. 7 Tarifrichtlinie IG BCE: *„In die Tarifkommissionen können sowohl hauptamtliche als auch ehrenamtliche Mitglieder gewählt werden, jedoch müssen die ehrenamtlichen in der Mehrheit sein".*

368 Statt aller *Löwisch/Rieble*, § 2 TVG 107; weiterführend etwa *Brahmstaedt*, Mitgliedschaft im Arbeitgeberverband, S. 149 m.w.N.

Verbände hingegen empfiehlt sich die Schaffung einer Tarifkommission, um die Mitwirkung von OT-Mitgliedern in Tariffragen auszuschließen.[369] So obliegen etwa nach § 30 der Satzung des Handelsverbandes Bayern der Tarifkommission die Verhandlung sowie der Abschluss von Tarifverträgen.

bb. Wahl, Besetzung

Sehen die Satzungen der Arbeitgeberverbände eine solche Tarifkommission[370] vor, wird diese regelmäßig von den Mitgliederversammlungen gewählt.[371] Die Tarifkommission muss dabei ein angemessenes Bild der Mitgliederstrukturen widerspiegeln, insbesondere die vertretenen Branchen und Gruppen hinreichend repräsentieren.[372] Schließt der Arbeitgeberverband unternehmensbezogene oder nur ein Teilgebiet umfassende Tarifverträge, sehen Satzungen daneben teilweise die Bestellung besonderer Tarifkommissionen vor, die nur für Verhandlung und Abschluss der jeweiligen Tarifverträge ins Leben gerufen werden.[373]

3. Mitgliederbeteiligung in den Entscheidungsphasen

Zu klären bleibt, wie die Mitglieder über die Gremien der Tarifkommissionen in die Verhandlungen der Tarifverträge eingebunden werden.

a. Gewerkschaften

Auf Gewerkschaftsseite kommt der Tarifkommission primär eine beratende Aufgabe zu.

aa. Interessenwahrung der Planungsphase

Bei der IG Metall besteht ihre Funktion während der Planungsphase darin, zu den vom Vorstand aufgestellten Forderungen Stellung zu nehmen.[374] Die eigentliche Aufstellung der Forderungen aber erfolgt im Vorstand, gegebenenfalls unter Hinzuziehung der gewerkschaftsnahen Sachverständigen des WSI.[375] Die

---

369 *Buchner*, NZA 2006, 1377, 1382.

370 Andere Bezeichnung etwa „Hauptausschuss“, vgl. § 18 Satzung KAV Baden-Württemberg.

371 Etwa: § 15 Abs. 1 IGZ; § 9 Abs. 2 lit. b) bb) Satzung AGV Chemie Nord; § 30 Handelsverband Bayern.

372 Vgl. etwa § 13 Abs. 2 Satzung AGV Chemie Nord.

373 Etwa § 18 Abs. 1 lit a) Satzung KAV Baden-Württemberg.

374 B 2 Tarifrichtlinie IG Metall.

375 *Noé*, Klassenkampf, S. 159ff; *Schilling*, Einigungsprozess, S. 50, *Weitbrecht*, Effektivität, S. 75ff, 93ff.

Stellungnahme durch die Tarifkommission dient daher vor allem der praktischen Prüfung vor Ort sowie einer ersten Mobilisierung.[376] Bei ver.di[377] hingegen geht die Initiative grundsätzlich von der Tarifkommission aus und auch bei der IG BCE[378] sollen die Forderungen „von unten nach oben“ durch die Vertrauensleute gebildet werden. Inwieweit diese Vorschläge tatsächliche Beachtung beim Vorstand finden, bleibt offen und dürfte erheblich von der Qualität und Begründung der Vorschläge abhängen.

Das Vorgehen der Gewerkschaften überzeugt grundsätzlich. So wichtig es ist, die Vorstellungen der letztlich Tarifunterworfenen mit einzubeziehen, so richtig ist es auch, die letzte Entscheidung über die Forderungsaufstellung beim Vorstand zu belassen. Bei Aufstellung der Tarifforderungen gilt es, gesamtwirtschaftliche Zusammenhänge zwischen Lohnhöhe, Beschäftigungssicherung, allgemeiner Preissteigerung und zahlreichen weiteren Faktoren zu berücksichtigen.[379] Das einzelne Mitglied aber wird vor allem seine eigene Situation vor Augen haben, die erheblich von den Gesamtumständen abweichen kann. Auf der anderen Seite verfügen nur die Mitglieder vor Ort über den Blick, die allgemeinen Forderungen des Vorstands auf die Angemessenheit in der konkreten Situation hin zu überprüfen. Der Vorschlag *Gunther Teubners*, der der (nach seinem Modell zur Hälfte mit direkt gewählten, zur anderen Hälfte mit vom Vorstand bestimmten Mitgliedern besetzten) Tarifkommission die alleinige Kompetenz zur Aufstellung der Forderung zugestehen will,[380] geht angesichts der Gefahr egoistischen Handelns zu weit.[381]

---

376 *Schüren*, Legitimation, S. 168.

377 § 68 Ziff. 1 Satzung ver.di sowie insofern wortgleich Tz. 2.2.1 Tarifrichtlinie ver.di: „Die Tarifkommissionen in den Fachbereichen sind für […] die Aufstellung von Forderungen zuständig“.

378 Ziff. IV Tarifrichtlinie IG BCE: *„Die gewerkschaftlichen Vertrauensleute diskutieren als Träger und Übermittler des Willens der Gewerkschaftsmitglieder die tarifpolitischen Vorstellungen. 2. Die Ergebnisse dieser Diskussion werden von den Vorständen der gewerkschaftlichen Vertrauenskörper zusammengefasst und über die Bezirke an die zuständige Landesbezirksleitung und an den Vorstandsbereich Tarifpolitik – Humanisierung weitergeleitet. 3. Der/Die Verhandlungsführer/-in trägt diese Beratungsergebnisse der zuständigen Tarifkommission vor. Die Tarifkommission bezieht sie in ihre Überlegungen und Entscheidungen mit ein“.*

379 Zu diesem Aspekt schon *Külp*, Lohnbildung, S. 42.

380 *Teubner*, Organisationsdemokratie, S. 254ff.

381 So im Ergebnis auch *Schüren*, Legitimation, S. 213ff.

bb. Flexibilität der Verhandlungsphase

In der Verhandlungsphase selbst bleibt die Tarifkommission nach Einsetzung der Verhandlungskommission grundsätzlich außen vor. Die Verhandlungen werden – je nach Reichweite des Vertrages – unter der Leitung des Bezirksleiters, einem durch ihn Beauftragten oder des Vorstandes in kleinem Kreise geführt.[382] Je nach Situation sind die Mitglieder der Verhandlungskommission bei der IG BCE gehalten, den Dialog mit den Vertrauensleuten aufrecht zu erhalten.[383]

Der Ausschluss der Normunterworfenen bzw. ihrer Vertreter erscheint angesichts der notwendigen Flexibilität der Verhandlungsführung geboten. In dieser Phase des beständigen Auslotens möglicher Kompromisse ist die Beteiligung einer Vielzahl von Personen nicht möglich, die authentische Interessenvertretung muss insofern zurück treten.[384]

cc. Mitgliederbeteiligung und Ratifikation

Überlegenswert hingegen ist es, die Mitglieder verstärkt in die Entscheidung über Annahme oder Ablehnung des erzielten Verhandlungsergebnisses einzubeziehen.

Nach den Tarifrichtlinien der Gewerkschaften ist es grundsätzlich die Tarifkommission, welche über Annahme oder Ablehnung des Verhandlungsergebnisses entscheidet.[385] Allerdings kann sich der Vorstand eine Entscheidung

---

382 A 1.5, A 3.6 bzw. A 2.7 Tarifrichtlinien IG Metall, *Schüren*, Legitimation, S. 169.

383 Tz. VI. 5 Tarifrichtlinien IG BCE: *„Wenn es der Ablauf der Tarifhandlungen erfordert und ermöglicht, werden Zwischen-, Teil- oder Endergebnisse bei den Vertrauensleuten zur Diskussion gestellt“.*

384 Zustimmend auch *Schüren*, Legitimation, S. 215f m.w.N.

385 § 68 Ziff. 1 Satzung ver.di *„Die Tarifkommissionen führen die Tarifverhandlungen und entscheiden über die Tarifforderungen, die Annahme oder Ablehnung von Verhandlungsergebnissen und über das Scheitern der Verhandlungen sowie den Abschluss und die Kündigung von Tarifverträgen. Sie sind in ihren Entscheidungen eigenständig, dabei jedoch an die in § 69 festgelegten tarifpolitischen Grundsätze gebunden“*; missverständlich insofern B 6 der Richtlinien der IG Metall (Fn. 386), wonach ihr lediglich die „Empfehlung“ zusteht. Dies ist – vorbehaltlich der Vorenthaltung des Vorstandes, vgl. sogleich – aber als Entscheidung über Annahme oder Ablehnung zu sehen, vgl. auch *Schilling*, Einigungsprozess, S. 22f.

vorbehalten[386] bzw. steht diesem ein Weisungs-[387] oder Vetorecht zu.[388] Bei einem friedlichen Verlauf der Verhandlungen wird daher nach den allermeisten Gewerkschaftssatzungen keine Entscheidung gegen den Willen des Vorstandes getroffen werden können (zur Urabstimmung im Streikfall sogleich unten). Er ist es grundsätzlich auch, der den Vertrag rechtsverbindlich unterzeichnet.[389]

Eine Urabstimmung über die Annahme des Tarifergebnisses ist nach den allermeisten Satzungen nicht vorgesehen. Bemerkenswert ist daher die Satzung des MB Bayerns, wonach die Normunterworfenen zumindest auf Wunsch der Tarifkommission über Annahme oder Ablehnung entscheiden.[390] Überlegungen dahingehend, die Tarifergebnisse regelmäßig durch die Gesamtheit der Normunterworfenen auf dem Wege einer Urabstimmung zu ratifizieren, sind nicht neu. Insbesondere *Peter Schüren* hat sich umfassend mit dieser Frage befasst und sich für eine solche Ratifikation ausgesprochen.[391] In einer basisdemokratischen Abstimmung wären die Verhandlungsführer verpflichtet, das Ergebnis umfassend zu begründen und Rechenschaft gegenüber den Mitgliedern abzugeben. Die Urabstimmung hätte insofern kontrollierende Funktion. Darüber hinaus ließe sich

---

386 B 6 Tarifrichtlinien IG Metall: „*Im einzelnen haben die Tarifkommissionen folgende Rechte und Aufgaben: Empfehlung zur Annahme oder Ablehnung eines Verhandlungsergebnisses oder Einigungsvorschlages einer Schlichtungsstelle. Wenn die Tarifkommission zu der Überzeugung kommt, daß weitere Verhandlungen nicht zu einem befriedigendem Ergebnis führen, kann sie das Scheitern der Verhandlungen feststellen. Die Erklärung, daß die Verhandlungen gescheitert sind, wird der anderen Tarifvertragspartei durch den Bezirksleiter bzw. die Bezirksleiterin – bei Bundesverträgen durch das für Tarifpolitik zuständige Vorstandsmitglied – oder dessen/deren Beauftragte/n mitgeteilt. Der Vorstand kann sich vorbehalten, die Entscheidungen gemäß Ziffer 5. und 6. selbst zu treffen*".

387 Tz. VII 14 Tarifrichtlinien IG BCE.

388 § 69 Ziff. 3 Satzung ver.di: „*Um Verstöße gegen gemeinsame tarifpolitische Grundsätze zu verhindern, hat der Bundesvorstand ein Vetorecht gegen Tarifforderungen und – abschlüsse. Der Bundesvorstand kann sein Vetorecht delegieren. Gegen die Vetoentscheidung kann die zuständige Tarifkommission Beschwerde beim Gewerkschaftsrat erheben. Der Gewerkschaftsrat entscheidet nach Anhörung des Bundesvorstands und der Tarifkommission endgültig. Ist das Veto von einer Bundesfachbereichsleitung oder Landesbezirksleitung beantragt worden, sind auch sie anzuhören*".

389 Ausführlicher unten § 3 B. I. 3. a, S. 102, *Rieble*, RdA 2004, 78, 81.

390 MB § 3 Abs. 7: „*Auf Wunsch der Mitglieder der Tarifkommission muss vor Annahme eines Verhandlungsergebnisses das Votum der vom tariflichen Geltungsbereich erfassten Mitglieder eingeholt werden (Urabstimmung)*".

391 *Schüren*, Legitimation, S. 221ff; ablehnend aber *Gamillscheg*, Kollektives Arbeitsrecht I, S. 405.

auf diesem Wege auch die Akzeptanz des Verhandlungsergebnisses erhöhen. Indes wird die damit verbundene basisdemokratische Diskussion häufig nicht die notwendige Sachtiefe erreichen, die notwendig ist, die Verhandlungen nachvollziehbar zu machen. Populistische Forderungen im Nachhinein und die Möglichkeit „einen Denkzettel zu verpassen" könnten die Stabilität der Tariflandschaft weiter gefährden. Überzeugender ist es daher, die Kontrolle der Verhandlungsführung einem kleinen, inhaltlich geschulten Kontrollgremium zu übertragen. In kleinem Kreis könnten die Verhandlungsführer von diesem Gremium überwacht und die Ergebnisse realistischer bewertet werden (vgl. zu diesem Kontrollorgan unten § 3 C, S. 147). Ein solcher Verzicht auf die Urabstimmung bei friedlichem Verlauf lässt auch die Interessen der Normunterworfenen nicht außer Acht, sind diese doch durch ihre gewählten Vertreter in den Tarifkommissionen beteiligt.

b. Arbeitgeberverbände

Auf Seiten der Arbeitgeberverbände sind die tarifgebundenen Mitglieder – soweit ersichtlich – allein durch die Wahl des Vorstandes sowie der Tarifkommissionen (Hauptausschüsse etc.) in die Tarifverhandlungen eingebunden. Da jedoch die Mitgliederstrukturen deutlich überschaubarer sind, ist der informelle Austausch über Forderungen und Akzeptanz der Ergebnisse direkter möglich. Die förmliche Einbindung der Mitglieder aber erfolgt allein über Vorstand und Tarifkommissionen, die von der Mitgliederversammlung gewählt werden. Eine darüber hinaus gehende formelle Rückkoppelung findet nicht statt. Insbesondere sehen auch die Satzungen der Arbeitgeberverbände keine Ratifikation der Verhandlungsergebnisse vor. Das ist aus der Perspektive guter Koalitionsführung letztlich nicht zu beanstanden, weil die Mitglieder über hinreichende mittelbare Einflussmöglichkeiten verfügen.

4. Insbesondere: Urabstimmungen im Streikfall

Bislang ausgeklammert blieb die Frage, ob und in welcher Form eine Urabstimmung im Arbeitskampf erforderlich ist.

a. Pflicht zur Urabstimmung („ob")

aa. Urabstimmung zur notwendigen Streiklegitimation

Dabei sind zwei Fragen auseinander zu halten, von denen für die hier untersuchte Thematik nur erstere von Bedeutung ist. Zum einen: Sind die

Tarifverbände – aufgrund der restriktiven Haltung des BAG[392] faktisch die Gewerkschaften – zur Durchführung einer Urabstimmung verpflichtet? Zum anderen – und dies soll hier nicht näher untersucht werden – handelt es sich bei dieser Pflicht um ein reines Verbandsinternum oder besteht eine solche Verpflichtung (auch) gegenüber dem sozialen Gegenspieler?[393]

Eine Verpflichtung zur Durchführung der Urabstimmung ergibt sich aus dem Gebot, die betroffenen Mitglieder bestmöglich in die Willensbildung einzubinden.[394] Was bereits generell in Verbands- und Tariffragen gilt, muss umso mehr im Arbeitskampf gelten: Die Tarifverbände legitimieren sich durch ihre Mitglieder, bündeln deren Interessen – und haben sie daher bestmöglich in die Willensbildung einzubeziehen. Dies steht nicht im Ermessen der jeweiligen Gewerkschaft.[395] Im Arbeitskampf kommt hinzu: Die Mitglieder sind aus ihrem Mitgliedschaftsverhältnis verpflichtet, einem Streikaufruf des Vorstandes Folge zu leisten. Folgen sie diesem Aufruf, nehmen sie Lohnausfälle in zu diesem Zeitpunkt unbekannter Höhe in Kauf. Verweigern sie sich dem Aufruf, riskieren sie verbandsrechtlich den Gewerkschaftsausschluss und faktisch die soziale Ächtung durch die Kollegen („Streikbrecher").[396] Betroffen ist damit nicht lediglich eine abstrakte verbands- oder tarifpolitische Frage, sondern konkret das Arbeitsumfeld des Mitglieds. Hier muss ihm – nimmt man den Gedanken der Legitimation der Tarifverbände ernst – erst Recht ein Mitspracherecht durch basisdemokratische Urabstimmung eingeräumt werden.[397]

bb. Satzungsrechtliche Umsetzung

Bis zu ihrer Neufassung vom 5. Juni 1974[398] enthielten die Richtlinien des DGB zur Führung von Arbeitskämpfen die Aufforderung an die Mitgliedsgewerkschaften,

---

392 Grundlegend BAG v. 10.6.1980 – 1 AZR 822/79, NJW 1980, 1642, statt aller ErfK/*Dieterich/Linsenmaier*, Art. 9 GG Rn. 236ff.

393 Hierzu instruktiv *Rieble*, FS Canaris, S. 1439, 1446f. m.w.N.

394 Umfassend hierzu bereits *Vorderwülbecke*, BB 1987, 750 sowie *Rieble*, FS Canaris, S. 1439, 1446f.

395 So aber bezogen auf die Urabstimmung Däubler/*Reinfelder*, Arbeitskampfrecht, § 15 Rn. 33 m.w.N.

396 *Rieble*, FS Canaris, S. 1439, 1445.

397 So auch *Löwisch*, Zukunft des Arbeitskampfes, § 2 Rn. 7ff; *Ramm*, Willensbildung, S. 116; *Reuter*, FS Wiese, S. 427, 438; *Rieble*, FS Canaris, S. 1439, 1446f; *Vorderwülbecke*, BB 1987, 750 m.w.N.; dagegen etwa Däubler/*Reinfelder*, Arbeitskampfrecht, § 15 Rn. 33 m.w.N.

398 Neufassung abgedruckt in der RdA 1974, 306, die frühere Fassung vom 14.10.1949 findet sich in der RdA 1950, 71.

eine Urabstimmung vor Aufnahme von Arbeitskampfmaßnahmen durchzuführen. Im Zuge der Neufassung der DGB-Richtlinien und veränderter Kampftaktiken („Neue Beweglichkeit")[399] verschwand diese Vorschrift aus den Richtlinien des DGB und aus den Satzungen ihrer Mitgliedsgewerkschaften.[400] Heute ist die Urabstimmung nur noch für einige Gewerkschaften verpflichtend vorgeschrieben. So sehen allein die Satzungen der IG Metall[401] sowie der CGM[402] eine echte Pflicht zur Urabstimmung vor. Ist die Gewerkschaft nach Durchführung einer Urabstimmung in den Streik getreten und treten wesentliche Änderungen der Situation ein, hat der Vorstand eine neue Urabstimmung über die Aufrechterhaltung des Streiks durchzuführen.[403] Da auch ein erzieltes Verhandlungsergebnis eine „Änderung der Situation" darstellt, findet auf diese Weise interessanterweise im Arbeitskampffall indirekt eine Urabstimmung über die Annahme des Tarifabschlusses statt.[404]

Andere Gewerkschaften stellen die Entscheidung über das „ob" ins Ermessen des Vorstandes (GEW[405], NGG[406], EVG[407] GDL[408], MB Bayern[409], IG BCE: „in besonderen Fällen kann Abstand genommen werden"[410]) oder verweisen auf vom Vorstand oder dem Beirat zu erlassende Richtlinien. Andere Satzungen hingegen entbehren jeder Regelung zu diesem Thema (IG Bau, GdP). Beides ist nach dem oben gesagten mit den Grundsätzen guter Koalitionsführung nicht

399 Hierzu etwa Däubler/*Bieback/Wroblewski*, Arbeitskampfrecht, § 17 Rn. 5.

400 Etwa Satzungsänderung der ehem. IG Druck und Papier auf dem 13. ordentlichen Gewerkschaftstag, Nachweise bei *Bauer/Röder*, DB 1984, S. 1096.

401 § 22 Ziff. 3 Satzung IG Metall.

402 § 24 Ziff. 1 Satzung CGM.

403 § 22 Ziff. 4 Satzung IG Metall: *„Tritt während eines anerkannten Streiks nach Auffassung des Vorstandes eine wesentliche Änderung der Situation ein, so muss erneut eine geheime Urabstimmung unter den an dieser Streikbewegung beteiligten Mitgliedern durchgeführt werden. Der Vorstand darf der Fortführung der Bewegung nur dann zustimmen, wenn mindestens 75 Prozent der für die Bewegung in Betracht kommenden Gewerkschaftsmitglieder sich dafür ausgesprochen haben"*.

404 Anschaulich die empirischen Beschreibungen der Arbeitskämpfe in der Metallindustrie 1963 bei *Noé*, Klassenkampf, *S. 310* und 1978 *Schilling*, Einigungsprozess, S. 83ff.

405 § 5 Ziff. 2 Satzung GEW: „soll".

406 § 20 Ziff. 1 Satzung NGG: „kann".

407 § 4 Ziff. 6 Satzung EVG.

408 § 13 Ziff. 7 lit k) Satzung GDL.

409 § 4 Satzung MB Bayern: „kann".

410 § 11 Ziff. 2 Satzung IG BCE.

zu vereinbaren. Dagegen ist zu begrüßen, dass einige Satzungen der Arbeitgeberverbände eine Pflicht zur Abstimmung in der Mitgliederversammlung enthalten.[411]

b. Ausgestaltung der Urabstimmungspflicht („wie")

Fraglich, und bislang im Schrifttum – soweit ersichtlich – kaum angesprochen[412] ist, welche Mitglieder an der Abstimmung teilnehmen sollten. Die meisten derjenigen Satzungen, die überhaupt die Durchführung einer Urabstimmung vorsehen, stellen die Auswahl der stimmberechtigten Mitglieder in mehr oder minder großem Maße in das Ermessen des Vorstandes. So heißt es nebulös in § 22 Ziff. 3 der Satzung der IGM:

> „Der Antrag muss abgelehnt werden, wenn nicht mindestens 75 Prozent der für die Bewegung in Betracht kommenden Gewerkschaftsmitglieder in der vom Vorstand beschlossenen geheimen Urabstimmung für die Arbeitseinstellung gestimmt haben."

Konkreter schon ist § 11 Ziff. 3 der Satzung der IG BCE:

> „Abstimmungsberechtigt sind die Mitglieder, die nach dem Beschluss des Hauptvorstands an einem Arbeitskampf teilnehmen sollen."

Transparent und objektiviert hingegen sieht § 24 Ziff. 1 der Satzung der CGM vor:

> „Kampfwilligkeit ist gegeben, wenn sich 75 Prozent der Mitglieder des betreffenden Tarifbereiches für die Durchführung des Arbeitskampfes in geheimer Urabstimmung ausgesprochen haben."

Ist aber die Auswahl des Streikschwerpunktes und damit der Wahlberechtigten ins freie Ermessen des Vorstandes gestellt, kann er in erheblicher Weise auf das Wahlergebnis Einfluss nehmen, die Urwahl in seinem Sinne „gestalten".[413] Durch geschickte Auswahl des organisierten und überzeugten kleinen Teils der unter den Tarifvertrag fallenden Gewerkschaftsangehörigen lässt sich das gewünschte

---

411 Für die Arbeitgeberseite etwa § 8 Ziff. 9 f Satzung VBM: *„Der Mitgliederversammlung obliegt insbesondere die Beschlussfassung über Arbeitskampfmaßnahmen, soweit nicht die Zuständigkeit des Vorstandes gemäß § 9 Ziff. 1 gegeben ist".* § 9 Ziff. 1 lautet: *„Der Vorstand entscheidet insbesondere auch über die Festlegung von Zeitpunkt, Umfang und Dauer von Arbeitskampfmaßnahmen".*

412 Soweit ersichtlich nehmen hierzu allein *Hettlage*, DGB, S. 134ff sowie *Rieble*, FS Canaris S. 1439, 1441 Stellung.

413 *Rieble*, FS Canaris S. 1439, 1441.

Ergebnis erreichen und gleichzeitig der Schein der direkten Einbeziehung der Mitglieder wahren.

Dass diese Auswahl des eigenen „Stimmvolkes" indes nicht mit den Grundsätzen der gleichen Behandlung aller Verbandsmitglieder übereinstimmt, hat *Volker Rieble*[414] dargelegt. Denn schließlich ist es gerade Sinn und Zweck eines Schwerpunktstreikes, durch möglichst kleinen Aufwand einen erheblichen gegnerischen Schaden zu erzielen. Betroffen sind eben nicht allein die direkt streikenden und an der Urabstimmung beteiligten Gewerkschaftsangehörigen, sondern mittelbar auch ihre unter denselben Tarifvertrag fallenden, in derselben Gewerkschaft organisierten Kollegen anderer Betriebe oder Betriebseinheiten.[415] In einer zeitlich optimierten, eng mit Zulieferern verzahnten Wirtschaft ist eine erheblich höhere Zahl an Arbeitnehmern von den Streikfolgen betroffen, als über die Einleitung eines Streikes abgestimmt haben. Bittet der Vorstand der IG Metall etwa bei einem dem Flächentarif unterfallenden großen deutschen Automobilhersteller die dort – dank erheblichen Drucks seitens der gewerkschaftlichen Betriebsräte – gut organisierten Mitarbeiter zur Urabstimmung, sind auch sämtliche diesem Betrieb zuarbeitenden Betriebe bald von der Streikwirkung betroffen. Allein die direkt Streikenden aber waren an der Willensbildung beteiligt und allein sie erhalten nach den Vorgaben der Gewerkschaftssatzung und Richtlinien eine Streikunterstützung. Dies verstößt gegen die Gleichbehandlungsgrundsatz der Gewerkschaftsmitglieder, ohne dass es hierfür einen überzeugenden Grund gäbe.[416]

Schwieriger aber ist die Lösung des Problems: *Volker Rieble* schlägt vor, der streikenden Gewerkschaft ein begrenztes Wahlrecht einzuräumen. Sie selbst solle darüber entscheiden, ob sämtliche dem Tarifvertrag unterfallende Mitglieder an der Urabstimmung beteiligt werden (normative Betroffenheit) oder ob die Urabstimmung auf die vom Streik betroffenen Mitglieder begrenzt bleibt (materielle Betroffenheit).[417] Die Gewerkschaft müsste aber zumindest diejenigen Gewerkschaftsmitglieder einbeziehen, „die nach der Prognose der Gewerkschaft vom Arbeitskampf aktiv oder passiv betroffen sind".[418] Zuzugeben ist diesem Vorschlag, dass er den Gewerkschaften selbst einen Ermessensspielraum zugesteht und der Verbandsautonomie Rechnung trägt. Gleichwohl sind Zweifel

---

414 Zu Nadelstichartigen Kampftaktiken, Wellenstreiks und der „Neuen Beweglichkeit" etwa Däubler/*Bieback/Wroblewski*, Arbeitskampfrecht, § 17 Rn. 5, 73ff.

415 *Rieble*, FS Canaris S. 1439, 1445f.

416 *Rieble*, FS Canaris S. 1439, 1451f m.w.N.

417 *Rieble*, FS Canaris S. 1439, 1451f.

418 *Rieble*, FS Canaris S. 1439, 1452.

angebracht, ob die streikende Gewerkschaft tatsächlich über die nötige Kenntnis der wirtschaftlichen Verflechtung des bestreikten Betriebes verfügt, die materiell Betroffenen zutreffend ex ante zu bestimmen. Im Einklang mit § 6 des „Professorenentwurfes" zur Einführung eines Arbeitskampfgesetzes ist es überzeugender, sämtliche normativ vom Tarifvertrag betroffenen Gewerkschaftsmitglieder an der Urabstimmung zu beteiligen. Sie alle sind potentiell dazu aufgerufen, für „ihren" Tarifvertrag zu kämpfen. Auch wenn der konkrete Streik für „ihren" Betrieb in diesem Zeitpunkt noch nicht geplant ist, kann er doch jederzeit notwendig werden. Insofern gäbe eine verbreiterte Abstimmungsbasis der Gewerkschaftsführung auch durchaus eine flexiblere Arbeitskampfgestaltung an die Hand. Vor allem aber sorgt ein derartiger objektiver Maßstab für die notwendige Rechtssicherheit. Bei verbreiterter Abstimmungsbasis steht es den Tarifverbänden außerdem frei, die derzeit übliche Zustimmungsquote von 75 % auf die einer absoluten Mehrheit hin abzusenken.[419] Eine Handlungsunfähigkeit des Tarifverbandes ist hiernach nicht zu befürchten.

III. Stimmberechtigung und Gleichlauf der Verantwortlichkeiten

Bei alledem ist sicherzustellen, dass nur diejenigen Mitglieder in die verbands- und tarifpolitische Willensbildung einbezogen werden, die unmittelbar von der Rechtssetzung betroffen sind.

1. Selbstbestimmung der tarifbetroffenen Mitglieder

Das BAG hat dies im Hinblick auf die OT-Mitglieder treffend mit der Formel des *Gleichlaufs der Verantwortlichkeiten* auf den Punkt gebracht.[420] Innerhalb des Verbandes dürfen nur diejenigen an der Entscheidungsfindung beteiligt werden, die auch von den Konsequenzen betroffen sind. Von der Entscheidungsfindung in Tariffragen sind daher auf der Arbeitgeberseite nicht lediglich OT-Mitglieder, sondern ebenso Gastmitglieder oder Anwärter auszuschließen.[421] Für die Gewerkschaften muss dieses Verbot vor allem für gewerkschaftlich organisierte Studenten und für Senioren gelten.[422]

---

419 So auch *Rieble*, FS Canaris S. 1439, 1452.

420 BAG v. 20. 5. 2009 – 4 AZR 179/08, NZA 2010, 102; aus der zahlreichen Literatur zur OT-Mitgliedschaft etwa *Bayreuther*, BB 2007, 325, 327, jüngst *Brahmstaedt*, Mitgliedschaft im Arbeitgeberverband; *Rhodius*, Die OT-Mitgliedschaft.

421 Zur Gastmitgliedschaft schon BAG 16. 2. 1962 – 1 AZR 167/61, AP Nr. 12 zu § 3 TVG m. Anm. *Nikisch*, 20. 2. 1986 – 6 AZR 236/84, SAE 1987, 107 m. Anm. *Buchner*.

422 *Löwisch/Rieble*, § 2 TVG Rn. 95.

Auch die eigenen Angestellten sind aus diesem Grund von der Willensbildung in Tariffragen ausgeschlossen.[423] Auch sie sind nicht von der Tarifwirkung betroffen, so dass für sie nichts anderes als für OT-Mitglieder gelten kann. Umgekehrt bedeutet dies, dass ihnen in allgemeinen verbandsrechtlichen Fragen genau wie OT-Mitgliedern ein Stimmrecht verbleibt. Alles andere verstieße gegen den mitgliedschaftlichen Gleichheitsgrundsatz.[424] Indes: Gerade die hauptamtlichen Vorstände der Gewerkschaften sind ebenfalls Angestellte der Gewerkschaft und dürften daher grundsätzlich nicht an der Willensbildung und Vertretung in Tarifsachen mitwirken. Ihre Stellung unterscheidet sich jedoch insbesondere durch ihre Funktion als Wahlangestellte von denen der ohne Wahlamt Angestellten. Sie sind gewählte organschaftliche Vertreter der Gewerkschaften, so dass bei ihnen die Anstellung als Annex in den Hintergrund tritt. Gewählte Angestellte mit Organfunktion bleiben daher zur Willensbildung und Vertretung berechtigt.

2. *Inhaltliche Ausgestaltung*

Inhaltlich folgt aus der Formel des Gleichlaufs der Verantwortlichkeiten Folgendes: In den ausschließlich mit Tarifrecht befassten Gremien (insb. Tarifkommissionen, Verhandlungskommissionen) dürfen nicht vom Tarifabschluss betroffene Mitglieder nicht vertreten sein. Sie haben diesbezüglich auch kein aktives Wahlrecht.[425] Auch von direkten Entscheidungen in Tariffragen (Urabstimmungen) sind die nicht tarifbetroffenen Mitglieder ausgeschlossen.[426] In den übrigen Gremien (Delegiertenversammlung, Hauptvorstand, geschäftsführender Vorstand etc.) steht ihnen hingegen ein aktives und passives Wahlrecht zu. Gegen ihre Beteiligung ist grundsätzlich nichts einzuwenden. Werden sie in die Gremien gewählt, haben sie bei Entscheidungen über Tariffragen weder Stimm- noch Rederecht und sind auch nicht berechtigt, den Tarifverband organschaftlich zu vertreten.[427]

Bislang noch nicht abschließend geklärt sind die Folgen, wenn tarifungebundene Mitglieder die Mehrheit der Mitglieder stellen.[428] Etliche Stimmen in der Literatur sprechen solchen Verbänden die Tariffähigkeit ab.[429] Überzeugender ist

---

423 Hierzu *Lessner-Sturm*, Gewerkschaften als Arbeitgeber, S . 175ff.

424 A. A. *Lessner-Sturm*, Gewerkschaften als Arbeitgeber, S . 179, der die Arbeitnehmer der Gewerkschaften trotz ihrer Mitgliedschaft auch von den Wahlen zu den Vereinsgremien ausschließen will.

425 Statt aller *Löwisch/Rieble*, § 2 TVG Rn. 110.

426 Statt aller *Löwisch/Rieble*, § 2 TVG Rn. 110.

427 Statt aller *Löwisch/Rieble*, § 2 TVG Rn. 110.

428 Mit einer neueren Übersicht *Rhodius*, Die OT-Mitgliedschaft, S. 79.

429 Kempen/Zachert/*Stein*, § 2 Rn. 121; Wilhelm/*Dannhorn*, NZA 2006, 466, 471f.

es indes, auch solche Verbände noch als tariffähig anzuerkennen: Solange die Satzungen und das Vereinsleben eine klare Trennung vorsehen, spricht nichts gegen einen mehrheitlich von Nichttarifgebunden gebildeten Tarifverband.[430]

IV. Mehrheitsentscheidungen und Minderheitenschutz

Sollen Tarifverbände nicht ihrer Handlungsfähigkeit beraubt werden, können Entscheidungen nicht einstimmig getroffen werden. Mehrheitsentscheidungen müssen genügen, lassen aber zwangläufig überstimmte Minderheiten zurück.[431] Beide Aspekte hat eine Collective Governance zu berücksichtigen.

1. Mehrheitsprinzip

Dem oben beschriebenen Entscheidungsverfahren lag unausgesprochen der Grundsatz zugrunde, dass Wahlen durch Mehrheitsentscheidungen getroffen werden.[432] Sowohl personelle als auch inhaltliche Entscheidungen werden in den seltensten Fällen den Rückhalt sämtlicher Betroffenen finden. Um gleichwohl handlungsfähig zu bleiben, muss es genügen, die Entscheidungen durch die Mehrheit der abstimmungsberechtigen Mitglieder zu legitimieren. Das Mehrheitsprinzip ist insofern nicht Ausdruck eines staatsrechtlichen Demokratieprinzips sondern notwendiger Kompromiss zwischen privatrechtlicher Legitimität und Effektivität der Entscheidungsfindung.

2. Minderheitenschutz

Gleichwohl dürfen die unterlegenen Minderheiten nicht rechtlos gestellt werden: Das Mehrheitsprinzip bedarf der „rechtsethisch notwendigen Ergänzung“ durch den Minderheitenschutz.[433]

a. Gleichbehandlung, „parlamentarische Minderheitenrechte“

Zunächst muss es ihnen offen stehen, durch Überzeugungsarbeit innerhalb der Entscheidungsgremien selbst Mehrheiten zu finden. Dies entspricht

430 Ausführlicher und überzeugend *Bayreuther*, BB 2007, 325, 328; *Löwisch/Rieble* § 2 TVG Rn. 114 m.w.N.

431 Einführend in diesen Themenkreis im Gesellschaftsrecht *K. Schmidt*, Gesellschaftsrecht, S. 452ff.

432 Zum Mehrheitsprinzip in Tarifverbänden statt alle *Gamillscheg*, Kollektives Arbeitsrecht I, S. 402.

433 *K. Schmidt*, Gesellschaftsrecht, S. 467.

dem klassischen Minderheitenschutz im Staatsrecht[434] („parlamentarische Minderheitenrechte")[435], lässt sich in Tarifverbänden aber dogmatisch auf den Gleichheitsgrundsatz zurück führen.[436] Ihnen müssen innerhalb der Entscheidungsgremien die gleichen Rechte zustehen wie der Mehrheit.[437]

b. Repräsentation, strukturelle Minderheitenrechte

Eine Gleichbehandlung allein kann dem Minderheitenschutz jedoch nicht genügen.[438] Im Staatsrecht ist allgemein anerkannt, den *strukturellen Minderheiten (*im Staatsrecht: ethische, kulturelle oder nationale Minderheiten) einen darüberhinausgehenden Schutz zu gewähren.[439] Notwendig ist dies, da strukturelle Minderheiten nicht durch Überzeugungsarbeit zur Mehrheit heranwachsen können. Sie unterscheiden sich von der Mehrheit nicht durch Meinungen, sondern tatsächliche Eigenschaften. Praktisch bedeutet dies etwa eine Berücksichtigung in Entscheidungsgremien ohne entsprechende Mehrheitslegitimation.

Dieser Gedanke ist aufgrund der Normsetzungsbefugnis der Tarifverbände auch auf Tarifverbände zu übertragen. Es handelt es sich insofern gerade nicht um eine Ausprägung des Demokratie-Prinzips, sondern um die gebotene Gewährung von Autonomie innerhalb heterogener Verbände.[440] Ein solcher besonderer Schutz ist geboten, um die vielfältigen Gruppeninteressen innerhalb der Verbände zu wahren. Allerdings: Ein solcher Schutz ist nur dort angezeigt, wo den Tarifverbänden eine besondere Normsetzungsbefugnis zusteht, mithin in Tariffragen. Schließt der Tarifverband einen für alle Regionen und/oder Fachbereiche geltenden Tarifvertrag, sind die verschiedenen Gruppen durch Repräsentanten in die Willensbildung mit einzubeziehen, auch wenn ihre Repräsentanten keine Mehrheit in der Mitglieder- oder Delegiertenversammlung gefunden haben. Wird ein Tarifvertrag regional und/oder branchenbezogen geschlossen, kann dem Minderheitenschutz auch durch Gewährung einer autonomen

434 *Löwisch/Rieble*, § 2 TVG Rn. 105.

435 Dreier/*Dreier*, Art. 20 (Demokratie) Rn. 80.

436 Zu diesem allgemeinen Prinzip statt aller *K. Schmidt*, Gesellschaftsrecht, S. 462 m.w.N.

437 *Gamillscheg*, Kollektives Arbeitsrecht I, S. 402.

438 *Löwisch/Rieble*, § 2 TVG Rn. 105; hiergegen *Gamillscheg*, Kollektives Arbeitsrecht I, S. 402.

439 Dreier/*Dreier*, Art. 20 (Demokratie) Rn. 80.

440 Dreier/*Dreier*, Art. 20 (Demokratie) Rn. 80.

Abstimmung innerhalb der Region oder Branche Rechnung getragen werden.[441] In allgemein verbandsrechtlichen Fragen besteht hingegen kein anerkennenswertes Bedürfnis, vom grundsätzlich geltenden Mehrheitsprinzip abzuweichen. Hier gilt es für die Minderheit Überzeugungsarbeit zu leisten, will sie zur Mehrheit werden.

Rechtsverbindlich ist dieser Schutz der verschiedenen Gruppeninteressen in den Satzungen nur schwer normierbar. Zu verschieden sind die partikularen Interessen der Mitglieder, als dass jeder einzelnen Gruppe eine Beteiligung oder Quote zugestanden werden könnte. Die von *Franz Gamillscheg* geäußerte Kritik ist insofern berechtigt:

> „Der Schutz der Minderheit durch Gewährleistung entsprechender Minderheitenrechte und die Erhaltung der Schlagkraft des Verbandes gleichen oft der Quadratur des Kreises".[442]

Gleichwohl aber sind Tarifverbände dazu verpflichtet, zumindest abstrakt die angemessene Repräsentation der verschiedenen Gruppen *in der Satzung* festzuschreiben, wenn sie gruppenübergreifend Tarifverträge schließen und die Autonomie der Gruppen nicht durch den Abschluss gruppeneigener Tarifverträge gewähren. Das „ob" einer repräsentativen Zusammensetzung darf nicht ins Belieben des Vorstandes oder des ihn vertretenden Bezirkssekretärs gestellt werden[443] – das „wie" jedoch ist als Frage des Einzelfalls zwangsläufig durch den Vorstand oder seine Vertreter zu bestimmen.

C. Unabhängigkeit von Dritten

Selbstbestimmte Willensbildung bedeutet nicht lediglich *positiv*, die Mitglieder bestmöglich in die Entscheidungsfindung einzubeziehen. Selbstbestimmung bedeutet auch *negativ*, die Verbände vor einer unzulässigen Selbstentäußerung gegenüber Dritten zu bewahren. Angesprochen ist damit wiederum das bereits im Grundsatz der Verbandsautonomie enthaltene und sich letztlich aus der Tarifautonomie ergebende Gebot, die eigenen Angelegenheiten selbst zu regeln, sowie das Verbot einer unzulässigen Fremdbestimmung. Dies ist im Grundsatz allgemein anerkannt,[444] die Auslegung im Einzelfall jedoch schwierig.

---

441 *Löwisch/Rieble*, § 2 TVG Rn. 105.

442 Gamillscheg, Kollektives Arbeitsrecht I, S. 402.

443 *Löwisch/Rieble*, § 2 TVG Rn. 105

444 Däubler/*Däubler*, TVG Einleitung Rn. 144; ausführlicher *Löwisch/Rieble*, § 2 TVG Rn. 229ff.

I. Fremdbestimmung und Kooperation in Tariffragen

Unzulässig ist zunächst die Selbstentäußerung in Tariffragen.[445] Allein die Tarifvertragsparteien verfügen über das Privileg, selbst Rechtsnormen mit unmittelbarer Außenwirkung zu erlassen. Es ist ihnen grundsätzlich untersagt, diese Kompetenz an andere zu delegieren.[446] Zwar sind die Tarifvertragsparteien nicht gehalten und wären auch nicht dazu im Stande, sämtliche Arbeitsbedingungen selbst umfassend zu regeln,[447] doch werden gerade sie durch den Beitritt ihrer Mitglieder dazu legitimiert und auch verpflichtet, die Arbeitsbedingungen an deren statt zu verhandeln.

Hiervon abzugrenzen ist die zulässige Zusammenarbeit verschiedener Tarifverbände in Tariffragen, die gerade im Interesse der Mitglieder geboten sein kann. So bestehen grundsätzlich keine Bedenken gegen die Zusammenarbeit in einer Tarifgemeinschaft oder durch schlichte Tarifkooperation.[448] Gemeinsame Kampagnen und Vertragsverhandlungen können etwa bei vorhandener Tarifpluralität im Tarifgebiet/Unternehmen (Deutsche Bahn AG, Lufthansa AG) notwendig sein.[449]

Die Grenze der zulässigen Zusammenarbeit ist erreicht, wenn Tarifverbände ihre Entscheidungskompetenzen an Dritte verlagern. Ihnen muss stets die Letztentscheidungskompetenz verbleiben.[450] So ist etwa gegen die Inbezugnahme sachlich verwandter Tarifverträge durch die Tarifverbände nichts einzuwenden, solange sie es selbst in der Hand haben, über Annahme oder Ablehnung der von

---

445 BAG v. 9.7. 1980 – 4 AZR 564/78, NJW 1981, 1574 (allerdings noch unter Vertretung der Delegationstheorie:) *„Die Tarifvertragsparteien können die ihnen zugewiesene Rechtssetzungsbefugnis nicht auf Dritte übertragen. Denn die Wahrung und Förderung der Arbeits- und Wirtschaftsbedingungen ist durch Art. 9 III GG im Rahmen ihres Aufgabengebietes nur ihnen anvertraut. Durch die Delegation ihrer eigenen originären Rechtsetzungsbefugnis würden die Koalitionen im Rahmen ihres Zuständigkeitsbereichs dann nämlich die Wahrung und Förderung der Arbeitsbedingungen einem Dritten überlassen. Das stünde nicht im Einklang mit Art. 9 III GG. Auch das Tarifvertragsgesetz enthält keine Vorschrift, die den Tarifvertragsparteien eine Delegation ihrer Rechtssetzungsbefugnis erlaubt, wobei offenbleiben kann, ob die Befugnis zu einer solchen Delegation überhaupt mit rechtstaatlichen Grundsätzen vereinbar wäre"*; Däubler/*Däubler*, TVG, Einleitung Rn. 144.

446 BAG v. 9.7. 1980 – 4 AZR 564/78, AP Nr. 7 zu § 1 TVG; ausführlich hierzu *Baumann*, Delegation tariflicher Rechtsetzungsbefugnis, insb. S. 42ff.

447 Däubler/*Däubler*, TVG, Einleitung Rn. 142ff.

448 *Rieble*, FS Otto, S. 471, 475.

449 Ausführlicher *Rieble*, FS Otto, S. 471, 475f.

450 BAG v. 9.7. 1980 – 4 AZR 564/78, NJW 1981, 1574; *Rieble*, FS Otto, S. 471, 492.

fremden Verbänden ausgehandelten Ergebnisse zu entscheiden.[451] Die Vergabe unwiderruflicher Vollmachten sind daher ebenso unzulässig wie die Vorabunterwerfung unter Verhandlungsergebnisse Dritter (z.B. Spitzenverbände).[452]

II. Fremdbestimmung in Satzungsfragen

Aus denselben Gründen ist es unzulässig, wenn sich Tarifverbände ihrer Satzungshoheit durch Kompetenzübertragung an Dritte entäußern. So verstößt es gegen das Gebot der Selbstbestimmung, räumen die Gewerkschaften des DGB dem Dachverband einen Zustimmungsvorbehalt bei Zuständigkeitsänderungen ein und unterwerfen sie sich vorab im Konfliktfall der Zuständigkeitsentscheidung des DGB-Schiedsgerichts (§§ 15 Nr. 2, 16 der Satzung des DGB).[453] Insofern handelt es sich um eine Selbstentmachtung der Mitglieder zu Gunsten Dritter. Das BAG[454] sowie Teile der Literatur[455] halten eine solche Selbstbeschränkung jedoch noch für zulässig. Der 1. Senat des BAG etwa führt aus:

> „Dieses Selbstverwaltungsrecht kann auch in der Weise ausgeübt werden, dass es satzungsmäßig zugunsten Dritter beschränkt wird, wenn dies einem legitimen Interesse der Gewerkschaft dient. Allerdings darf die Selbstbeschränkung die eigene Willensbestimmung nicht vollständig zum Erliegen bringen. Dabei müssen bei einem Zustimmungsvorbehalt in einer Gewerkschaftssatzung auch die Vorgaben des Art. 9 Abs. 3 GG als Spezialgewährleistung zur allgemeinen Vereinigungsfreiheit und die besondere Situation der in einem Dachverband organisierten Gewerkschaften berücksichtigt werden."[456]

Dies vermag nicht zu überzeugen. Zwar ist die Idee, Kompetenzkonflikte bestmöglich vermeiden zu wollen, vollkommen legitim, doch entledigen sich die Mitglieder dabei ihrer Verbandsautonomie und gewähren Dritten einen Fremdeinfluss, der den Grundprinzipien der Verbandsautonomie diametral zuwiderläuft.[457]

Zulässig und sicherlich sinnvoll hingegen wäre und ist es (vgl. etwa § 11 Satzung NGG), ein Kooperationsgebot in der Gewerkschaftssatzung zu verankern

---

451 BAG v. 9.7. 1980 – 4 AZR 564/78, NJW 1981, 1574.

452 Insbesondere zu letzteren *Rieble*, FS Otto, S. 471.

453 Zu dieser Koordination etwa ErfK/*Franzen*, § 2 Rn. 35; *Konzen*, FS Kraft, S. 291; *Löwisch/Rieble*, § 2 Rn. 243ff; *Seeger*, Organisationskonflikte, S. 96ff; Wiedemann/*Oetker*, § 2 Rn. 83ff.

454 Zuletzt BAG v. 27. 9. 2005 – 1 ABR/41/04, NZA 2006, 273.

455 Däubler/*Peter*, § 2 TVG Rn. 170f; Wiedemann/*Oetker*, § 2 Rn. 83ff.

456 BAG v. 27. 9. 2005 – 1 ABR/41/04, NZA 2006, 273, 278.

457 Ablehnend daher *Konzen*, FS Kraft, S. 291 sowie insbesondere *Löwisch/Rieble*, § 2 Rn. 243ff; MüHdbArbR/*Rieble/Klumpp*, § 164, Rn. 87ff.

und die Gewerkschaft zur Einhaltung der DGB-Statuten zu verpflichten. Aber: Das Letztentscheidungsrecht muss bei der Mitgliederversammlung der Gewerkschaft verbleiben. An ihr ist es, einen Schiedsspruch des DGB-Gerichts zu akzeptieren und die Satzung entsprechend zu ändern. Verweigert sie sich aber einem solchen Schiedsspruch, mag dies vereinsrechtliche Konsequenzen auf Ebene des DGB nach sich ziehen – einen Einfluss auf die Satzung der Einzelgewerkschaft aber hat dies nicht.

D. Zwischenergebnis

Erster Grundpfeiler gelebter Collective Governance muss die bestmögliche Einbindung der Mitglieder sowohl in verbandspolitische als auch tarifpolitische Willensbildung sein. Im Grundsatz folgt dies aus dem Charakter der Tarifautonomie als kollektiv ausgeübter Verbandsautonomie. Tarifverhandlungen als gebündelte Vertragsverhandlungen machen es erforderlich, die einzelnen Mitglieder so gut wie möglich in die Entscheidungsfindung einzubeziehen, soweit und solange nicht berechtigte Gründe entgegenstehen.

Die Einbindung in die Willensbildung in Verbandsfragen erfolgt vor allem über die Mitgliederversammlung. Bei großen Tarifverbänden sollte daneben eine Delegiertenversammlung eingerichtet werden. Die Mitgliederversammlung bleibt aber für fundamentale Fragen bestehen. Sie könnte – unter Aufgabe der Präsenzpflicht und unter Nutzung elektronischer Kommunikation – in Ergänzung zur primär willensbildenden Delegiertenversammlungen zum Impulsgeber für Fragen grundsätzlicher Natur fortentwickelt werden. Die ordentliche Mitglieder- oder Delegiertenversammlung ist – entgegen der derzeitigen Praxis auf Seiten der Gewerkschaft – einmal jährlich durchzuführen. Die Mitglieder bzw. Delegierten haben dabei grundsätzlich ein gleiches Wahlrecht, wobei auf Arbeitgeberseite hiervon zu Gunsten anderer überzeugender Kriterien der Betroffenheit abgewichen werden kann. In den Versammlungen ist den Mitgliedern bzw. Delegierten – entgegen der derzeitigen gewerkschaftlichen Praxis – ein eigenes Antragsrecht einzuräumen. Die Versammlungen sind allein befugt satzungsrechtliche Entscheidungen grundlegender Natur zu beschließen. Sie sind auf der anderen Seite angesichts ihrer Größe faktisch nicht in der Lage, Personalentscheidungen sinnvoll zu treffen. Auswahl, Bestellung und Abberufung des Führungspersonals sollte daher in die Hände eines Kontrollorgans gelegt werden. Der Mitglieder- bzw. Delegiertenversammlung bleibt gleichwohl die Personalkompetenz über die Mitglieder des Kontrollorgans.

In Tariffragen sind die Mitglieder über den von ihnen (mittelbar) gewählten Vorstand und insbesondere durch zu wählende Vertreter in den

Tarifkommissionen in die Willensbildung einzubinden. Werden die Tarifkommissionen in ausreichendem Maß in die Aufstellung der Forderung, die Verhandlungen und insbesondere in die Annahme der Verhandlungsergebnisse eingebunden, genügt dies Grundsätzen guter Koalitionsführung. Eine starke Beteiligung des Vorstands erscheint dabei unumgänglich. Von der obligatorischen Ratifikation der Verhandlungsergebnisse durch eine Urabstimmung ist bei einem friedlichen Verlauf der Verhandlungen grundsätzlich abzusehen. Auch diesbezüglich erscheint eine verstärkte Kontrolle durch ein Kontrollorgan vorzugswürdig. Eine Urabstimmung ist allerdings im Falle des Arbeitskampfes durchzuführen, wobei sämtliche vom Tarifvertrag betroffene Mitglieder an der Abstimmung beteiligt werden sollten. Insgesamt ist darauf zu achten, dass lediglich tarifunterworfene Mitglieder in tarifpolitischen Entscheidungen beteiligt werden. Der vom BAG aufgestellte Gleichlauf der Verantwortlichkeiten ist organisatorisch abzusichern.

Die Verbände sind dazu verpflichtet, ihre Angelegenheiten eigenverantwortliche zu lösen. Kooperieren sie mit anderen Organisationen, muss das Letztentscheidungsrecht stets bei ihnen verbleiben. Abzulehnen ist daher auch die verbindliche Unterwerfung der Gewerkschaften unter die Schiedsstellen des DGB oder CGB. Allein den Tarifverbänden steht das Recht aber auch die Pflicht zu, ihre Satzungen Dachverbandskonform auszugestalten.

§ 3. Gute Verbandsführung

Neben der bestmöglichen Einbindung der Mitglieder zielt Collective Governance auf eine gute Verbandsführung.

A. Vorstand als Verbandsorgan

I. Vereinsrechtliche Grundlagen

Während nach der Grundkonzeption des BGB-Vereins die Mitgliederversammlung als das „*oberste Vereinsorgan*“[458] über die grundlegenden Entscheidungen des Vereins befindet (oben § 2), obliegt die Vertretung des Vereins nach außen sowie die Führung nach innen dem Vereinsvorstand als dem Leitungsorgan (§§ 26 Abs. 1, 27 Abs. 3 BGB, für nicht eingetragenen Vereine analog[459]).[460] Er ist damit nach der Gesetzeslage sowohl zur Vertretung als auch zur Geschäftsführung des Vereins berufen. Jedoch liegt die Konzeption der Vereinsstrukturen auch in diesem Punkt grundsätzlich in den Händen der Satzungsgeber.

II. Vorstand in Gewerkschaften

Gewerkschaften wie Arbeitgeberverbände haben jedoch Führungsstrukturen entwickelt, die teilweise erheblich von der Grundstruktur des Vereinsrechts abweichen. Auch innerhalb des Gewerkschaftslagers zeigen sich erhebliche Unterschiede in der Konzeption des Führungsorgans, welche stets im Zusammenhang mit der grundsätzlichen *dualistisch* oder *monistisch orientierten Verbandskonzeption* zu sehen sind (hierzu ausführlich unten § 4 C. I. 2. a, S. 152).

1. Einheitliche Führung und Vertretung

So gibt es Gewerkschaften, welche – ganz der gesetzlichen Grundkonzeption folgend – durch einen einheitlichen Vorstand geführt und vertreten werden (ver.di, IG Bau: „*Bundesvorstand*“[461]). Diesem obliegen sowohl Leitung und

---

458 BGH v. 6.2.1984 – II ZR 119/83, BGHZ 90, S. 92, 95; Palandt/*Ellenberger*, § 32 BGB Rn. 1.

459 MüKoBGB/*Reuter*, § 26 BGB Rn. 27.

460 *K. Schmidt*, Gesellschaftsrecht, S. 688.

461 § 42 Satzung ver.di.; § 25 Satzung IG Bau.

Geschäftsführung als auch die Vertretung der Gewerkschaft. Sämtliche in diesem Vorstand vertretene Personen sind hauptamtlich für die Gewerkschaft tätig.

2. *Trennung von Leitung, Führung und Vertretung*

Die meisten Gewerkschaftssatzungen hingegen sehen neben dem eigentlichen Vorstand i.S.d. § 26 BGB weitere Organe vor, deren Aufgaben entweder in der Beratung und Kontrolle des eigentlichen Vorstandes i.S.d. § 26 BGB („erweiterter Vorstand")[462] oder in der Arbeitsentlastung durch eine Geschäftsführung liegen.[463] Abschichten lassen sich insofern die auf verschiedene Gremien verteilten Funktionen Vertretung, Leitung und Geschäftsführung. Während Vertretung dabei das rechtsverbindliche Handeln nach außen beschreibt und die Kernaufgabe des Vorstandes darstellt, meint Geschäftsführung grundsätzlich sämtliche Tätigkeiten zur Förderung des Vereinszwecks.[464] Der Begriff der Leitung hingegen umfasst die strategische Grundausrichtung des Verbandes, mithin den zentralen Kernbereich der Geschäftsführung.[465] Im Schrifttum vereinzelt vorgebrachte Bedenken gegen eine solche Funktionsspaltung haben sich zu Recht nicht durchzusetzen vermocht, ist für eine derartige Rechtspflicht doch kein Anhaltspunkt ersichtlich.[466]

a. Besondere Geschäftsführung

Gerade die großen Gewerkschaften IG Metall und IG BCE (nicht aber die ver.di, vgl. oben § 3 A II 1, S. 99) sowie etwa die CGM verfügen über einen sowohl aus ehren- als auch hauptamtlichen Mitgliedern bestehenden Vorstand (IG Metall: „*Vorstand*"[467], IG BCE, CGM „*Hauptvorstand*"[468]). Ihm obliegt die Leitung und Vertretung der Gewerkschaften, er ist der eigentliche Vorstand i.S.d. § 26 BGB, der die Gewerkschaft „*nach innen und außen vertritt*".

---

462 Bissig die Kritik von Münch. Hdb. Ges. V/*Waldner*, § 26 Rn. 6f. zu solchen Bezeichnungen: „*Eine verbreitete leider unausrottbare Übung bei der Abfassung von Vereinssatzungen besteht darin, dieses Organ [erweiterter Vorstand] ebenfalls „Vorstand" und den wirklichen Vorstand als „Vorstand i.S.d. § 26 BGB" zu nennen*".

463 Zu diesen freiwilligen Gremien Münch. Hdb. Ges. V/*Waldner*, § 26 Rn. 6f.

464 Soergel/*Hadding*, § 26 BGB, Rn. 10; für das Aktienrecht auch AktG/*Hüffer*, § 77 AktG, Rn. 3.

465 Zur insofern vergleichbaren Abgrenzung im Aktienrecht MüKoAktG//*Spindler*, § 76 AktG Rn. 16.

466 Hierzu MüKoBGB/*Reuter*, § 26 BGB Rn. 4 m.w.N.

467 § 18 Ziff. 1 Satzung IG Metall.

468 § 19 Satzung IG BCE; § 14 Satzung CGM.

Die Geschäftsführung aber ist den hauptamtlichen Mitgliedern des Vorstandes übertragen, die einen *„Geschäftsführenden Vorstand“*[469] bzw. *„Geschäftsführenden Hauptvorstand“*[470] bilden. Gemein ist diesen Satzungen also, dass der eigentliche Vorstand bzw. Hauptvorstand die Gewerkschaften sowohl leitet als auch vertritt, die Geschäftsführung aber einem kleinen Kreis der Mitglieder übertragen wird. Ob der geschäftsführende Vorstand dabei lediglich als Teil des Organs anzusehen ist oder ob ihm insofern selbst Organqualität (als besonderer Vertreter i.S.d. § 31 BGB) zukommt, kann an dieser Stelle offen bleiben (zu den Haftungsfragen noch unten § 3 B. IV, S. 117).

b. Erweiterter Vorstand

Auf der anderen Seite arbeiten zahlreiche Gewerkschaften, unter ihnen insbesondere die monistisch orientierten Gewerkschaften, welche auf einen Beirat verzichten (GEW, GDL, EVG und CGM, vgl. unten § 4 D) mit einem in „echten“ Vorstand i.S.d. § 26 BGB sowie einen erweiterten Vorstand geteilten „Vorstand“. Sie unterscheiden sich von den oben genannten Gewerkschaften also dadurch, dass dem auch mit ehrenamtlichen Funktionären besetzten Organ die Vertretung entzogen und allein den hauptamtlichen Funktionären zugewiesen ist.

Der nicht vertretungsbefugte erweiterte Vorstand trägt dabei irreführend zumeist die Bezeichnung *„Hauptvorstand“* (NGG[471], GEW[472], GdL[473]) oder *„Bundesvorstand“* (EVG[474], GdP[475]) und besteht aus den hauptamtlichen Mitgliedern des geschäftsführenden Hauptvorstandes sowie einer stark variierenden Zahl ehrenamtlicher Mitglieder.[476] Ihm obliegt die Leitung der Gewerkschaft. Die Geschäftsführung hingegen obliegt den hauptamtlichen Mitgliedern, welche den *„Geschäftsführenden Hauptvorstand“*[477] (*„Geschäftsführenden Bundesvorstand“*[478])

469 § 18 Ziff. 1 Satzung IG Metall.
470 § 20 Satzung IG BCE; § 15 Satzung CGM.
471 § 25 Satzung NGG.
472 § 18 Satzung GEW.
473 § 13 Satzung GdL.
474 § 21 Satzung EVG.
475 § 21 Satzung GdP.
476 GdL: 18 ; GEW: 150.
477 § 20 IG BCE; § 25 Satzung NGG; § 20 Satzung GEW; § 15 Satzung CGM; § 14 Satzung GdL.
478 § 21 Satzung EVG; § 24 Satzung GdP.

bilden. Die Vertretungsbefugnis wiederum ist teilweise dem Geschäftsführenden Vorstand,[479] teilweise jedoch auch nur einzelnen Personen zugewiesen.[480]

So ergibt sich etwa bei den monistisch orientieren Gewerkschaften GdL und GEW eine dreigliedrige Funktionsteilung, in welcher dem Hauptvorstand die grundsätzliche Überwachung und richtungsgebende Leitung, dem Geschäftsführenden Vorstand die Geschäftsführung und einzelnen hauptamtlichen Mitgliedern des Geschäftsführenden Vorstandes die Vertretung zugewiesen sind.

III. Vorstand in Arbeitgeberverbänden

Andere Schwerpunkte in der Organisation der Verbandsführung setzen die Arbeitgeberverbände.

1. *Vorstand, Präsidium und Präsident*

Auch bei ihnen obliegt die Vertretung des Verbandes (§ 26 BGB) regelmäßig lediglich dem als „Präsident" bezeichneten Vorsitzenden oder einem oft als „Präsidium" bezeichneten, aus dem Präsidenten und Stellvertretern bestehenden Gremium (VBM, Handelsverband Bayern).[481] Die Leitung – insofern von der Vertretung getrennt – steht hingegen dem meist irreführend als „*Vorstand*" bezeichneten Gesamtführungsorgan zu, das rechtstechnisch als erweiterter Vorstand ohne Vertretungsmacht anzusehen ist.[482] Sämtliche Mitglieder des Vorstandes bis hin zum Präsidenten sind üblicherweise rein ehrenamtlich im Verband engagiert.[483]

2. *Geschäftsführer als besonderer Vertreter*

Die eigentliche Geschäftsführung wird von einem externen, hauptamtlich angestellten Geschäftsführer („*Hauptgeschäftsführer*"[484]) ausgeübt. Dieser wird in den Satzungen oft als besonderer Vertreter i.S.d. § 30 BGB bezeichnet

---

479 NGG, GdP.

480 GdL § 14 Ziff. 2: Vertretung durch jeden der drei geschäftsführenden Vorstände. § 21 GEW: Vertretung durch Vorsitz.

481 § 9 Ziff. 4 VBM; § 15 Handelsverband Bayern.

482 Abstrakt zu Vorstand und erweiterten Vorstand statt aller Münch. Hdb. Ges. V/*Waldner*, § 26 Rn. 6; konkret zu Wirtschafts- und Arbeitgeberverbänden *Brouwer*, CCZ 2009, S. 161ff.

483 Zur Kompetenzverteilung bei Arbeitgeberverbänden auch für Arbeitgeberverbände auch *Park*, Arbeitgeberverbände, S. 143ff.

484 § 10 Ziff. 1 VBM.

(Handelsverband Bayern, IGZ,).[485] Fehlt ein solch klar zum Ausdruck gebrachter Wille des Satzungsgebers, ist eine Abgrenzung zum besonderen Vertreter vorzunehmen, wobei verschiedene auf seine Unabhängigkeit zielende Kriterien herangezogen werden können.[486] So ist die statuarische Zuweisung eines abgegrenzten Alleinzuständigkeitsbereichs stets ein Indiz für die eigenständige Organschaft des Geschäftsführers als besonderen Vertreter. Ebenfalls für eine solche Stellung sprechen Bestellung und Abberufung durch die Mitglieder- bzw. Delegiertenversammlung. Schließlich bleibt weiter zu prüfen, ob die Vertretungsmacht organschaftlich durch die Satzung selbst oder allein rechtsgeschäftlich durch den Vorstand eingeräumt wird.[487] Insofern ist der Wille des Satzungsgebers zu ergründen (Insbesondere: Bezeichnung als Organ?[488] Als Be- oder Anstellung?).

Für die untersuchten Satzungen gilt danach, dass der Geschäftsführer regelmäßig als besonderer Vertreter i.S.d. § 30 anzusehen ist. Soweit er nicht als solcher bereits in den Satzungen bezeichnet wird (Handelsverband Bayern, IGZ,)[489] folgt dies aus der Bezeichnung als eigenständiges Organ in den meisten Satzungen (AGV Bau Saar, AGV Chemie Nord).[490] Allein die Satzung des VBM ergibt kein einheitliches Bild: Einerseits wird der Geschäftsführer nicht als Organ des Vereins gelistet,[491] andererseits wird er „für die Dauer von bis zu fünf Jahren *bestellt*".[492]

Die Abgrenzung hat praktische Auswirkungen: Während das Handeln der organschaftlichen Geschäftsführung dem Tarifverband bereits nach § 31 BGB zugerechnet wird, kommt eine solche Zurechnung im Außenverhältnis für lediglich angestellte Mitarbeit außerhalb des Schuldverhältnisses nur in den Grenzen des § 831 BGB in Betracht.[493] Auch die Grundsätze organschaftlicher

---

485 § 32 Ziff. 4 Handelsverband Bayern; § 7 Ziff. 2 IGZ.

486 Krieger/Schneider/*Burgard*, Managerhaftung, § 6 Rn. 97.

487 Krieger/Schneider/*Burgard*, Managerhaftung, § 6 Rn. 97.

488 Etwa: § 8 Ziff. 1 d) Satzung AGV Chemie Nord; § 8 Ziff. 1 e) Satzung AGV Bau Saarland; widersprüchlich die Satzung des VBM: Keine ausdrückliche Organstellung (§ 7 Satzung VBM), andererseits § 10 Ziff. 2 S. 2: *„der Hauptgeschäftsführer wird auf bis zu fünf Jahre bestellt"*.

489 § 32 Ziff. 4 Handelsverband Bayern; § 7 Ziff. 2 IGZ.

490 § 8 Abs. 1 lit d) AGV Bau Saar; § 8 Ziff. 1 lit. d Satzung AGV Chemie Nord.

491 § 7 Satzung VBM.

492 § 10 Ziff. 2 Satzung VBM.

493 MüKoBGB/*Reuter*, § 30 BGB Rn. 2.

Wissenszurechnung, ebenso wie die Rechtsfigur des sachenrechtlichen Organbesitzes sind lediglich auf eigenständige Organe anwendbar.[494]

Unter dem Gesichtspunkt demokratischer Legitimation mag man gegen das Modell einer Geschäftsführung durch hauptamtliche Externe einwenden, die Macht der hauptamtlichen Geschäftsführung sei nicht ausreichend auf die Mitglieder zurück zu führen.[495] Eine strenge Trennung in ehrenamtliche Leitung und hauptamtliche Geschäftsführung ist allerdings geeignet, eine qualitativ hochwertige Führung durch Experten sicherzustellen. Gerade da ehrenamtlich arbeitende Verbandsmitglieder oftmals weder über die notwendigen Kenntnisse noch über die erforderliche Zeit der Einarbeitung und Ausübung der Tätigkeit verfügen, ist die Be- oder Anstellung hauptamtlicher Externer empfehlenswert. Hinzu kommt: Die „Ausgliederung" der Geschäftsführung etabliert das wünschenswerte Vier-Augenprinzip schafft eine Kontrollinstanz (hierzu ausführlich unten § 4 C. I. 2. b, S. 155). Daher ist die Kritik mangelnder demokratischer Legitimation letztlich nicht überzeugend, zumal sich die Macht der Geschäftsführung in jedem Fall auf den Vorstand zurückführen lässt, der seinerseits hinreichend demokratisch legitimiert ist.

B. Verbandsführung und Collective Governance

Inhaltlich geben die vereinsrechtlichen Vorgaben nur einen sehr groben Rechtsrahmen vor, der bislang durch Rechtsprechung und Literatur gefüllt wurde. Überlegenswert ist es, die grundsätzlich für Kapitalgesellschaften entwickelten Empfehlungen insbesondere des DCGK im Tarifverbandsrecht fruchtbar zu machen.

I. Aufgaben und Pflichten

Zu untersuchen ist zunächst, welche Aufgaben der Verbandsführung unter Governance-Gesichtspunkten übertragen werden sollten. Die Darstellung konzentriert sich hierbei allein auf die für Tarifverbände maßgeblichen Punkte.

---

494 Zur ähnlichen Rechtslage bei der SE Habersack/Drinhausen/*Verse*, § 40 SEAG, Rn. 5.

495 So *Adels*, Verbände, S. 55ff; kritisch auch *Leßmann*, Wirtschaftsverbände, S. 256.

1. Verbandsführung

Die Verbandsführung ist zur Führung der Verbandsgeschäfte berechtigt und verpflichtet. Hierunter sind grundsätzlich sämtliche Tätigkeiten zu fassen, die der Förderung des Vereinszweckes dienen.[496]

a. Inhaltliche Grenzen

aa. Allgemeine Grenzen

Unter dem Gesichtspunkt der bestmöglichen Umsetzung der Mitgliederinteressen gilt jedoch zumindest für Tarifverbände, dass Grundlagengeschäfte nicht von der Geschäftsführung umfasst sein können, sondern bei der Mitgliederversammlung verbleiben müssen.[497] Eine Entmündigung der Verbandsmitglieder hin zur „Vorstandsdiktatur" ist in einem Verband, auf dessen Mitgliedschaft das Mitglied mangels Alternativen angewiesen ist, nicht möglich.[498] Weitere Grenzen der Geschäftsführung ergeben sich aus der strengen Bindung des Vorstandes an die satzungsmäßige Ordnung und den Verbandszweck[499] sowie aus seiner Einbindung in die Hierarchien der Verbände.

bb. Insbesondere: Weisungsbindung

Zwar ist die nach § 27 Abs. 3 i.V.m. § 665 BGB grundsätzlich vereinsrechtlich vorgesehene Bindung des Vorstandes an die Weisungen der Vertretenen dispositiv[500] und es wäre vereinsrechtlich nicht zu beanstanden, die Weisungsbindung zu lockern oder aufzuheben. Unter Governance Gesichtspunkten aber müssen die Ausgestaltungsmöglichkeiten deutlich enger gezogen werden:[501] Nimmt man den Gedanken der kollektiv ausgeübten Privatautonomie und der Beziehung des Verbands auf die Interessen der einzelnen Mitglieder ernst, ist es ausgeschlossen, den Verband losgelöst von den Interessen der Mitglieder zu führen. Es muss den Mitgliedern über die Mitgliederversammlung möglich sein, den Vorstand in ihrem Sinne durch entsprechende Beschlüsse anzuweisen, handelt er doch allein in ihrem Interesse. Insofern unterscheidet sich die Situation auch von der

---

496 Soergel/*Hadding*, § 26 BGB, Rn. 10; für das Aktienrecht auch AktG/*Hüffer*, § 77 AktG, Rn. 3.

497 Gute Darstellung des Streitstandes bei MüKoBGB/*Reuter*, § 27 BGB, Rn. 41 und § 33 Rn. 16ff m.w.N.

498 MüKoBGB/*Reuter*, § 27 BGB Rn. 43.

499 Hierzu für Großvereine bereits umfassend *Segna*, Vorstandskontrolle, S. 122ff.

500 Statt aller etwa MüKoBGB/*Reuter* § 27 BGB Rn. 41.

501 Allgemein zu Funktion und Bedeutung des Weisungsrecht am Beispiel der AG *Fleischer*, FS Heldrich, S. 597, 606 m. w. N.

der AG: Während sich die AG als Kapitalgesellschaft soweit von den Aktionären verselbständigt hat, dass der Mitgliederversammlung kein Weisungsrecht mehr gegenüber dem Vorstand zusteht,[502] sind Tarifverbände allein auf die Verwirklichung der Mitgliederinteressen ausgerichtet (zu den grundlegenden Unterschieden bereits oben § 1 C. I. 2. c, S. 13).

Ein solches Verständnis liegt auch den ausgewerteten Satzungen zu Grunde. Sowohl die Satzungen von ver.di[503], IG Metall[504], IG BCE[505], GDL[506] als auch die Satzungen der Arbeitgeberverbände (AGV Chemie Nord)[507] sehen eine solche Weisungsbindung der Geschäftsführung vor.

b. Legalitätspflicht für Tarifverbände

aa. Rechtsbindung der Leitungsorgane

Wie alle übrigen Teilnehmer des Rechtsverkehrs sind auch Tarifverbände verpflichtet, sich an das geltende Recht zu halten.[508] Da sie als rechts- bzw. nichtrechtsfähige Vereine erst durch ihre Organe handlungsfähig werden, trifft diese Rechtstreueverpflichtung die für die Tarifverbände handelnden Organe, insbesondere also die Geschäftsführung. Diese unterliegen im Innenverhältnis gegenüber dem Verband einer *Legalitätspflicht*, die die Außenverpflichtung des Verbandes auf die Geschäftsführung überträgt und rechtsdogmatisch neben die originären Pflichten der Vorstandsmitglieder im Außenverhältnis (etwa § 266a StGB) tritt.[509] Die Geschäftsführung ist dem Verband gegenüber zur Einhaltung der gesetzlichen und innerverbandlichen Regelungen wie Satzungen oder Geschäftsordnungen verpflichtet, ohne dass ihr ein Ermessensspielraum

---

502 MüKoAktG/*Spindler*, Vor § 76 AktG Rn. 14.

503 § 42 Ziff. 1: „*Der Bundesvorstand führt die Geschäfte der ver.di in Übereinstimmung mit der Satzung sowie den Beschlüssen des Bundeskongresses und des Gewerkschaftsrats*".

504 § 18 Ziff. 3 lit. b): „*Der Vorstand hat die Einhaltung der Satzung zu überwachen und die Beschlüsse des Gewerkschaftstages und Beirates durchzuführen*".

505 § 19 Ziff. 7: „*Der Hauptvorstand hat alle Aufgaben zu erfüllen, die sich für ihn aus der Satzung und den Beschlüssen des Gewerkschaftskongresses ergeben, insbesondere [...]*".

506 § 14 Ziff. 3: „*Der geschäftsführende Vorstand ist ausführendes Organ von Generalversammlung und Hauptvorstand. Er ist an deren Beschlüsse gebunden*".

507 § 12 Ziff. 2: „*Der Vorstand leitet den Verband und hat die Beschlüsse der Mitgliederversammlung durchzuführen*".

508 Für Tarifverbände *Schmittlein*, Verbands-Compliance, S. 20 mit Nachweisen.

509 *Thole*, ZHR 173 (2009), 504, 509; ausführlich für Tarifverbände bereits *Schmittlein*, Verbands-Compliance, S. 76, insb. S. 79.

verbleibt.[510] Vorschriften des Kartellrechts, des Arbeitszeitgesetzes oder des AGG sind ebenso einzuhalten wie ein sich aus der Satzung oder Geschäftsordnung ergebender Katalog zustimmungspflichtiger Geschäfte – ein Ermessensspielraum steht weder Vorstand noch Geschäftsführung zu.

bb. Nützliche Pflichtverletzung und Vertragsbruch

Der Geschäftsführung ist es auch nicht möglich, zum Vorteil der Verbände gesetzliche oder organschaftliche Pflichten zu verletzen (sog. „nützliche Pflichtverletzung").[511] Insofern steht ihnen kein Ermessensspielraum im Sinne der noch zu erläuternden *Collective Judgement Rule* zu, zwischen Vor- und Nachteilen, Entdeckungsrisiko und Rechtsfolgen eines Rechtsverstoßes abzuwägen. Wie alle anderen Rechtsteilnehmer auch, sind auch Tarifverbände und die für sie handelnden Vertreter an Recht und Gesetz gebunden.[512]

Andererseits verpflichtet die Legalitätspflicht die Geschäftsführung grundsätzlich nicht zur Einhaltung der Vertragspflichten gegenüber Dritten.[513] Insofern haben die Geschäftsführer zwischen Einhaltung der vertraglichen Pflichten und den möglichen Folgen (Schadensersatz, Reputation) abzuwägen („efficient breach of contract"). Dies muss auch für die Einhaltung von Tarifverträgen gelten (Durchsetzungspflicht, Friedenspflicht), die für Verbände schuldrechtliche Vereinbarungen darstellen. Allerdings: Verstößt die Verbandsführung in besonders verwerflicher Weise gegen schuldrechtliche Verträge, kann unter Umständen hierin eine sittenwidrige Schädigung des Vertragspartners nach § 826 BGB und somit ein Verstoß gegen die Legitimitätspflicht zu sehen sein.[514]

---

510 MüKoAktG/*Spindler*, § 93 AktG Rn. 74ff. m.w.N

511 Ausführlicher zu diesem Problemkreis bei der AG *Fleischer*, ZIP 2005, 141 sowie *Thole*, ZHR 173 (2009), 504, 512ff. Für Tarifverbände *Schmittlein*, Verbands-Compliance, S. 81.

512 Mit umfassender Begründung *Thole*, ZHR 173 (2009), 504, 512ff sowie des auf Tarifverbände übertragend *Schmittlein*, Verbands-Compliance, S. 82ff.

513 *Lutter*, ZIP 2007, 841, 843; *Thole*, ZHR 173 (2009), 504, 518ff; MüKoAktG/*Spindler*, § 93 AktG Rn. 88 m.w.N.

514 Allgemein Bamberger/Roth/*Spindler*, § 826 BGB Rn. 26 m.w.N. aus der Rspr; MüKoAktG/*ders*, § 93 AktG Rn. 88; weitergehend Staudinger/*Oechsler*, § 826 BGB Rn. 181, der in jeder bewussten Vertragsverletzung bereits eine sittenwidrige Schädigung sieht.

cc. Unsichere Rechtslage, Legal Judgement Rule

Bestehen Zweifel an der Rechtslage – etwa über die Zulässigkeit tarifvertraglicher Altersklauseln,[515] die Beteiligung an einer dreiseitigen „Standortsicherungs vereinbarung“[516] oder der Tariffähigkeit der gegnerischen Gewerkschaft (hierzu ausführlicher noch unten § 3 B. I. 3, S. 102) – oder ist die Geschäftsführung mit unbestimmten Rechtsbegriffen konfrontiert, ist sie, je nach Komplexität der Rechtsfrage und Größe des Verbandes verpflichtet, internen oder externen Rechtsrat einzuholen.[517] Die externen Berater sind dabei an Hand objektiver Kriterien auszuwählen und müssen über die notwendige Unabhängigkeit verfügen.[518] Das Beratungsergebnis ist von den Funktionären einer Plausibilitätsprüfung zu unterziehen, an die inhaltlich jedoch keine überhöhten Anforderungen gestellt werden dürfen. Denn grundsätzlich darf sich die Verbandsführung auf das Beratungsergebnis verlassen.[519] Können die Berater – wie nur zu oft – keine eindeutige Aussage treffen, steht der Verbandsführung nun ein Ermessensspielraum zu. Sie ist frei, die für den Verband günstigere Auslegung zu wählen, sofern es sich um eine rechtlich überzeugende Beurteilung handelt.[520] Ohne dass für Rechtsfragen auf die *Collective Judgement Rule* zurück gegriffen werden kann, ist die Situation zumindest vergleichbar: Es muss eine rechtliche Entscheidung aufgrund ausreichender Faktenlage zum Wohle des Tarifverbandes getroffen werden.[521] Für diese Entscheidung in unsicheren Rechtslagen hat sich der Begriff der *Legal Judgement Rule* durchgesetzt.[522]

c. Collective Judgement Rule

In ähnlicher Weise wie dem Vorstand der Aktiengesellschaft nach der *Business Judgement Rule*[523] ein gerichtlich nicht überprüfbarer Ermessensspielraum bei legalen wirtschaftlichen Entscheidungen zugestanden wird, muss auch der Geschäftsführung des Tarifverbandes ein Ermessensspielraum eingeräumt

---

515 Zu diesem ausufernden Themenkomplex statt aller *Löwisch/Rieble*, § 1 TVG Rn. 737ff.

516 BAG v. 15.4.2008 – 1 AZR 86/07, NZA 2008, 1074ff.

517 BGH 20.9.2011 – II ZR 234/09, NZG 2011, 1271; *Thole*, ZHR 173 (2009), 504, 521f; MüKoAktG/*Spindler*, § 93 AktG Rn. 77ff.

518 MüKoAktG/*Spindler*, § 93 AktG Rn. 79f.

519 MüKoAktG/*Spindler*, § 93 AktG Rn. 82.

520 *Thole*, ZHR 173 (2009), 504, 522; MüKoAktG/*Spindler*, § 93 AktG Rn. 83.

521 Zur vergleichbaren Lage im Aktienrecht MüKoAktG/Spindler, § 93 AktG Rn. 75,

522 *Bicker*, AG 2014, 8, 10f; *Buck-Heeb*, BB 2013, 2247ff; *Bürkle*, VersR 2013, 792, 793ff.

523 MüKoAktG/*Spindler*, § 93 AktG, Rn. 36ff m.w.N.

werden.[524] In Anlehnung an den gesellschaftsrechtlichen Topos lässt sich insofern von einer *Collective Judgement Rule* sprechen.[525]

aa. Übertragbarer Rechtsgedanke

Die „Dynamik des Marktgeschehens“[526] macht es erforderlich, sämtlichen organschaftlichen Geschäftsführern einen rechtlich nicht kontrollierbaren Freiraum einzuräumen. Der in § 93 Abs. 1 S. 2 AktG kodifizierte Grundsatz strahlt in das gesamte Zivilrecht aus und gilt nach herrschender Meinung auch für Organmitglieder von Vereinen.[527] Denn auch wenn die Vereinsgeschäftsführer keine „unternehmerische“ Entscheidung (§ 93 Abs. 1 S. 2 AktG) zu treffen haben, so sind die von ihnen zu treffenden Entscheidungen doch durch den gleichen Umstand der Unsicherheit gekennzeichnet: Ex ante lassen sich zukünftige Entwicklungen nur begrenzt vorhersagen, Entscheidungen bleiben risikobehaftet.[528] Dies gilt für Entscheidungen in Tarifverbänden genau wie für Entscheidungen in Unternehmen. In beiden Fällen müssen Treuhänder für die Interessen Dritter Entscheidungen in einem unsicheren Umfeld fällen. Hierfür benötigen sie Freiräume, ohne dass die Interessen der Treuhandgeber außer Acht gelassen werden dürfen. Daher ist – unterstellt, es liegt keine Weisung der Mitgliederversammlung vor – auch den Vereinsvorständen ein Ermessensspielraum mit gewissen Grenzen zuzubilligen, die durch die Corporate Governance bereits maßgeblich abgesteckt wurden.

bb. Ausprägungen der Collective Judgement Rule

Danach handeln die Mitglieder der Verbandsführung zumindest dann pflichtgemäß, wenn sie eine *unternehmerische Entscheidung* treffen, bei welcher sie *vernünftigerweise annehmen dürfen*, auf der *Grundlage angemessener Informationen zum Wohle des Verbandes* zu handeln.

Um eine unternehmerische Entscheidung i.S.d. Collective Judgement Rule handelt es sich nur, wenn es sich um eine bewusste Ermessensentscheidung handelt. Den Funktionären müssen rechtlich zulässige Handlungsoptionen offenstehen, zwischen denen sie angesichts einer ungewissen zukünftigen Entwicklung

---

524 Zur doppelten Funktion des Business Judgement Rule als Haftungsbefreiung und Pflichtenkonkretisierung Krieger/Schneider/*Burgard*, Managerhaftung, § 6 Rn. 32.

525 Zur „Social Judgement Rule“: Giesen/Junker/Rieble/*Latzel*, Compliance im kollektiven Arbeitsrecht, 2014, S. 59 ff.

526 MüKoAktG/*Spindler*, § 93 AktG, Rn. 36.

527 *Burgard*, GS Walz, S. 71, 75; Krieger/Schneider/*ders*, Managerhaftung, § 6 Rn. 30 m.w.N.; *Segna*, GS Walz, 705, 710; kritischer *Lutter*, ZIP 2007, 841, 848.

528 Krieger/Schneider/*Burgard*, Managerhaftung, § 6 Rn. 31.

entscheiden müssen. Der dabei eröffnete Prognosespielraum gibt den Verbandsfunktionären das Recht zu irren.[529] Erweist sich etwa die vom Vorstand gewählte Kampftaktik im Rahmen eines Tarifstreits im Nachhinein als ungeeignet, kann der Vorstand hierfür nicht haftbar gemacht werden. Abzugrenzen sind hiervon Entscheidungen, zu denen die Geschäftsführung kraft Gesetzes, Satzung, Geschäftsordnung oder Anstellungsvertrag verpflichtet ist (*Legalitätspflicht*, vgl. oben, § 3 B. I. 1. b, S. 92).[530]

Auf der Grundlage angemessener Informationen handeln die Funktionäre, wenn sie die objektiv („vernünftigerweise") für die konkrete Entscheidungssituation erheblichen Umstände ermittelt haben.[531] Bereits bei der Auswahl und Gewichtung der Informationen kommt der Verbandsführung dabei die Collective Judgement Rule zu Gute.[532] Bezogen auf Tarifverträge sind von den Verbänden vor allem Informationen über die wirtschaftlichen Rahmenbedingungen sowie Informationen über die eigene Arbeitskampffähigkeit einzuholen. Praktisch eng hiermit verbunden ist das Erfordernis einer bestmöglichen Dokumentation. Nur wenn die Funktionäre die Grundlagen ihrer Entscheidungsfindung hinreichend dokumentiert haben, wird ihnen im Nachhinein das Haftungsprivileg der Collective Judgement Rule die Argumentation erleichtern. Daher sind Unterlagen für einen eventuellen Rechtsstreit aufzubewahren.[533]

Schließlich muss die Entscheidung nach der eingangs gegebenen Definition auch „zum Wohle des Verbandes" getroffen werden. Dies ist vor allem dann nicht der Fall, sind die Funktionäre persönlich oder sachlich befangen (Interessenkonflikt, hierzu unten § 3 C, S. 119) und handeln zum eigenen Wohle.[534]

2. *Rechte und Pflichten der Verbandsorganisation*

a. Allgemein

Der Geschäftsführung obliegt die Organisation der alltäglichen Verbandstätigkeiten. Hierzu zählen etwa Abschluss und Kündigung von Verträgen, die

---

529 Zum Aktienrecht BGH v. 21.4.1997 – II ZR 175/95, BGHZ 135, 244, 253; für Vereine ebenso Krieger/Schneider/*Burgard*, Managerhaftung, § 6 Rn. 34 m.w.N.

530 Zu alledem für die BJR *Lutter*, ZIP 2007, 841, 843; MüKoAktG/*Spindler*, § 93 AktG Rn. 45 m.w.N.

531 Für das Aktienrecht BGH NJW 2008, 3361; AktG/*Hüffer*, § 93 AktG Rn. 4g m.w.N.

532 Für die BJR *Lutter*, ZIP 2007, 841, 844.

533 Für die BJR *Lutter*, ZIP 2007, 841, 845.

534 Für das Aktienrecht AktG/*Hüffer*, § 93 AktG Rn. 4g m.w.N.

Mitgliederverwaltung und die Verwaltung des Verbandsvermögens.[535] Hierzu können und haben die Verbände Verwaltungen eingerichtet, die diese Aufgaben übernehmen.

b. Verbands-Compliance

Obgleich Compliance bislang vor allem als Problem von Unternehmen wahrgenommen wurde, besteht auch für Tarifverbände die Pflicht gesetzestreues Handeln seiner Akteure sicherzustellen (*Verbands-Compliance*).[536] Durch eine entsprechende Organisation haben Verbände sicherzustellen, dass ihre Angestellten und Mitglieder, aber auch ihre Untergliederungen,[537] gegen keine verbandsbezogenen Gesetze verstoßen.[538] Verhindert werden müssen allein Gesetzesverstöße aus der Verbandssphäre. Keinesfalls ist es an den Verbänden, die Einhaltung allgemeiner Gesetze durch ihre Mitglieder zu gewährleisten. Dogmatisch handelt es sich um eine sekundäre Begleitpflicht zur allgemeinen Normbefolgungspflicht der Verbände, die strukturelle Ähnlichkeit zu zivilrechtlichen Verkehrssicherungspflichten aufweist.[539]

aa. Compliance-Zuständigkeit

Verantwortlich für die Einrichtung geeigneter Compliance-Strukturen ist zunächst der Verband als Rechtsteilnehmer. Im Innenverhältnis ist es aufgrund der Legalitätspflicht an der Geschäftsführung, eine entsprechende Organisation aufzubauen.[540] Spalten Tarifverbände – wie etwa die Arbeitgeberverbände und der Großteil der Gewerkschaften, vgl. oben § 3 A. II und III, S. 85ff – die Geschäftsführung in Leitung und Geschäftsführung für laufende Geschäfte auf, wird so auch die Compliance-Organisationspflicht aufgespalten.[541] Der Geschäftsleitung

---

535 Krieger/Schneider/*Burgard*, Managerhaftung, § 6 Rn. 12ff; MüKoBGB/*Reuter*, § 32 BGB Rn. 14, 19

536 Zur Compliance in Arbeitgeber- und Wirtschaftsverbänden *Brouwer*, CCZ 2009 161; allgemein zur Verbandscompliance *Grambow*, Organe, Rn. 56ff sowie nun umfassend *Schmittlein*, Verbands-Compliance.

537 *Brouwer*, CCZ 2009 161, 165; *Schmittlein*, Verbands-Compliance, 109.

538 Umfassend zu den Compliance-Adressaten schon *Schmittlein*, Verbands-Compliance, 106ff.

539 *Rieble*, Ritsumeikan Law Review – International Edition Nr. 26 (2009), 191, 196f.; ausführlich *Schmittlein*, Verbands-Compliance, S. 23.

540 *Brouwer*, CCZ 2009, 161, 162; mit dogmatischer Begründung *Schmittlein*, Verbands-Compliance, S. 84ff m.w.N. in das Aktienrecht.

541 *Brouwer*, CCZ 2009, 161, 166f; kritisch zu dieser Aufgabenteilung *Schmittlein*, Verbands-Compliance, S. 88ff.

obliegt die grundsätzliche Ausrichtung der Organisation, während die Ausgestaltung der Geschäftsführung übertragen werden kann.

Daneben bleiben im Außenverhältnis auch die zumindest partiell personenidentischen Vorstände i.S.d. § 26 BGB nach § 130 Abs. 1 OWiG i.V.m. § 9 Abs. 1 OWiG zur Errichtung einer Compliance-Organisation verpflichtet.[542]

bb. Compliance-Schwerpunkte

Auf die Verbandsarbeit bezogen besteht für Arbeitgeberverbände die Gefahr von Gesetzesverstößen vor allem im Hinblick auf das Kartellrecht.[543] Die Arbeitgeberverbände bieten ihren Mitgliedern einen geeigneten Raum, unternehmerische Entscheidungen entsprechend abzustimmen. Sie laufen daher Gefahr, Teil einer kartellrechtlich relevanten Verbindung zu werden und haben entsprechende Kontrollmaßnahmen zu ergreifen. Was dies praktisch bedeutet, hat *Tobias Brouwer*[544] bereits ausgeführt: Entsprechende Hinweise und Schulungen über Zulässigkeitsgrenzen von Marktgesprächen, Marktinformationen und Verbandsempfehlungen sowie entsprechende Kontrolle. Arbeitgeberverbände dürfen weder den Raum für unzulässige Absprachen bieten, noch dürfen die von ihnen bereitgestellten Informationen über Preise, Märkte etc. die Marktaufteilung ermöglichen.

Vor allem haben sowohl Gewerkschaften als auch Arbeitgeberverbände bei ihrer Lobbyarbeit die durch das Korruptionsstrafrecht gezogenen Grenzen zu achten.[545] Zwar ist die Bestechung der Verbandsfunktionäre mangels Eingriffs in den durch das UWG geschützten Wettbewerb zumeist nicht unter den Tatbestand des § 299 StGB zu fassen,[546] doch besteht bei der berufsnotwendigen Zusammenarbeit mit staatlichen und privaten Stellen umgekehrt die Gefahr der Bestechung von Amtspersonen (§ 334 StGB) oder der Bestechung im Verkehr (§ 299 StGB).[547] Gerade weil die Grenzen sozialadäquater Kontaktpflege und strafbarer

542 *Brouwer*, CCZ 2009, 161, 167; *Schmittlein*, Verbands-Compliance, S. 89f.

543 *Brouwer*, CCZ 2009 161, 162f sowie nun *Schmittlein*, Verbands-Compliance, S. 132ff.

544 *Brouwer*, CCZ 2009 162f m.w.N.

545 *Brouwer*, CCZ 2009, 161, 163f.

546 *Rieble*, CCZ 2008, S. 121, 125: Ausnahmen ergeben sich, erbringen die Verbände wettbewerbsrelevante Dienstleistungen wie Unfallversicherungen.

547 Umfassend zu den Gefahren des Lobbyismus *Schmittlein*, Verbands-Compliance, S. 137ff.

Bestechung nicht immer leicht zu ziehen sind, sind handhabbare Vorgaben – angelehnt an die Vorgaben für die Bundesverwaltung[548] – zwingend geboten.[549]

Daneben haben sowohl Gewerkschaften als auch Arbeitgeberverbände die im Rahmen der Verbandsarbeit erlangten Mitgliederdaten und Betriebsgeheimnisse zu schützen.[550] Als Mitgliederverbände erheben sie regelmäßig eine Vielzahl sensibler personen- und unternehmensbezogener Daten, die dem Schutz des BDSG unterliegen. Durch Minimierung der zugriffsberechtigten Mitarbeiter, deren Schulung und technische Sicherungssysteme ist der Missbrauch sowie die Weitergabe an Dritte zu unterbinden.[551]

c. Rechnungslegung und Abschlussprüfung

Weiterhin muss ein Schwerpunkt der Geschäftsführertätigkeit auf der Einrichtung einer sachgemäßen Rechnungslegung liegen. Zwar unterfallen Tarifverbände als nichtwirtschaftliche Vereine allein der allgemeinen Pflicht zur Aufstellung einer Einnahmen-Ausgaben Rechnung (§ 27 Abs. 3 BGB i.V.m. §§ 666 3. Fall, 259 BGB). Dies jedoch kann Grundsätzen guter Koalitionsführung nicht genügen. Nicht ohne Grund ist der Rechnungslegung und Abschlussprüfung im DCGK unter Ziff. 7 ein ganzer Abschnitt gewidmet und auch das Institut der Wirtschaftsprüfer in Deutschland e. V. (IDW) empfiehlt Vereinen die Rechnungslegung nach Grundsätzen einer kaufmännischen Bilanzierung:[552] Nur eine aussagekräftige Rechnungslegung bietet zum einen den Grundstock für eine Selbstkontrolle, zum anderen aber die Basis einer angemessenen Kontrolle durch Dritte sowie die Informationsgrundlage für bestehende und potentielle Mitglieder.

aa. Interne Rechnungslegung

Der Rechnungslegung kommt bei den mit Gewinnerzielungsabsicht handelnden Unternehmen eine andere Dimension zu, als dies bei nichtwirtschaftlichen Vereinen der Fall ist. Auf der anderen Seite müssen zweifelsohne auch Tarifverbände mit dem ihnen anvertrauten Geld verantwortungsvoll umgehen. Auch sie sind

---

548 IV. Rundschreiben zum Verbot der Annahme von Belohnungen oder Geschenken in der Bundesverwaltung v. 8.11.2004, www.verwaltungsvorschriften-iminternet.de/bsvwvbund_08112004_DI32101701.htm.

549 Vorschlag von *Schmittlein*, Verbands-Compliance, S. 138, der solche Vorgaben aber als zu starr bezeichnet.

550 *Schmittlein*, Verbands-Compliance, S. 144.

551 *Schmittlein*, Verbands-Compliance, S. 144.

552 IDW RS HFA 14; MüHdbGesR V/*Enderlein*, § 41 Rn. 5.

nur Sachwalter der Interessen und Vermögenswerte der Mitglieder und ihnen gegenüber zum sachgemäßen Umgang verpflichtet. Die der Rechnungslegung ganz grundsätzlich zugeschriebenen Funktionen der Dokumentation, Zahlungsbemessung und Information sind zumindest teilweise auch bei Tarifverbänden zu erfüllen.[553] So ist die Dokumentation der Geschäftsvorfälle etwa für Gerichtsverfahren und auch die Information für mögliche Arbeitskampfunterstützung, Lohnforderung oder ganz generell für die Bewertung der Vorstandsarbeit auch bei Tarifverbänden von Interesse.[554] Einzig die Zahlungsbemessungsfunktion entfällt bei Tarifverbänden, da diese keine Überschüsse an ihre Mitglieder ausschütten.

Auf der anderen Seite ist zu bedenken: Eine aussagekräftige Rechnungslegung ist aufwendig, mit erheblicher Bürokratie und Kosten verbunden. Daher verbietet sich eine Pauschallösung, sämtliche Vereine einer einheitlichen Pflicht zur kaufmännischen Buchführung zu unterwerfen.[555] Fraglich ist nur, wie eine mögliche Abstufung sinnvoll anhand abstrakter Kriterien erfolgen kann.[556] Allgemein für Vereine haben *Michael Adams* und *Jens Maßmann* vorgeschlagen, die Kriterien des § 267 Abs. 1 HGB aufzugreifen und Vereine, welche zwei der in § 267 Abs. 1 HGB genannten Kriterien erfüllen, zur Erstellung eines Jahresabschlusses und Lageberichts sowie zur Abschlussprüfung zu verpflichten.[557] Noch weitergehend schlägt *Ulrich Segna,* in Anlehnung an die Größenklassen des österreichisches Vereinsgesetzes,[558] eine Pflicht zur Erstellung des erweiterten Jahresabschlusses (Anhang, Lageberichts) sowie zur Abschlussprüfung für große Vereine mit gewöhnlichen Einnahmen oder Ausgaben von mehr als zwei Millionen EUR vor (§ 22 Abs. 2 VereinsG: drei Millionen).

Praktisch dürften Tarifverbände sowohl die von *Ulrich Segna* genannte Einnahmen/Ausgabenschwelle von zwei Millionen EUR überschreiten und, in den Kategorien des § 267 HGB gedacht, zumindest der Größe nach als „mittelgroße Kapitalgesellschaft" anzusehen sein. Dies schon allein deshalb, da sowohl

---

553 Hommelhoff/Hopt/v. Werder/*Pellens/Strzyz,* Handbuch Corporate Governance S. 537.

554 Für allgemeine Vereine spricht *Segna* daher bereits davon, dass zumindest nicht länger das „ob", sondern allein das „wie" einer Rechnungslegung von Vereinen strittig seien, DStR 2006, 1568.

555 Für allgemeine Vereine schon *Adams/Maßmann,* ZRP 2002, 128, 129f; *Segna,* NZG 2002, 1048, 1054, *ders.* DStR 2006, 1568, 1571.

556 Auch mit weiteren Vorschlägen aus der Literatur *Segna,* DStR 2006, 1568, 1571.

557 *Adams/Maßmann,* ZRP 2002, 128, 129.

558 §§ 21, 22 VereinsG.

Arbeitgeberverbände als auch Gewerkschaften ausreichende finanzielle Rücklagen für Arbeitskämpfe bilden müssen, die auch die von § 267 HGB genannten Umsatz- und Bilanzschwellen schnell überschreiten. Auch wenn von den allermeisten Tarifverbänden keine belastbaren Zahlen öffentlich bekannt gemacht werden, liefert der von ver.di veröffentlichte Geschäftsbericht zumindest einen Anhaltspunkt für Umsatz und Gewinn bzw. Verlust eines großen Tarifverbandes: Ausweislich des Geschäftsberichts 2007–2011 wies der Haushalt für 2010 ein Gesamtbudget von 414.513.618 Euro auf.[559] Zumindest die Mitgliedsgewerkschaften des DGB, aber auch die allermeisten Arbeitgeberverbände, dürften daher sowohl nach Bilanzsumme (§ 267 Abs. 1 Nr. 1 HGB: 4.840.000 EUR) als auch Umsatzerlös (§ 267 Abs. 1 Nr. 2 HGB: 9.680.000 EUR), in den meisten Fällen aber auch aufgrund der Beschäftigung von fünfzig Mitarbeitern (§ 267 Abs. 1 Nr. 3 HGB) die Kriterien des § 267 Abs. 1 HGB erfüllen und somit zur Erstellung eines Jahresabschlusses nebst Lageberichts verpflichtet sein.

Haben die Tarifverbände - wie meist - Aufgaben in Tochtergesellschaften ausgegliedert, ist daneben zu überlegen, ob auch die Erstellung eines Konzernabschlusses geboten sein kann.[560] So empfiehlt etwa das IDW die analoge Anwendung der Konsolidierungsvorschriften des §§ 290 HGB.[561] In der Tat ist die Situation mit der der Kapitalgesellschaften vergleichbar: Wenn ein (Mutter-) Verein beherrschenden Einfluss auf eine ausgegliederte Gesellschaft hat (vor allem: Vermögensverwaltungs-GmbH), ist eine klassische Konzernstruktur (§ 18 Abs. 1 AktG) gegeben. Insofern wäre es unbillig, Ausgaben der einen Gesellschaft als Einnahmen der anderen Gesellschaft zu akzeptieren. Geboten ist also eine Konsolidierung, mithin die Aufstellung eines Konzernabschlusses.

bb. Abschlussprüfung

Wie im Schrifttum bereits für das allgemeine Vereinsrecht gefordert, sollten auch Tarifverbände die nach dem oben Gesagten von der Verbandsführung aufzustellenden Jahresabschlüsse einer Prüfung durch externe Wirtschaftsprüfer unterziehen (zur Publizität noch unten § 3 B. III. 2. c, S. 114).[562] Gerade da in den Kontrollorganen (hierzu unten § 4 C, S. 147) der Verbände nicht immer mit der Rechnungslegung vertraute ehrenamtliche Mitglieder vertreten sind, ist eine

559 Geschäftsbericht ver.di 2007 - 2011, S. 269.

560 Zur Konzernrechnungslegung von als Vereinen organisierten Nonprofit-Organisationen *Koss/Meyer/Zöbeli*, IRZ 2013, 103.

561 IDW RS HFA 14.

562 Für das Vereinsrecht *Adams/Maßmann*, ZRP 2002, 128, 129; *Segna*, DStR 2006, 1568, 1571.

weitere Prüfung durch spezialisierte Wirtschaftsprüfer von großer Bedeutung. Auch das Kontrollorgan wird sich bei seiner Beurteilung der Verbandsführung auf den Bericht des Wirtschaftsprüfers stützen können.[563] Insofern kann es auch nicht genügen, die Abschlussprüfung allein einem internen, durch ehrenamtliche Mitglieder besetzten Gremium zu überlassen, da allein die professionelle Prüfung eines unabhängigen Wirtschaftsprüfers eine sachgemäße und kritische Prüfung gewährleistet.

cc. Satzungsrechliche Umsetzung

In der Praxis wird eine an den kaufmännischen Buchführungsregelungen orientierte Rechnungslegung bereits von einem Teil der Tarifverbände praktiziert. So erstellt etwa die IG BCE – ohne dass eine entsprechende Regelung in der Satzung enthalten ist – sowohl für die Gewerkschaft selbst als auch für die Tochtergesellschaften einen Jahresabschluss, der durch eine Wirtschaftsprüfungsgesellschaft testiert wird.[564] Unklar bleibt, ob es sich insofern um eine konsolidierte Fassung handelt und ob dieses Vorgehen der IG BCE auch bei anderen Gewerkschaften und Arbeitgeberverbänden angewandt wird.

3. *Rechte und Pflichten in Tarifangelegenheiten*

a. Einbindung in die Tarifarbeit

Wie bereits oben (§ 2 B. II. 3. a, S. 66) angedeutet, kommt der Verbandsführung bei Tarifverhandlungen große Bedeutung zu. Auch wenn die betroffenen Mitglieder bestmöglich in die Willensbildung einbezogen werden müssen, bleibt der Vorstand als Vertreter des Verbandes letztlich zentraler Akteur der Tarifverhandlungen. Er kündigt als vertretungsberechtigtes Organ bestehende Tarifverträge und stellt – unter Einbeziehung der Tarifkommission – neue Tarif- und Arbeitskampfforderungen auf.[565] In der Verhandlungsphase sind die hauptamtlichen Funktionäre als Mitglieder der Tarif- und Verhandlungskommission ebenfalls grundsätzlich in die Tarifverhandlungen eingebunden, so sie sich nicht von weisungsabhängigen Bezirksleitern vertreten lassen. Schließlich unterzeichnet grundsätzlich der Vorstand als vertretungsberechtigtes Organ

563 Für Aktiengesellschaften Hommelhoff/Hopt/v. Werder/*Mattheus*, Handbuch Corporate Governance , S. 563, 569.

564 Bericht der Vorsitzenden des Finanzausschusses *Rama*, Tagesprotokoll vom 14.10.2013 des 5. Ordentlichen Gewerkschaftskongresses der IG BCE, S. 40.

565 Zum Fallenlassen von einmal erhobenen Streikforderungen *Rieble*, BB 2014, 949.

die ausverhandelten Tarifverträge.[566] Er kann diese Abschlussbefugnis jedoch – abhängig vom Zuschnitt des Tarifgebietes – auf andere Funktionäre auf Bundes- und Bezirksebene delegieren (vgl. etwa Tarifrichtlinien ver.di).[567]

b. Abschlusspflicht für Tarifverträge?

Den Verband, und damit dessen organschaftliche Vertreter, trifft bei alledem nach allgemeiner Ansicht keine Pflicht, einen Tarifvertrag abzuschließen.[568] Weder aus Art. 9 Abs. 3 GG oder dem § 2 TVG noch aus den Satzungen oder dem zwischen Verband und Mitglied bestehenden mitgliedschaftlichen Schuldverhältnis lässt sich eine solche Pflicht begründen. Gegen eine verfassungsrechtliche oder gesetzliche Pflicht sprechen neben dem Wortlaut vor allem systematische Überlegungen: Der Gesetzgeber bleibt neben den Tarifverbänden zur Regelung der Arbeits- und Wirtschaftsbedingungen befugt, so dass es sich nur um ein Recht und keine Pflicht der Verbände handeln kann.[569] Auch die Satzungen enthalten keine solche Pflicht, sondern beschreiben den Verbandszweck lediglich allgemein damit, die Arbeits- und Wirtschaftsbedingungen ihrer Mitglieder durch den Abschluss von Tarifverträgen zu verbessern.[570] Eine konkrete Pflicht zum Vertragsabschluss lässt sich hieraus nicht entnehmen.[571] Ebenso wenig lässt sich eine solche Pflicht aus dem schuldrechtlichen Mitgliedschaftsverhältnis herleiten.[572] Der Verband schuldet dem Mitglied allein die tarifpolitische Vertretung, nicht aber den Abschluss konkreter Verträge.

c. Sorgfaltspflichten bei Abschluss von Tarifverträgen

Entscheidet sich der Vorstand aber zum Abschluss eines Tarifvertrages, treffen ihn gegenüber seinen Mitgliedern allgemeine Sorgfaltspflichten i.S.d. § 241 Abs. 2 BGB.

---

566 *Rieble*, RdA 2004, 78, 81.

567 Ziff. 2.5 Tarifrichtlinien ver.di.

568 *Baumann*, RdA 1994, 272; *Gamillscheg*, Kollektives Arbeitsrecht I, S. 459; umfassend *Todenhöfer*, Haftung, S. 36, 55 m.w.N.

569 *Friese*, Kollektive Koalitionsfreiheit, S. 430ff; *Todenhöfer*, Haftung, S. 37.

570 Vgl. nur § 2 Satzung IGM.

571 Ausführlich hierzu bereits *Todenhöfer*, Haftung, S. 55ff.

572 *Löwisch/Rieble*, § 1 Rn. 1545; *Todenhöfer*, Haftung S. 73.; *Schmittlein*, Verbands-Compliance, S. 147.

aa. Pflicht zur Berücksichtigung von Mitgliederinteressen

Zunächst muss die Frage aufgeworfen werden, inwieweit die Vorstände die Interessen der Mitglieder beim Abschluss von Tarifverträgen zu beachten haben. Fest steht: Sie handeln als Sachwalter allein im Interesse der Mitglieder.[573] Gleichwohl bedeutet dies nicht, dass die Vorstände zur Wahrung bestimmter einzelner Interessen verpflichtet sind. Eine solche Verpflichtung auf Partikularinteressen scheidet schon deshalb aus, da die Mitgliederinteressen regelmäßig heterogen und dem Vorstand nicht bekannt sind (Mehr Urlaub, Gehalt, Arbeitsplatzgarantien oder Flexibilität?).[574] Der Vorstand ist bei Abschluss der Verträge daher allein dazu verpflichtet, die Willensbildungsmechanismen sowie den Minderheitenschutz innerhalb des Verbandes zu achten. Dem Einzelnen muss die Beteiligung im Verfahren offen stehen – einen Anspruch auf ein bestimmtes Ergebnis aber hat er nicht.[575]

bb. Pflicht zum Abschluss wirksamer Tarifverträge

Schließt der Vorstand einen Tarifvertrag ab, trifft ihn hierbei eine umfassende Sorgfaltspflicht i.S.d. § 241 Abs. 2 BGB.[576] Die Mitglieder müssen sich auf die Wirksamkeit der Verträge verlassen können, sind sie doch unmittelbar an diese gebunden und verpflichtet, nach den Vorgaben der Tarifnormen zu handeln. Der Abschluss eines unwirksamen Tarifvertrages kann – abhängig von den Umständen des Einzelfalls – eine Sorgfaltspflichtverletzung des Vorstandes darstellen.[577] Die Unwirksamkeit kann sich dabei aus einem Verstoß gegen zwingendes Recht ergeben:

Nach dem oben Gesagten ist die Verbandsführung zur Einhaltung der Gesetze verpflichtet (Legitimitätspflicht, § 3 B. I. 1. b, S. 92). Schließt sie einen Tarifvertrag unter Missachtung geltender Gesetze und ist der Tarifvertrag deshalb unwirksam, verstößt die Verbandsführung grundsätzlich gegen die ihr obliegenden Sorgfaltspflichten. Die *Collective Judgement Rule* kommt bei Rechtsfragen nicht zu Anwendung. Ausnahmen bestehen jedoch, ist die Rechtsverletzung nicht erkennbar oder ist die Verbandsführung mit einer unsicheren Rechtslage konfrontiert.[578] Entsprechend dem oben Gesagten trifft die Verbandsführung die

573 *Löwisch/Rieble*, § 1 TVG Rn. 1542.

574 *Löwisch/Rieble*, § 1 TVG Rn. 1542.

575 *Löwisch/Rieble*, § 1 TVG Rn. 1542.

576 *Todenhöfer*, Haftung, S. 61ff; *Schmittlein*, Verbands-Compliance, S. 150ff.

577 *Todenhöfer*, Haftung, S. 61ff; *Schmittlein*, Verbands-Compliance, S. 150ff; kritisch *Löwisch/Rieble*, § 1 TVG Rn. 1543, 1445.

578 *Todenhöfer*, Haftung, S. 97ff; *Schmittlein*, Verbands-Compliance, S. 151f.

Pflicht, in einer unklaren Rechtslage internen oder externen Rechtsrat einzuholen und sich so eine ausreichende Entscheidungsbasis zu verschaffen. Hat sie unabhängigen Rechtsrat eingeholt und sind verschiedene rechtliche Auslegungen denkbar, kann sie sich für die für den Verband vorteilhafte entscheiden. Lässt sich etwa die Tariffähigkeit und –zuständigkeit der gegnerischen Gewerkschaft auch durch Rechtsexperten nicht abschließend beurteilen, handelt es sich um eine Ermessenentscheidung der Geschäftsführungen, einen Tarifvertrag mit dieser Gewerkschaft zu wagen. Selbiges gilt, bestehen Unklarheiten über die eigene Zuständigkeit des Tarifverbandes oder beabsichtigte Tarifvertragsregelungen (etwa: Altersregelungen). Auch hier muss interner oder externer Rechtsrat eingeholt werden.

Bestehen Zweifel an der Wirksamkeit des Tarifvertrages, hat die Verbandsführung die Mitglieder hierüber zu informieren.[579] Allerdings vermag die Information der Mitglieder an dem Sorgfaltspflichtenmaßstab der Verbandsführung nichts zu ändern: Bestehen Wirksamkeitszweifel bereits bei Abschluss des Tarifvertrages, hat die Geschäftsführung die notwendigen Rechtsauskünfte einzuholen. Kommen die eingeholten Rechtsgutachten zum Ergebnis, der Tarifvertrag sei unwirksam, muss die Verbandsführung vom Abschluss Abstand nehmen. Sind mehrere Auslegungsmöglichkeiten vertretbar, ist die Führung nur verpflichtet eine vertretbare Entscheidung zu treffen. In beiden Fällen ändert die Information der Mitglieder nichts am Pflichtenmaßstab, das Risiko der Unwirksamkeit darf nicht auf die Mitglieder übertragen werden. Die Pflicht zur Information besteht also neben der Legalitätspflicht und bezieht sich insbesondere auf erst nach Vertragsschluss entstandene Wirksamkeitszweifel.[580]

II. Zusammensetzung und Vergütung der Verbandsführung

Auch hinsichtlich der Zusammensetzung des Vorstandes lässt sich auf die Erkenntnisse der Corporate Governance aufbauen.

1. Mehrköpfige Geschäftsführung

So sollte die Geschäftsführung – und besteht in der Praxis – aus deutlich mehr als zwei Personen bestehen, wie dies für Kapitalgesellschaften auch von der

579 *Löwisch/Rieble*, § 1 TVG Rn. 1545; *Todenhöfer*, Haftung, S. 83 ff; *Schmittlein*, Verbands-Compliance, S. 152.
580 *Schmittlein*, Verbands-Compliance, S. 152.

Kodex-Kommission in Nr. 4.2.1 DCGK empfohlen wird.[581] Durch die Geschäftsführung mit mehreren Personen kann bereits innerhalb des Vorstandes ein Vier-Augenprinzip sichergestellt werden, dass auch vom DCGK als Best Practice gefordert wird.[582]

2. Repräsentativität

a. Repräsentation als Minderheitenschutz

Daneben sind Tarifverbände mit ihren regionalen und/oder fachlichen Untergliederungen – anders als Unternehmen – nicht zuletzt aus Gründen des Minderheitenschutzes zu einer repräsentativen Zusammensetzung des Vorstandes verpflichtet (oben § 2 B. IV, S. 77). Anders als bei der Delegiertenversammlung, die ein möglichst genaues Spiegelbild der Mitglieder wiedergeben muss, ist bei der Zusammensetzung des Vorstandes aber nur allgemein auf die Mitgliederstruktur einzugehen. So ist darauf zu achten, sowohl Vertreter der jeweiligen Branchen als auch der Regionen in den Vorstand aufzunehmen. Sowohl auf Arbeitgeber- als auch auf Gewerkschaftsseite ist es außerdem wichtig, nicht lediglich große Mitgliedsunternehmen bzw. deren Beschäftigte, sondern ebenso kleinere und mittlere Unternehmen bzw. deren Beschäftigte angemessen zu integrieren. Denn nicht nur Region oder Branche, sondern auch die Größe des Unternehmens ist für den Blickwinkel der jeweiligen Mitglieder entscheidend. Kleine und Mittelständige Unternehmen werden schon aufgrund oftmals fehlender Betriebsräte andere Schwerpunkte in der Tarifsetzung suchen, als große Unternehmen mit starken Betriebsräten. Schließlich sind auf Gewerkschaftsseite auch die verschiedenen Berufs- und Gehaltsgruppen angemessen zu berücksichtigen, um verschiedenste Erwartungshaltungen auch an die Verbandspitze zu transportieren. Nicht grundsätzlich abzulehnen ist die Beteiligung von Verbandsangestellten im erweiterten Vorstand. Auch wenn diese den Weisungen der Geschäftsführung unterworfenen Mitarbeiter nicht gemeinsam mit der Geschäftsführung in der Mehrheit sein dürfen (hierzu noch unten § 4 C. II. 3, S. 159), sind ihre Kenntnisse über die internen Vorgänge und ihre Verbindung „zur Basis“ von großem Wert für die Führungskontrolle.[583]

---

581 *„Der Vorstand soll aus mehreren Personen bestehen und einen Vorsitzenden oder Sprecher haben“.*

582 *Ringleb*/Kremer/Lutter/v. Werder, DCGK, Rn. 646.

583 *Witjes*, Führungsgruppen, S. 269f. weist für Gewerkschaften darauf hin, dass etwa die Bezirksleiter der IG Metall am ehesten zur kritischen Überwachung bereit und in der Lage waren.

b. Satzungsrechtliche Umsetzung

In den Satzungen der Gewerkschaften wird eine repräsentative Zusammensetzung zumeist dadurch gewährleistet, dass den Bezirken[584] und/oder Fachbereichen[585] Vorschlagsrechte eingeräumt werden, dem die Gewerkschaftstage regelmäßig nachkommen. Auch wenn eine derartige Akklamation dem Gedanken einer Elitenkonkurrenz zuwider zu laufen scheint, ist auf diese Weise eine angemessene Repräsentation der verschiedenen innergewerkschaftlichen Interessengruppen gewährleistet. Eine Auswahl der Besten muss daher bereits innerhalb der Bezirke und Fachgruppen ansetzen. Daher sind derartige Satzungsregelungen nicht zu beanstanden, sondern im Gegenteil wünschenswert.

Arbeitgeberverbände, die ihren Vorstand nicht föderalistisch durch Wahl in den jeweiligen Regionen bestimmen („Föderalistisches Modell") sondern zentral durch die Landesdelegiertenversammlung wählen, sehen in ihren Satzungen oftmals Regelungen vor, wonach „*die Mitgliederstruktur angemessen berücksichtigt werden*" soll[586] oder zumindest die Fachbereiche vertreten sein müssen (etwa AGB Bau Saar).[587]

3. *„Diversity" und Frauenquoten*

Schließlich muss sich Collective Governance auch der aus der Corporate Governance bekannten Debatte um eine allgemeine „Diversity" in den Verbandsorganen sowie einer „Frauenquote" im Besonderen stellen.[588] So enthält etwa Nr. 5.1.2 DCGK die Empfehlung:

> „Bei der Zusammensetzung des Vorstands soll der Aufsichtsrat auch auf Vielfalt (Diversity) achten und dabei insbesondere eine angemessene Berücksichtigung von Frauen anstreben."[589]

---

584 § 18 Ziff. 1 Abs. 3 Satzung IG Metall.

585 § 42 Ziff. 4, 5 Satzung ver.di.

586 So beispielsweise § 11 Ziff. 1 S. 2 Satzung AGV Chemie Nord.

587 § 11 Abs. 1 Satzung AGV Saar.

588 Hierzu etwa *Hopt*, FS Hoffmann-Becking, S. 563, 577f.; zum Ganzen auch Ringleb/*Kremer*/Lutter/v. Werder, DCGK, Rn. 889ff; konkret zu Frauenförderung und Frauenquote *von der Ehe*, Frauenquoten in Gewerkschaften, sowie bereits zuvor *Lessner-Sturm*, Gewerkschaften als Arbeitgeber, S. 192ff.

589 Noch konkreter ist in Tz. 5.4.1 Abs. 2 DCGK die Aufforderung normiert: „*Der Aufsichtsrat soll für seine Zusammensetzung konkrete Ziele benennen, die unter Beachtung der unternehmensspezifischen Situation die internationale Tätigkeit des Unternehmens, potentielle Interessenkonflikte, die Anzahl der unabhängigen Aufsichtsratsmitglieder im Sinn von Nummer 5.4.2, eine festzulegende Altersgrenze für*

a. „Diversity“

Ist im Gesellschaftsrecht noch umstritten, ob der Begriff der „Diversity“ vor allem auf eine Vielfalt der Meinungen und Erfahrungen ausgerichtet ist oder doch eher in seinem ursprünglichen angloamerikanischen Verständnis der Minderheitenförderung zur Stärkung der Repräsentativität verstanden werden muss,[590] fehlt diesem Auslegungsstreit bei Tarifverbänden die Relevanz. Nach dem oben Gesagten sind Tarifverbände ohnehin gehalten, auf eine repräsentative Zusammensetzung des Vorstandes zu achten. Eine vomDCGK geforderte „Diversity“ geht darin auf und muss nicht gesondert betont werden.

b. „Frauenquote“

Grundsätzlich kritisch hingegen sind Bestrebungen zu sehen, das gesellschaftspolitisch wünschenswerte Anliegen der Frauenförderung mit dem Streben nach guter Unternehmens- oder Koalitionsführung zu verknüpfen.[591] In der Diskussion bleibt oftmals unklar, ob eine Frauenförderung durch Einführung einer Quote im Interesse der Karrierechancen der angestellten Frauen (rechtlich abgesichert durch § 5 AGG),[592] im Interesse des Unternehmens bzw. der Mitglieder oder aus Gründen der Repräsentativität erforderlich sei.[593] Ein Gleichklang dieser Interessen wird nicht immer gegeben sein, sollte es an gleich qualifizierten und zur Übernahme der Posten bereiten Frauen mangeln.

Aus Gründen der Repräsentativität können eine Frauenförderung sowie Frauenquoten nur bei Gewerkschaften eingefordert werden – haben Arbeitgeberverbände doch – von Einzelkaufleuten abgesehen – weder weibliche noch männliche, sondern schlicht Unternehmen zum Mitglied. Hier aber gebietet der Grundsatz der Repräsentativität etwa eine Stärkung kleinerer Unternehmen oder von Unternehmen strukturschwächeren Regionen, keinesfalls aber die bessere Repräsentation von Frauen. Bei Gewerkschaften hingegen ist darauf zu achten, durch feste Quoten nicht die Repräsentation anderer Gruppen

Aufsichtsratsmitglieder und Vielfalt (Diversity) berücksichtigen. Diese konkreten Ziele sollen insbesondere eine angemessene Beteiligung von Frauen vorsehen“.

590 Ringleb/*Kremer*/Lutter/v. Werder, DCGK, Rn. 997ff.; kritisch *Sünner*, CCZ 2009, 185; umfassend auch *Huttner*, Auslegung des DCGK, S. 95ff.

591 Äußerst kritisch zu Frauenquoten im Gesellschaftsrecht *Habersack*, Gutachten E zum 69. Deutschen Juristentag, S. 33ff.

592 Hierzu bereits ausführlich *von der Ehe*, Frauenquoten, S. 51ff sowie *Lessner-Sturm*, Gewerkschaften als Arbeitgeber, S. 194ff.

593 *Von der Ehe*, Frauenquoten, S. 52 m.w.N.

zu beeinträchtigen. Im Sinne guter Koalitionsführung sind daher allein flexible Quoten, welche am Verhältnis der weiblichen Mitglieder im Verband anknüpfen.

Im Übrigen wird man hinsichtlich des Anliegens der allgemeinen Frauenförderung zwischen Gewerkschaften und Arbeitgeberverbänden differenzieren müssen. Im Konfliktfall muss für Arbeitgeberverbände gelten: Vorrang haben die wirtschaftlichen Interessen der Mitglieder, um derentwillen der Tarifverband besteht und um deren Willen der Verband den besonderen Schutz des Art. 9 Abs. 3 GG genießt. Eine Stärkung der Karrierechancen verbandsangestellter Frauen zu Lasten der Qualität der Verbandsarbeit scheidet damit aus. Anders hingegen ist die Situation bei Gewerkschaften zu beurteilen. Im Unterschied zu den in diesem Punkt gesellschaftspolitisch neutralen Arbeitgeberverbänden haben es sich die Gewerkschaften explizit auf die Fahne geschrieben, Geschlechtergerechtigkeit in der Gesellschaft zu stärken.[594] Hieran muss sich auch ihre eigene Verbandsverfassung messen lassen. So sind Quoten und andere Förderinstrumente auf Seiten der Gewerkschaften durchaus im Sinne einer guten Koalitionsführung, ist eine Förderung der Frauen im Konfliktfall auch zu Lasten des Verbands doch von den Interessen der Mitglieder gedeckt und somit das Primat des Mitgliederwillens gewahrt.

Die Mindestberücksichtigung von weiblichen Mitgliedern in der Verbandsspitze („Frauenquote“) ist bereits Gegenstand etlicher Satzungen (ver.di, IG Metall, EGV sowie IG Bau).[595] Diese sind unter Governance-Gesichtspunkten solange wünschenswert und nicht zu beanstanden, als dass sie auf eine verbesserte Repräsentanz gerichtet sind. So sind die relativ gehaltenen unverbindlichen („soll“[596]: IG Bau) ebenso wie die verbindlich gehaltenen („muss“[597]: ver.di, IG

---

594 Etwa § 5 Ziff. 2 Satzung ver.di oder explizit der Aufruf des DGB: „Frauenquote: Die Zeit für Appelle ist vorbei“ vom 1.2.2011, http://www.dgb.de/themen/++co++5b115448-2e0f-11e0-783d-00188b4dc422.

595 Zu praktischer Bedeutung und insbesondere der rechtlichen Zulässigkeit bereits *von der Ehe*, Frauenquoten in Gewerkschaften.

596 § 18 Ziff. 9 Satzung IG Bau: *„Bei Wahlen sollen Frauen mindestens entsprechend ihrem Anteil in der Mitgliedschaft berücksichtigt werden“.*

597 § 20 Ziff. 3 Satzung ver.di: *„Frauen müssen in allen Organen, Beschlussgremien und bei Delegiertenwahlen mindestens entsprechend ihrem Anteil an der jeweils repräsentierten Mitgliedschaft vertreten sein“*; § 13 Satzung IG Metall: *„In den Organen und Gremien der IG Metall müssen Frauen grundsätzlich mindestens entsprechend ihrem Anteil an der Mitgliedschaft vertreten sein. Das Verfahren wird in einer Richtlinie geregelt“*; § 13 Ziff. 1 c) Satzung EGV: *„Frauen müssen in den gewerkschaftlichen Organen und Gremien mindestens entsprechend ihrem Anteil an der Mitgliedschaft im Bereich des jeweiligen Organs oder Gremiums vertreten sein“.*

Metall, EVG) Quotenregelungen nach dem soeben Gesagten wünschenswert und Ausdruck von Collective Governance. Unzulässig hingegen wäre die Vorgabe fester Quoten („30 % des Hauptvorstandes"), die aber – soweit ersichtlich – richtigerweise von keiner Gewerkschaft gefordert wird.

4. *Vorstandsleitung, Geschäftsordnung*

a. Leitung durch Vorsitzenden oder Sprecher

Um in mehrköpfigen Gremien geordnet zusammenzuwirken, ist entweder durch das Wahlorgan („Vorsitzender") oder durch den Vorstand selbst („Sprecher") eine Person zu bestimmen, welche die Arbeit des Gremiums koordiniert und leitet, vgl. Tz. 4.2.1 DCGK.[598] Beide Varianten sind gleichermaßen geeignet, die Qualität der Vorstandsarbeit zu steigern, keines ist daher vorzugswürdig. Ohnehin hängt die Bedeutung des Vorsitzenden bzw. Sprechers vor allem von der jeweiligen Führungsperson und weniger von der Art der Wahl ab.[599] Dominante Führungspersönlichkeiten werden einen erhöhten Einfluss auf die Arbeit des Organs haben, unabhängig davon ob sie Vorsitzender oder Sprecher des Organs sind.

Während in den Gewerkschaftssatzungen der Vorsitzenden-Lösung der Vorzug gegeben wird,[600] sehen die Satzungen der Arbeitgeberverbände teilweise ebenfalls die Wahl eines Vorsitzenden durch die Mitgliederversammlung, teilweise aber auch die Wahl durch das Gremium selbst vor, wobei aber die Wahl durch die Mitgliederversammlung bestätigt werden muss.[601] Begründet liegt dies nicht zuletzt in den grundlegenden Modi der Vorstandswahlen: Während die Wahl des Vorstandes auf Gewerkschaftsseite und bei einigen der Arbeitgeberverbände der Mitgliederversammlung obliegt („Integrationsmodell"), setzt sich der Vorstand vieler Arbeitgeberverbände aus den in den regionalen oder fachlichen Untergliederungen gewählten Präsidenten zusammen (*„föderalistisches Modell*, vgl. bereits oben § 2 B. I. 3. b. bb, S. 59). Hier ist nur das Gremium selbst in der Lage, einen Sprecher zu wählen.

---

598 Zum DCGK nur *Ringleb*/Kremer/Lutter/v. Werder, DCGK, Rn. 653ff.

599 Zu Aktiengesellschaften Ringleb/Kremer/Lutter/v. Werder/*Ringleb*, DCGK, Rn. 661.

600 § 42 Ziff. 5 Satzung ver.di; § 18 Satzung IG Metall.

601 § 9 Ziff. 4 Satzung VBM.

b. Geschäftsordnung, Geschäftsverteilungsplan

Ebenso bedarf es einer satzungsmäßig anzuordnenden Geschäftsordnung, welche die Zusammenarbeit sowie die Kompetenzen der einzelnen Funktionäre näher beschreibt, vgl. auch Nr. 4.2.1. S. 2 DCGK:

> „Eine Geschäftsordnung soll die Arbeit des Vorstands, insbesondere die Ressortzuständigkeit einzelner Vorstandsmitglieder, die dem Gesamtvorstand vorbehaltenen Angelegenheiten sowie die erforderliche Beschlussmehrheit bei Vorstandsbeschlüssen (Einstimmigkeit oder Mehrheitsbeschluss) regeln.“

Eine solche Geschäftsordnung trägt dazu bei, die Aufgaben und Kompetenzen der einzelnen Funktionäre voneinander abzugrenzen und sorgt für eine verbesserte Zurechenbarkeit des Handelns.[602] Darüber hinaus sind sonstige Fragen, wie der Modus der Abstimmung (Einstimmigkeit, Mehrheitsbeschluss) aber etwa auch ein Katalog zustimmungspflichtiger Geschäfte in die Geschäftsordnung aufzunehmen (zu letzteren noch unten § 4 C. III. 1. a, S. 164)

In der Praxis ist diese Governance-Empfehlung nur teilweise umgesetzt. Einige Satzungen der Gewerkschaften verpflichten zumindest den geschäftsführenden Vorstand zur Schaffung einer Geschäftsordnung.[603] Auf Arbeitgeberseite sehen etwa die Satzungen der IGZ[604] und des Handelsverbands Bayern Geschäftsordnungen vor.[605] Bei den meisten Verbandssatzungen jedoch fehlt eine solche Regelung, was nicht ausschließt, dass gleichwohl eine solche besteht.

III. Arbeitsweisen

Collective Governance kann nur gelingen, wenn sämtliche Akteure auf eine gute Verbandsverfassung hinwirken. Dabei sind bestimmte Verhaltensregelungen in der gebotenen Kürze anzusprechen.

1. Vertrauensvolle Zusammenarbeit

Hervorzuheben ist vor allem die Pflicht der Funktionäre zur vertrauensvollen Zusammenarbeit.

---

602 Hierzu auch Münch Hdb GesR V./*Waldner*, § 28 Rn. 9.

603 IG BCE § 19 Ziff. 7 lit. f sowie § 21 Ziff. 7 EVG: Geschäftsordnung für den geschäftsführenden Hauptvorstand.

604 § 8 Nr. 4 Satzung IGZ.

605 § 32 Nr. 2 Satzung Handelsverband Bayern.

aa. Generelles Governance Prinzip

Insofern handelt es sich um ein allgemeines Governance-Prinzip, den Tz. 3.1 des DCGK wie folgt zum Ausdruck bringt: „Vorstand und Aufsichtsrat arbeiten zum Wohle des Unternehmens eng zusammen.“ Doch nicht nur „Vorstand“ und „Aufsichtsrat“ der Verbände, sondern alle Funktionäre sind aufgerufen, zum Wohle des Verbandes eng miteinander zu arbeiten. Zu betonen ist dies insbesondere vor dem Hintergrund der noch zu erläuternden Führungskontrolle (§ 4, S.137ff): So wichtig und notwendig die Stärkung der internen Governance-Mechanismen in Form eines Kontrollorgans ist, so richtig bleibt auch der vertrauensvolle Umgang mit einander.

bb. Insbesondere: Informationsfluss

Konkret wird dies bei der Weitergabe von Informationen. So ist der Vorstand bereits nach § 27 Abs. 3 i.V.m. § 666 BGB gegenüber der Mitgliederversammlung auskunfts- und rechenschaftspflichtig.[606] Schafft der Verband einen Aufsichtsrat, gilt diese Verpflichtung gleichfalls analog gegenüber diesem Gremium.[607] Der Sachverhalt ist insofern vergleichbar: Die Informationen sollen das Aufsichtsgremium in die Lage versetzen, seine Personal-, Überwachungs,- und Mitleitungskompetenzen sachgerecht auszuüben.[608] Delegiert die Mitgliederversammlung diese Kompetenzen, muss das von ihr beliehene Gremium mit ausreichenden Informationen versorgt werden.

Anhaltspunkte, welche Informationen der Vorstand den Kontrollgremien bereit stellen muss, sind § 90 AktG zu entnehmen. Auch wenn dessen detaillierte Vorgaben nicht ohne Weiteres auf Vereine übertragen werden können, sind zumindest dessen Grundwertungen einer regelmäßigen und anlassbezogenen Informationspflicht als Grundlagen einer guten Zusammenarbeit auch für Tarifverbände fruchtbar zu machen.[609]

606 Hierzu MüKoBGB/*Reuter*, § 27 BGB Rn. 39f.

607 *Burgard*, FS Walz, 71, 78f.

608 Zum AG Hommelhoff/Hopt/v. Werder/*Seibt*, Handbuch Corporate Governance, S. 396f.

609 Für eine analoge Anwendung auf Stiftungen *Küntzel*, DB 2004, 2303, 2307, offen gelassen bei *Burgard*, FS Walz, 71, 79.

2. *Transparenz*

Das Handeln des Vorstandes – aber auch das der übrigen Verbandsfunktionäre – ist transparent zu halten. Transparenz im rechtlichen Sinn bedeutet dabei nichts anderes als die *„Durchschaubarkeit von Entscheidungsabläufen" herzustellen.*[610]

a. Sinn und Zweck

Die Funktionäre handeln im Auftrag und Interesse der Mitglieder und sind ihnen zur Rechenschaft verpflichtet, § 27 Abs. 3 i.V.m. § 666 BGB. Weitergehend hat die Governance-Forschung den hohen Stellenwert der Transparenz herausgearbeitet,[611] bildet sie doch das Fundament grundlegender Governancemechanismen.[612] So ist erst durch die vollständige, verständliche, rechtzeitige und wahre Offenlegung der Informationen[613] eine Verhaltenssteuerung von Agenten möglich.[614] Dabei erfolgt eine Verhaltenssteuerung zunächst über die Selbststeuerungsfunktion transparenten Verhaltens. Denn Funktionäre, die Informationen bereitstellen müssen, müssen zuvor selbst sämtliche relevanten Informationen zusammenstellen. Bereits dadurch können Schwachstellen der Verbandsführung erkannt und Fehlentwicklungen abgestellt werden. Ferner ermöglicht erst die Bereitstellung der relevanten Informationen eine externe Kontrolle – sei es durch *voice* oder *exit*, durch das einzelne Mitglied, die Mitglieder- bzw. Delegiertenversammlung oder ein Kontrollorgan.

Im Interesse der Stakeholder gelten daher für Unternehmen die umfassenden Register- und Publizitätspflichten des HGB. Sie zwingen die Unternehmen dazu, sowohl Basisinformationen wie Satzung, Gesellschafterliste und Namen der Organmitglieder als auch wirtschaftliche Informationen (Jahresabschluss, Lagebericht, Anhang) im Interesse der Geschäftspartner offen zu legen.

Auch in der Vereinspraxis wurde der transparenten Verbandsführung in letzter Zeit verstärkte Aufmerksamkeit zu teil. Insbesondere durch die „Initiative Transparente Zivilgesellschaft" von Transparency International sind auch Vereine aufgerufen, zumindest grundlegende Informationen gegenüber der Öffentlichkeit und den eigenen Mitgliedern auf ihrer Internetpräsenz offen zu legen.[615]

---

610 *Merkt*, Unternehmenspublizität, S. 11, auch zur Abgrenzung der verwandten Begriffe Transparenz, Publizität und Information.

611 Vgl. nur Ziff. 6 DCGK; Ziff. V der OECD-Grundsätze der Corporate Governance.

612 Fundiert *Merkt*, Unternehmenspublizität, S. 332ff.

613 Zu diesen Informationsprinzipen vgl. den Überblick bei *Henn*, Informationen, S. 237ff.

614 Hierzu sowie zum Folgenden *Henn*, Informationen, S. 232ff m.w.N.

615 www.transparency.de/Zivilgesellschaft.1427.0.html.

Diesem Trend folgend, haben die beiden großen kirchlichen Vereine Caritas und Diakonie 2010 die „Transparenzstandards für Caritas und Diakonie" herausgegeben.[616] Veröffentlicht werden „sollen" danach Strukturdaten sowie ein Leistungs-, Wirtschafts- und Spendenbericht der kirchlichen Organisationen. Daneben „können" der Öffentlichkeit Ehrenamts-, Sozial- und Umweltberichte weiteren Einblick in die Vereinstätigkeit geben.

b. Offenzulegende Informationen

Angelehnt an die Vorschriften für Unternehmen sollten Tarifverbände die für die Verbände grundlegenden Dokumente offen legen (zur Differenzierung zwischen Mitgliederöffentlichkeit und allgemeiner Öffentlichkeit sogleich unter § 3 B. III. 2. c, S. 114). Hierzu sind insbesondere verbandsrechtliche Dokumente wie Satzungen aber auch grundlegende Richtlinien (Tarifrichtlinie, Arbeitskampf) zu zählen. Gerade bei den als nicht eingetragene Vereine organisierten Gewerkschaften ist dies von erheblicher Bedeutung, da die Mitglieder ansonsten mangels Registerpflicht keine Kenntnis von Änderungen erhalten. Daneben sind insbesondere tarifpolitische Dokumente, allen voran die Tarifabschlüsse den Mitgliedern gegenüber öffentlich zu machen. Schließlich sind Tätigkeitsberichte, Geschäftsberichte, Protokolle der Versammlungen und Jahresabschlüsse sowie Informationen über mögliche Interessenkonflikte (etwa Aufsichtsratsposten,[617] bei ehrenamtlichen: hauptberuflich ausgeübte Tätigkeit) offen zu legen.

c. Eingeschränkte Publizität

Wie, und vor allem wem gegenüber aber haben die Funktionäre die o.g. Informationen offen zu legen? Einer solch weitgehenden Publizität wie sie der Gesetzgeber für Unternehmen geschaffen hat, steht bei Tarifverbänden Art. 9 Abs. 3 GG und die hiervon geschützte Arbeitskampffreiheit entgegen. Dem sozialen Gegenspieler dürfen keine Einblicke in Interna gegeben werden, die Rückschlüsse über die Kampffähigkeit des Verbandes gewähren. Müssten Tarifverbände etwa ihren Jahresabschluss der allgemeinen Öffentlichkeit zugänglich machen, könnte der gegnerische Tarifverband aus Angaben über Mitgliedsbeiträge, vor allem aber aus der Höhe der für Arbeitskämpfe zurückgestellten Mittel Schlüsse für seine eigene Kampftaktik ziehen. Eine umfassende Öffentlichkeit ginge zu Lasten der Verbände und verstieße gegen Art. 9 Abs. 3 GG.

---

616 http://www.diakonie.de/transparenzstandards-9321.html.

617 Ablehnend zur Einführung einer möglichen Publizitätspflicht *Gerhardt*, Koalitionsgesetz, S. 202f, allerdings im Hinblick auf die Gegnerfreiheit („*kein angemessenes Mittel zur Sicherung der Gegnerfreiheit*").

Auf der anderen Seite kommt Tarifverbänden eine große gesamtgesellschaftliche Bedeutung zu, die für eine weitgehende Publizität ins Feld geführt werden kann.[618] Obzwar es sich bei ihnen um privatrechtliche Zusammenschlüsse Einzelner handelt, prägen Tarifverbände aktiv die Gesamtgesellschaft mit und sind über Bundestagsausschüsse, Gerichte und Sozialversicherungsträger in unterschiedlichster Weise in die Gesellschaft eingebunden.[619] Hinzu kommt, dass nicht alle der oben genannten Dokumente derart brisant sind, dass ein umfassendes Schutzbedürfnis der Tarifverbände anerkannt werden kann. Daher ist zu differenzieren: Für die Geheimhaltung allgemeiner abstrakter Dokumente wie etwa der Satzungen aber auch Richtlinien sind keine überzeugenden Gründe ersichtlich. Sie müssen der Allgemeinheit öffentlich zugänglich gemacht werden. Die im Hinblick auf die Kampfkraft relevanten Informationen hingegen sind nicht der allgemeinen Öffentlichkeit, wohl aber den eigenen Mitgliedern zur Verfügung zu stellen. Ihnen gegenüber kann es kein Geheimhaltungsinteresse geben. Sie sind es schließlich, die die Funktionäre als Sachwalter eingesetzt haben. Darüber hinaus sollten die Verbände schon im eigenen Interesse der Mitgliederwerbung auch Interessenten entsprechende Auskünfte erteilen.

Ein geeigneter Weg ist dabei vor allem die Bereitstellung auf der eigenen Internetpräsenz – zum Teil im passwortgeschützten Mitgliederbereich. Darüber hinaus sind die Verwaltungsstellen verpflichtet, Mitgliedern oder Interessierten nach dem oben Gesagten die relevanten Informationen auf Anfrage auch auf anderem Wege zukommen zu lassen.

3. *Schulung, Arbeitsbeschreibungen, Evaluation*

Für die Tarifverbände ist es wichtig, von motivierten und qualifizierten Personen geleitet zu werden.[620] Gerade im Hinblick auf die ehrenamtlichen Funktionäre ist sicher zu stellen, dass diese über die ausreichenden Kenntnisse und Fähigkeiten verfügen, die es braucht, einen Tarifverband zu führen. Entsprechende Schulungen, Fortbildungen aber auch geschriebene Aufgabenbeschreibungen sind hier erforderlich. So wie die Aufsichtsräte in Unternehmen gem. Tz. 5.4.5 DCGK zur Schulung verpflichtet sind, trifft auch und gerade die ehrenamtlichen Funktionäre der Tarifverbände eine Pflicht zur Schulung und Fortbildung. Hierbei sind sie

618 Vgl. nur *Leßmann*, Wirtschaftsverbände, passim.

619 Hierzu umfassend *Hofer*, Beteiligungen der Gewerkschaften und Arbeitgeberverbände bei staatlichen Organisationen, passim.

620 Zu Qualifizierung und Fortbildung in Nonprofit-Organisationen *Hopt*, Comparative Corporate Governance, S. 553f; *Schuhen*, Kontrollprobleme, S. 236ff.

vom Verband entsprechend zu unterstützen. Auf der anderen Seite ist aber darauf zu achten, dass diese Schulungsmaßnahmen nicht als „*Gängelung oder Geringschätzung der bisherigen Arbeit*" betrachtet werden.[621] Gerade Tarifverbände sind auf die Arbeit der Ehrenamtlichen angewiesen und leben von ihrer Arbeit.

Wichtig – aber ebenso mit Bedacht umzusetzen – ist daneben eine Evaluation der Arbeit der Funktionäre. Der DCGK etwa enthält in Ziff. 5.6 Vorgaben über die Effizienzprüfung der nebenamtlichen Aufsichtsratsmitglieder, die auf die Arbeit der ehrenamtlichen Funktionäre übertragbar erscheinen.[622] Praktisch kann eine solche Effizienzprüfung durch die betroffenen Funktionäre selbst, durch das Gesamtorgan oder durch externe durchgeführt werden.[623] Welche Methoden gewählt werden sollten, hängt insbesondere von der Bedeutung des Amtes und der Verantwortung ab.[624]

4. *Vergütung und Entschädigung der Funktionäre*

a. Vergütung hauptamtlicher Funktionäre

Umstrittener Gegenstand der Corporate Governance und Thema zahlreicher öffentlicher Debatten ist die angemessene Vergütung der Vorstandsmitglieder von Aktiengesellschaften.[625] Obzwar dieses Thema bei Tarifverbänden angesichts der Höhe der Funktionärsvergütung praktisch weniger Brisanz aufweist,[626] ist damit ein grundlegendes Dilemma sämtlicher Vergütungssysteme angesprochen: Wer nämlich sollte in großen Publikumsorganisationen über die Vergütung des Führungspersonals entscheiden? Die Mitglieder als Agenten sind angesichts der Größe der Organisationen und mangels ausreichender Kenntnisse nicht in der Lage, Vergütungsfragen selbst zu regeln. Legt man aber die Vergütungsfrage in die Hände der Vorstände selbst, ist einem Missbrauch – allen Idealen gerade auf

---

621 So *Schuhen*, Kontrollprobleme, S. 237 im Hinblick auf die ehrenamtlichen Mitarbeiter in Nonprofit-Organisationen.

622 Allgemein für den Nonprofit-Bereich auch mit Checkliste: Bachert/*Oberdörfer*/*Wittig*, Corporate Governance, S. 382f.

623 Weiterführend Ringleb/Kremer/Lutter/*v. Werder*, DCGK, Rn. 1133ff.

624 Zu weiteren Möglichkeiten der Evaluation *Schuhen*, Kontrollprobleme, S. 237.

625 Vgl. nur Tz. 4.2.2. bis 4.2.5 DCGK.

626 Die Vergütung aus seiner gewerkschaftlichen Arbeit bezifferte der damalige IG Metall Vorsitzende *Huber* 2011 auf 261.000 EUR, http://www.sueddeutsche.de/geld/reden-wir-ueber-geld-berthold-huber-ich-wollte-die-weltrevolution-1.1058429–2, die Vergütung für die gewerkschaftliche Tätigkeit des Vorsitzenden der ver.di belief sich 2008 auf 175.500 EUR, http://www.fr-online.de/home/verguetungen-was-gewerkschafts-chefs-verdienen,1472778,3408134.html.

Gewerkschaftsseite zum Trotz – Tür und Tor geöffnet. Daher ist es notwendig, dem auch in § 87 AktG gewählten und dem DCGK zu Grunde liegenden Ansatz zu folgen und dem Kontrollorgan (zu diesem noch ausführlich unten § 4 C, S. 147) die Ausarbeitung der Vergütungsfragen anzuvertrauen.

Daneben hat das Kontrollorgan die Vergütungsgrundsätze im Interesse einer transparenten Führung (hierzu noch § 3 B. III. 1, S. 111) gegenüber der Mitglieder- bzw. Delegiertenversammlung und die Vergütungssätze der hauptamtlichen Vorstandsfunktionäre gegenüber den Mitgliedern offen zu legen und zu erläutern(vgl. Tz. 4.2.1 Abs. 8). In die richtige Richtung geht es daher, wenn die DGB-Gewerkschaften die Gehälter ihrer Vorstandsvorsitzenden offen legen.[627] Die Mitglieder haben ein Recht zu erfahren, wer wie viel ihrer Beiträge erhält, ist es doch ihr Geld, was an die für sie tätigen Verbandsführer ausgezahlt wird.

Ohne dass hier ins Detail gegangen werden soll, empfiehlt sich, wie auch bei Unternehmen, die Teilung der Gehälter in fixe und variable Komponenten. Bezugsgrößen der variablen Vergütung könnten danach insbesondere die in den abgeschlossenen Tarifverträgen durchschnittlich erreichte Lohnsteigerung,[628] die Entwicklung der Mitgliederzahlen sowie die finanzielle Entwicklung der Verbände darstellen. So können die hauptamtlichen Funktionäre im Sinne der Mitglieder motiviert werden.

b. Entschädigung ehrenamtlicher Funktionäre

Für die ehrenamtlichen Funktionäre stellt sich das Problem nicht im gleichen Maß. Sie erhalten für ihre Tätigkeit keine Vergütung, lediglich ihre Aufwendungen (Reisekosten etc.) sind nach § 670 BGB zu ersetzen. Daneben sollten ehrenamtliche Funktionäre auch eine Aufwandsentschädigung erhalten, die praktischer Weise pauschal ermittelt werden muss.[629] Sie hat sich am Verdienstausfall der Funktionäre zu orientieren, den diese bei Ausübung ihrer Verbandstätigkeit erleiden. Festgesetzt werden sollten die Pauschalen dabei wie auch die Vergütung der hauptamtlichen Funktionäre vom Kontrollorgan.

---

627 So eine Meldung der Frankfurter Rundschau vom 5. August 2008, http://www.fr-online.de/home/verguetungen-was-gewerkschafts-chefs-verdienen,1472778,3408134.html.

628 Zur ähnlichen Forderungen der Bezirksversammlung 9 Cottbus auf dem Bundeskongress der ver.di 2007 *Lessner-Sturm*, Gewerkschaften als Arbeitgeber, S. 40 sowie der Antrag O 007 auf dem 3. Ordentlichen Bundeskongress 2011, angenommen als Arbeitsmaterial zur Weiterleitung an den Bundesvorstand.

629 Hierzu *Engelsing/Lüke*, Berufs- und Wirtschaftsverbände, S. 172ff.

IV. Haftung

Verstoßen Verbandsfunktionäre gegen die ihnen obliegenden Pflichten, steht eine Haftung für hieraus resultierende Schäden im Raum. Es ist zwischen der Außenhaftung gegenüber Dritten sowie der Innenhaftung gegenüber dem Verband zu differenzieren.

1. Anspruchsgrundlagen

a. Außenhaftung

Eine Haftung der Funktionäre gegenüber Dritten kommt zum einen aufgrund deliktischer (§ 823 Abs. 1 oder 2 BGB i.V.m einem Schutzgesetz, etwa § 263 StGB), zum anderen aufgrund rechtgeschäftlicher Grundlage in Betracht. Rechtsgeschäftliche Anspruchsgrundlagen sind dabei bei eingetragenen Vereinen § 179 BGB und §§ 311 Abs. 3, 241 Abs. 2 BGB. Bei nichteingetragenen Vereinen – daher bei den meisten Gewerkschaften – haften die für die Gewerkschaft handelnden Vorstände neben der Gewerkschaft darüber hinaus nach § 54 S. 2 BGB. Eine dem § 37 PartG vergleichbare Regelung, der die Handelndenhaftung für Parteien für unanwendbar erklärt, fehlt für Gewerkschaften.[630] Die gegenüber Dritten bestehende Haftung kann auch nicht wirksam in der Satzung ausgeschlossen werden,[631] auch wenn dies Gewerkschaftssatzungen teilweise vorsehen (GDL).[632] Insofern kommt allein ein – für ehrenamtliche neben § 31a BGB tretender – Freistellungsanspruch in Betracht, in den ein satzungsrechtlicher Haftungsausschluss gegebenenfalls umgedeutet werden kann.

b. Innenhaftung

Die daneben bestehende Innenhaftung findet ihren Rechtsgrund im Vereinsrecht in § 280 Abs. 1 BGB.[633] Dies gilt gleichermaßen für ehrenamtlich wie hauptamtliche Funktionäre und unabhängig davon, in welchem Organ die Funktionäre tätig sind. Spezialgesetzliche Regelungen wie etwa im Aktienrecht (§ 93 AktG bzw. § 116 i.V.m. § 93 AktG) sieht das Vereinsrecht nicht vor, sie sind mangels Regelungslücke und vergleichbarem Sachverhalt auch nicht analog anwendbar.[634]

---

630 Für eine analoge Anwendung aber MüKoBGB/*Reuter*, § 54 Rn. 43.

631 MüKoBGB/*Reuter*, § 54 Rn. 64.

632 § 14 Ziff. 2 Satzung GDL.

633 MüKoBGB/*Reuter*, § 27 BGB Rn. 45.

634 Für die Haftung des Vereins-Aufsichtsrats *Burgard*, FS Walz, S. 71, 84 m.w.N.

2. *Haftungsbeschränkung: § 31a BGB*

Hinzuweisen ist auf § 31a Abs. 1 und 2 BGB, der für ehrenamtliche Organmitglieder und besondere Vertreter die Innenhaftung gegenüber dem Verband auf vorsätzliches oder grob fahrlässiges Handeln beschränkt und dem ehrenamtlichen Funktionär einen Freistellunganspruch bei Inanspruchnahme im Außenverhältnis gewährt. Er kommt sowohl den ehrenamtlichen gewerkschaftlichen Funktionären als auch den Funktionären der Arbeitgeberverbände zu Gute und gilt für nichteingetragene Vereine analog.[635]

C. Umgang mit Interessenkonflikten

Ein weiterer Schwerpunkt der Collective Governance ist in der Vermeidung von Interessenkonflikten sowie der Absicherung der Unabhängigkeit der Funktionäre zu sehen.[636]

I. Unabhängigkeit und Interessenkonflikte der Funktionäre

Während der Umgang mit Interessenkonflikten als Schwerpunkt der Corporate Governance bislang im Hinblick auf Unternehmen diskutiert wurde, standen bei Tarifverbänden vor allem die Fragen nach der Unabhängigkeit von Gegner bzw. Staat, Kirche und Parteien im Zentrum des wissenschaftlichen Interesses[637] (vgl. bereits oben § 1C.II.2§ 1 C. II. 2, S. 1). Indes zielen beide Aspekte auf das gleiche Ziel: den Schutz der Mitglieder vor einem Verrat ihrer Interessen durch die von ihnen gewählten Funktionäre sicher zu stellen. Denn dieser Interessenverrat ist es, welcher die Verhandlungsparität im Falle der Gegnerabhängigkeit schwächt. Ein Funktionär, der nicht allein die Interessen der Mitglieder vertritt, ist eher zum Nachgeben bereit. So gesehen ist Gegnerabhängigkeit nur eine bestimmte, besonders nachteilige Auflösung eines bestehenden Interessenkonflikts, eine Auflösung zu Gunsten des Gegners.

Bei Tarifverbänden ist zu beachten, dass eine Vielzahl der Tätigkeiten von ehrenamtlichen Funktionären übernommen werden. Diese Art der Funktionsausübung muss Folgen haben für den angemessenen Umgang mit Interessenkonflikten.

---

635 MüKoBGB/*Reuter*, § 31a BGG Rn. 3.

636 So bereits programmatisch *Rieble*, FS Reuter, S. 805, 820 für die Corporate Governance etwa Bachert/*Oberdörfer*/*Wittig*, Corporate Governance in Nonprofit-Unternehmen, S. 378.

637 Statt aller etwa Däubler/*Peter*, § 2 TVG Rn. 30.

II. Definition und Grenzen

Ziel dieses Abschnitts soll es sein, mögliche Interessenkonflikte aufzuzeigen und einen angemessenen Umgang mit diesen anzuregen. Dabei ist „von einem Interessenkonflikt [...] in der Regel auszugehen, wenn Umstände vorliegen, die in der konkreten Situation nicht mehr ohne Weiteres erwarten lassen, dass sich das Aufsichtsratsmitglied ausschließlich am Unternehmensinteresse orientiert.“[638] Diese Definition lässt sich – sieht man von der Bezugnahme auf Aufsichtsrat und Unternehmen ab – inhaltlich ohne Weiteres auch auf Tarifverbände übertragen. Dabei wird deutlich, dass nicht sämtliche Fremdeinflüsse einen Interessenkonflikt bewirken. Vielmehr ist stets an die handelnden Personen und deren konkrete Situation anzuknüpfen. Außer Acht gelassen werden daher rein faktische Fremdeinflüsse auf die handelnden Personen, wie sie sich etwa aus der Tarifkonkurrenz für Gewerkschaften, aus wirtschaftlichem Druck innerhalb des Arbeitgeberverbandes oder durch Unterstützungsstreiks ergeben können.[639]

Vermeidbare Interessenkonflikte sollten dabei so gut wie möglich vermieden, unumgängliche Interessenkonflikte gemildert, systemimmanente Interessenkonflikte zumindest transparent gemacht und in das Bewusstsein gehoben werden. Hervorzuheben ist aber auch, dass Organisationen und Engagement ohne Interessenkonflikte praktisch undenkbar sind. Interessen- oder Rollenkonflikte entstehen zwangsläufig, da auch die Verbandsfunktionäre nicht in einem abgeschlossenen Organismus leben. Sie alle haben gewisse Partikularinteressen, die zwangsläufig oder zumindest teilweise den Interessen der Organisation als Ganzes entgegen stehen. Die Schwere dieser Interessenkonflikte variiert. Daher ist es entscheidend, einen angemessenen Umgang mit den jeweiligen Interessenkonflikten sicher zu stellen.

III. Interessenkonflikte der Gewerkschaftsfunktionäre

1. Leitende Angestellte und Gewerkschaftsunabhängigkeit

a. Angestellte mit Arbeitgeberfunktion

Beteiligen sich auf Gewerkschaftsseite leitende Angestellte i.S.d. § 5 Abs. 3 S. 2 BetrVG an der Willensbildung, Kontrolle und Führung der Gewerkschaft, kann sich hieraus für diese ein Interessenkonflikt ergeben, der bis hin zur

638 Ringleb/*Kremer*/Lutter/v. Werder, DCGK, Rn. 974.

639 Zu faktischen Fremdeinflüssen bereits *Kobler*, Fremdeinflüsse, S. 118ff (Gewerkschaftskonkurrenz), 131ff (Wirtschaftlicher Druck), 206ff (Unterstützungsstreik).

Gegnerabhängigkeit führen kann.[640] Leitende Angestellte sind gem. § 5 Abs. 3 S. 2 BetrVG Arbeitnehmer, die nach Arbeitsvertrag und Stellung im Unternehmen oder Betrieb zur selbstständigen Einstellung und Entlassung von Arbeitnehmern berechtigt sind oder eine dem Arbeitgeber gegenüber nicht unbedeutende Generalvollmacht oder Prokura haben oder die im Wesentlichen weisungsfrei regelmäßig sonstige Aufgaben wahrnehmen, die für Bestand und Entwicklung des Unternehmens oder Betriebes von Bedeutung sind und deren Erfüllung besondere Erfahrungen und Kenntnisse voraussetzen. Anders gewendet ist ein Arbeitnehmer leitend, wenn er gleichzeitig Arbeitgeberfunktionen wahrnimmt und daher eine Zwitterstellung inne hat.[641] Aufgrund dieser Zwitterstellung besteht für leitende Angestellte ein potentieller Interessenkonflikt, wobei zwischen Gewerkschaften mit sowohl leitenden als auch nicht leitenden Arbeitnehmern (gemischte Gewerkschaften) und reinen Gewerkschaften aus leitenden Angestellten zu differenzieren ist.

b. Keine leitenden Angestellten als Gewerkschaftsfunktionäre gemischter Koalitionen

Bei gemischten Gewerkschaften muss sichergestellt werden, dass leitende Angestellte als Entscheidungsträger des sozialen Gegenspielers keine entscheidende Verantwortung in den Gewerkschaften übernehmen können – weder ehrenamtlich noch hauptamtlich.[642] Um die Gegnerfreiheit zu gewährleisten dürfen leitende Angestellte, solange sie ihre leitende arbeitgebernahe Position im Unternehmen inne haben, weder ehren- noch hauptamtlich Mitglieder des Führungsgremiums,[643] noch Mitglieder des wie auch immer gestaltenden Kontrollgremiums werden. Um die gröbsten Interessenkonflikte zu vermeiden, ist ihnen die Mitgliedschaft in Tarifkommissionen[644] genau wie die Übernahme verantwortlicher Positionen auf Landes-, Regional-, oder Bezirksebene, welche

---

640 Zu diesem Problem etwa Däubler/*Peter*, § 2 TVG Rn. 43 m.w.N.; umfassend zu diesem Themenkreis bereits *Hoffknecht*, Die leitenden Angestellten, S. 34 sowie *Jung*, Unabhängigkeit S. 123ff; zusammenfassend auch *Kobler*, Fremdeinflüsse, S. 165ff.

641 Mit Differenzierungen etwa *Hoffknecht*, Die leitenden Angestellten, S. 34; diese überzeugend ablehnend *Kobler*, Fremdeinflüsse, S. 167f.

642 Aus Gründen der Gegnerunabhängigkeit BAG 15.3.1977 – 1 ABR 16/75, NJW 1977, 1551.

643 *Kempen*/Zachert, § 2 TVG Rn. 64; Däubler/*Peter* § 2 TVG Rn. 43.

644 Hierzu schon BAG 15.3.1977 – 1 ABR 16/75, NJW 1977, 1551; Wiedemann/*Oetker*, § 2 TVG Rn. 311.

ihnen Einfluss auf die Entscheidungen der Gewerkschaft ermöglichen würde, versagt.

Gleichwohl ginge man zu weit, verwehrte man leitenden Angestellten überhaupt die Mitgliedschaft in gemischten Gewerkschaften oder ihr Stimmrecht.[645] Auch gegen eine Wahl als Delegierte ist grundsätzlich nichts einzuwenden, wobei ihre Tätigkeit als leitende Angestellte jedoch offen gelegt werden sollte um Interessenkonflikte transparent zu machen. Dies mag unter dem Gesichtspunkt der Repräsentativität im Einzelfall bedenklich sein, doch besteht allein durch die Wahl der leitenden Angestellte als Delegierte keine Gefahr für die Unabhängigkeit der Gewerkschaft. Auch leitende Angestellte sind Arbeitnehmer und haben mithin das durch Art. 9 Abs. 3 GG und Art. 11 Abs. 1 EMRK geschützte Recht, sich in Gewerkschaften zu organisieren und zu engagieren.[646] Um die Gegnerunabhängigkeit zu wahren ist es allein geboten, aber auch ausreichend, den Einfluss der leitenden Angestellten auf die Führungs- und Kontrollorgane auszuschließen.[647] Allein die Mitgliedschaft bringt keinen derartig gravierenden Interessenkonflikt mit sich, der zu einem Ausschluss aus der gemischten Gewerkschaft führen müsste.

c. Kein Interessenkonflikt bei Koalitionen leitender Angestellter

Andererseits ist ein Interessenkonflikt in Gewerkschaften mit nur leitenden Angestellten (etwa der Union der Leitenden Angestellten, „ULA“) ausgeschlossen.[648] Auch leitende Angestellte genießen als Arbeitnehmer den Schutz des Art. 9 Abs. 3 GG und können sich zu Gewerkschaften zusammen schließen. Ihr Zusammenschluss wäre handlungsunfähig, untersagte man leitenden Angestellten die Betätigung in Führungs- oder Kontrollgremien. Überdies ist der Interessenkonflikt auch nicht derart stark ausgeprägt, da sämtliche leitenden Angestellten in derselben vermittelnden Stellung zwischen Arbeitgeber- und Arbeitnehmerlager sind.

---

645 Wiedemann/*Oetker*, § 2 TVG Rn. 314; einschränkend aber Däubler/*Peter*, § 2 TVG Rn. 43.

646 So auch etwa *Martens*, Arbeitsrecht der leitenden Angestellten, S. 391f.

647 Hiervon streng zu unterscheiden ist die Doppelmitgliedschaft sowohl in einer Gewerkschaft als auch im gegnerischen Arbeitgeberverband. Diese ist aus Gründen der personellen Unabhängigkeit in jedem Fall unzulässig und in den meisten gewerkschaftlichen Satzungen untersagt. Beispielhaft etwa § 3 Tz. 6 der Satzung der IG Metall: *„Nicht aufgenommen werden dürfen: [...] Personen, die Mitglied einer gegnerischen Organisation sind [...]“*.

648 *Kobler*, Fremdeinflüsse, S. 169f.

2. *Gewerkschaftsfunktionäre als Aufsichtsräte*

Konfliktträchtig ist auch die nebenamtliche Tätigkeit gewerkschaftlicher Funktionäre in unternehmerischen Aufsichtsräten. So haben derzeit nahezu sämtliche hauptamtlich tätige Gewerkschaftsfunktionäre ein bis drei[649], einige fünf[650], und *Claus Weselsky*[651] sowie *Ralf Sikorsky* – soweit ersichtlich Spitzenreiter in Sachen Aufsichtsratsposten – sieben (!) Aufsichtsratsposten in Unternehmen übernommen. Es drängt sich insofern die Frage auf, inwieweit für insbesondere hauptamtliche Gewerkschaftsfunktionäre eine Tätigkeit in Kontrollgremien des sozialen Gegenspielers zulässig ist, inwiefern insofern eine Interessenkollision droht.

a. Interessenkonflikt aus Gewerkschaftssicht

aa. Grundkonflikt für Gewerkschaftsfunktionäre

Seit Einführung der Unternehmensmitbestimmung in Deutschland, vor allem aber im Zuge der Neufassung des Mitbestimmungsgesetzes 1976 wurde die Vereinbarkeit der (paritätischen) Mitbestimmung auch mit Art. 9 Abs. 3 GG kontrovers diskutiert.[652] Im Fokus standen dabei aber vor allem die Frage, ob und in welcher Weise die paritätische Mitbestimmung die Unabhängigkeit *der Arbeitgeberverbände* beeinträchtige, insbesondere da regelmäßig der Arbeitsdirektor die Unternehmensinteressen im Arbeitgeberverband wahrnimmt.[653] Ebenfalls thematisiert wurde der Interessenkonflikt der Arbeitnehmervertreter *im Aufsichtsrat*, als allein dem Unternehmensinteresse Verpflichtete gegen ihre Interessen

---

649 *Frank Bsirske* (ver.di): Deutsche Bank AG, Postbank AG, RWE AG; *Bertin Eichler* (IG Metall: BMW AG, Luitpoldhütte AG, BGAG Beteiligungsgesellschaft der Gewerkschaften GmbH (Vorsitzender), bis zum Rücktritt nach Erste-Klasse-Flügen am 17.1.2014 ThyssenKrupp AG (Stellvertretender Vorsitz).

650 *Michael Vassiliadis* (IG BCE): BASF SE, K+S AG, Evonik Industries AG, STEAG GmbH, Henkel AG & Co. KGaA (bis 15.4.2014); Jürgen Kerner (IG Metall).

651 *Ralf Sikorsky* (IG BCE): BASF SE, Villeroy & Boch AG, Villeroy & Boch Fliesen GmbH, Steag Power Saar GmbH (stellvertretender Vorsitzender), Steag New Energies GmbH (stellvertretender Vorsitzender), KSBG Kommunale Verwaltungsgesellschaft mbH (stellvertretender Vorsitzender), RWE Generation SE; *Claus Weselsky* (GDL): DEVK Leben, Beamtenversicherungsbund, DB Schenker Rail Deutschland AG, S-Bahn Berlin GmbH (Stellvertretender Aufsichtsratsvorsitzender), DB Regio AG, Netinera Deutschland GmbH, DEVK Pensionsfond AG, Verwaltungsrat Bahn-Betriebskasse.

652 Einer Übersicht liefert etwa Wiedemann/*Oetker*, § 2 TVG Rn. 322ff.

653 Wegweisend die 1970 von *Zöllner/Seiter* vorab in der ZfA 1970, S. 97 und später monographisch unter dem Titel „Paritätische Mitbestimmung“ veröffentlichte Arbeit.

als Gewerkschafter handeln zu müssen.[654] Nur von wenigen überhaupt thematisiert[655], blieb die Frage nach dem Einfluss der (paritätischen) Mitbestimmung auf die innergewerkschaftliche Willensbildung und die Gefahr der Gegnerabhängigkeit *der Gewerkschaften* im Schatten dieser Diskussion.[656] Paradigmatisch hierfür stehen die Ausführungen *Löwischs*:

> „Gegnerreinheit und Unabhängigkeit von der Gegenseite aber müssen mit einer paritätischen Mitbestimmung notwendig in Konflikt geraten. Dabei ist erst in zweiter Linie an die Gewerkschaften zu denken, für deren Unabhängigkeit wohl erst dann ein Problem entstehen könnte, wenn die paritätische Besetzung des Aufsichtsrates eine beträchtliche Zahl führender Gewerkschaftler in die Aufsichtsräte selbst und qua Wahl durch den Aufsichtsrat in Vorstandpostionen und damit in unternehmerisch Verantwortung einrücken ließe."[657]

Gleichwohl war aber auch dem BVerfG der innergewerkschaftliche Interessenkonflikt bewusst, als es im Mitbestimmungsurteil ausführte:

> „[...] umgekehrt können mitbestimmende und im Rahmen von Tarifauseinandersetzungen mitwirkende Arbeitnehmervertreter sich in der Freiheit ihrer Entscheidungen beeinträchtigt fühlen, weil sie ihr berufliches Fortkommen mitbedenken. Auch gegenüber den von ihnen vertretenen Arbeitnehmern können Arbeitnehmermitglieder von Aufsichtsräten in Schwierigkeiten geraten, wenn sie auf Grund ihrer durch die Tätigkeit im Aufsichtsrat gewonnenen Einsichten über wirtschaftliche Möglichkeiten und Notwendigkeiten Wünsche der Arbeitnehmer nicht mehr mit Überzeugung vertreten können."[658]

Dieser Befund weist auf das Kernproblem hin: Gewerkschaftsfunktionäre werden in eine Unternehmensposition gedrängt, die ihrer ursprünglichen antagonistischen Rolle zumindest partiell zuwider läuft.[659] Mit ihrer Position als

---

654 Hierzu bereits 1968 *Müller*, Fälle der Interessenkollision bei Arbeitnehmervertretern im Aufsichtsrat, zuletzt *Weninger*, Mitbestimmungsspezifische Interessenkonflikte, m.w.N auf das umfangreiche Schrifttum.

655 *Löwisch*, Mitbestimmung, S. 142; *Zöller/Seiter*, ZFA 1970, 122ff; ausführlicher *Nipperdey*, FS Möhring, S. 92; *Däubler*, Mitbestimmung, S. 414f.

656 So auch schon *Däubler*, Mitbestimmung, S. 414f.

657 *Löwisch*, Mitbestimmung, S. 142.

658 BVerfG 1.3.1979 – 1 BvR 532, 533/77, 419/78 und 1 BvL 21/78, BVerfGE 50, 290, 377.

659 *Däubler*, Mitbestimmung, S. 410: „*Sehr viel zweifelhafter ist – gerade nach den Erfahrungen in der Montanmitbestimmung – die Frage, ob eine paritätische Beteiligung an den Unternehmensorganen die Gewerkschaft nicht in Arbeitgeberpositionen drängt, ohne daß sie gleichzeitig über die Position eines Juniorpartners hinauskommt*". In diese Richtung zuvor bereits *Külp*, Lohnbildung, S. 38: Betreiben Gewerkschaften

Unternehmenskontrolleure einher geht eine faktische Identifizierung und rechtliche Verpflichtung auf die alleinige Wahrung der Interessen des Unternehmens (§§ 116 S. 1, 93 Abs. 1 AktG). Diese Identifikation mit ihrer Haupttätigkeit wird das Bewusstsein und die Möglichkeit, gleichzeitig die allein im Interesse der hierin organisierten Arbeitnehmer zu leiten, regelmäßig beeinträchtigen. Folgerichtig kam die vor Erlass des Mitbestimmungsgesetzes 1976 von der Bundesregierung eingesetzte „Mitbestimmungskommission" daher zu dem Ergebnis, Gewerkschaftsfunktionäre, die gleichzeitig als Aufsichtsräte im Unternehmen tätig seien, hätten einen mäßigenden Einfluss auf die Tarifforderungen „ihrer" Gewerkschaft.[660] Ebenso führten die von den Gewerkschaftsvertretern im Rahmen der Aufsichtsratstätigkeit erlangten Erkenntnisse über die wirtschaftlichen Verhältnisse zu einer Einschränkung der Streikwilligkeit, weshalb es bis 1969 auch keinen Streik in der Montanindustrie gegeben hätte.[661]

bb. Verschärfter Interessenkonflikt im Arbeitskampf

Richtig ist, dass allein die nebenamtliche Tätigkeit der hauptamtlichen Funktionäre als Aufsichtsrat nicht zur Gegnerabhängigkeit der Gewerkschaften führt. Jedoch ist ein Interessenkonflikt dabei nicht zu leugnen. Kommt es schließlich zur Tarifauseinandersetzung, wird das Dilemma des Funktionärs offenkundig. Welchen Interessen ist nun der Vorzug zu geben? Überwiegt das Interesse des Unternehmens oder das der Arbeitnehmer? Dass es sich dabei nicht allein um ein theoretisches Problem handelt, zeigt der Blick in die jüngere Vergangenheit:

- Besondere mediale Aufmerksamkeit erregte etwa im Dezember 2002 der „Fall Bsirske"[662], der als hauptamtlicher Vorstand der ver.di im Aufsichtsrat der Lufthansa AG gleichwohl einen Streik gegen die Flughafenbetreibergesellschaften in Frankfurt und München organisierte und somit mittelbar einen erheblichen Schaden für die Lufthansa AG herbeiführte.[663]
- Ebenfalls in den Blickpunkt der Öffentlichkeit geriet die Deutsche Telekom AG, bei welcher der stellvertretende Aufsichtsratsvorsitzende *Lothar Schröder*

Banken- und Versicherungsgeschäfte oder gründen Wohnungsgenossenschaften, kann sich hierdurch ihr Klassenbewusstsein ändern. Insofern besteht die Gefahr eines Interessenkonfliktes.

660 Bericht der Mitbestimmungskommission, BT-Drucks. VI 334, Teil III, S. 47f.

661 *Zöllner/Seiter*, ZfA 1970, 97, 120 m.w.N.; *Jung*, Unabhängigkeit, S. 176ff.

662 Kritisch zu diesem Begriff aufgrund der allein mittelbaren Schädigung *Rieble*, Bitburger Gespräche 2006/I, S. 41, 56.

663 FAZ 27.3.2003, 25, FAZ 20.6.2003, 17; aus der rechtswissenschaftlichen Literatur: *Moll*, FS Lüer, S. 259.

in seiner hauptamtlichen Funktion als Mitglied des Bundesvorstandes der ver.di den Arbeitskampf organisierte und damit direkt maßgeblich an der Schädigung des von ihm kontrollierten Unternehmens beteiligt war.[664]
- Nicht minder spannungsgeladen war die Situation während des Streiks der Vereinigung Cockpit (VC) bei der Lufthansa AG im März 2014, bei der *Ilona Ritter* als Vorsitzende für Tarifpolitik und Mitglied im Aufsichtsrat der Lufthansa AG beide Interessen gleichermaßen zu vertreten hatte.[665]

Angesichts dieser medienwirksamen Fälle verwundert es nicht, dass vielfach die Organisation und Leitung eines Streiks (*aktive Streikbeteiligung*) durch Aufsichtsratsmitglieder für unzulässig erachtet wird.[666] Zieht man aber diesen – in Anbetracht der klaren gesetzlichen Verpflichtung auf das Unternehmenswohl aus §§ 116 S. 1, 93 Abs. 1 S. 2 AktG[667] zumindest nicht fernliegenden – Schluss, wird deutlich, welche Auswirkungen eine solche Doppelfunktion der Gewerkschaftsfunktionäre auf die Interessen der Mitglieder hat: Sie müssen dahinter zurückstehen. Das gesetzliche Verbot der nebenamtlich geführten Aufsichtsratstätigkeit beschränkt so die Interessen der Gewerkschaftsmitglieder. Nun kann man sich, wie etwa *Ulrich Zachert*, auf den Standpunkt stellen, ein solches Ergebnis sei mit Art. 9 Abs. 3 GG nicht in Einklang zu bringen, weshalb sich eine solche Auslegung verbiete.[668] Freilich ist das ein Zirkelschluss.

b. Auflösung des Interessenkonfliktes

Überzeugender ist es, einen anderen Schluss aus diesem Interessenkonflikt zu ziehen:

aa. Auflösung innerhalb des Aufsichtsrats?

Zuzustimmen ist der Grundannahme, dass das Handeln der Gewerkschaftsfunktionäre auf die Erfüllung der Interessen der Mitglieder gerichtet sein muss. Hauptamtliche Gewerkschaftsfunktionäre sind Sachwalter der Mitgliederinteressen. Dies darf jedoch nicht den Blick für die Tatsache verstellen, dass ein Aufsichtsratsmitglied in dieser Position allein dem Unternehmensinteresse zu dienen verpflichtet ist (§§ 116 S. 1, 93 Abs. 1 S. 2 AktG). Dies gilt sowohl für die

---

664 FAZ 13.6.2007, 25; aus der rechtswissenschaftlichen Literatur: *Moll*, FS Lüer, S. 259

665 http://www.faz.net/aktuell/wirtschaft/unternehmen/piloten-streik-zwei-frauen-sollen-frieden-bei-der-lufthansa-stiften-12880098.html.

666 GroßkommAktG/*Hopt*, § 116 Rn. 209; *Moll*, FS Lüer, S. 267ff m.w.N.

667 GroßkommAktG/*Hopt*, § 116 Rn. 173 m.w.N.

668 Kempen/*Zachert*, TVG, § 2 Rn. 68.

Vertreter von Großaktionären, Banken oder auch Arbeitnehmern. Auch wenn sich diese strikte Bindung an das Unternehmensinteresse vor allem auf sein Handeln in der Funktion als Aufsichtsrat bezieht und gerade keine Unabhängigkeit des Aufsichtsrats von sonstigen Einflüssen gefordert wird, ja sogar Wettbewerber des Unternehmens Mitglieder des Aufsichtsrats werden können,[669] ist die Tätigkeit als Aufsichtsratsmitglied doch in jedem Fall mit einer besonderen Rücksichtnahmepflicht auch im außerorganschaftlichen Handeln verbunden (*außerorganschaftliche Treuepflicht*).[670]

Für das gewerkschaftliche Aufsichtsratsmitglied folgt daraus ein Verbot der aktiven Förderung eines gegen das Unternehmen gerichteten Streikes. Ein solcher Streik schadet zweifelsohne dem Unternehmen und geht zu Lasten der Aktionäre und übrigen Stakeholder, sodass die Organisation eines solchen Streikes eine Pflichtverletzung der Aufsichtsratstätigkeit darstellt.[671] Macht man sich diese außerorganschaftliche Pflichtenstellung bewusst, wird deutlich, dass dieser Interessenkonflikt auch nicht allein im Rahmen des Aufsichtsrates als Organ aufzulösen ist. Zwar mag der Konflikt für das Unternehmen partiell durch ein Stimmrechtsverbot im Aufsichtsrat entschärft werden,[672] doch ändert dies nichts an dem grundlegenden Dilemma des Gewerkschaftsfunktionärs, in seiner originären hauptamtlichen Position als Vertreter der Interessen der Gewerkschaftsmitglieder diese zu vertreten.

bb. Auflösung durch klare personelle Trennung

Dieser innergewerkschaftliche Interessenkonflikt kann daher nur durch eine klare Funktionstrennung innerhalb der Gewerkschaft selbst gelöst werden.[673]

---

669 GroßkommAktG/*Hopt*, § 116 Rn. 193.

670 Zu dieser im Vergleich zum organschaftlichen Handeln abgeschwächten Treuepflicht etwa GroßkommAktG/*Hopt*, § 116 Rn. 177.

671 Umfassend und überzeugend *Moll*, FS Lüer, S. 267 m w. N auch zu kritischen Meinungen.

672 Hierzu, auch zu weitergehenden Forderungen bis hin zum zeitlichen Ausschluss aus dem Aufsichtsrat GroßkommAktG/*Oetker*, Vorb. MitbestG Rn. 101ff. m.w.N.

673 In diese Richtung bereits *Zöllner/Seiter*, ZfA 1970, 97, 127: „*Im Übrigen wäre es für die Gewerkschaften ein Leichtes, einer Beeinflussung zur Nachgiebigkeit durch entsprechende personelle Maßnahmen entgegenzutreten*"; noch deutlicher *Nipperdey*, Gegnerfreiheit, S. 111f: „*Man muß daher den Grundsatz aufstellen, daß die Vorstände, die Beschlußgremien, die Verhandlungsführer, die Tarifkommissionen der Koalitionen frei von Mitgliedern sind, die gleichzeitig Organmitglieder der sozialen Gegenspieler sind*" sowie *Gerhardt*, Koalitionsgesetz, S. 251: „*Arbeitnehmervertreter im Unternehmen und Arbeitnehmervertreter in der kollektiven Aushandlung der*

Um eine bestmögliche Orientierung allein an den Interessen der Mitglieder zu ermöglichen, sollten die im Vorstand und Beirat von Gewerkschaften bzw. in Tarifkommissionen tätigen Funktionäre nicht gleichzeitig Tätigkeiten als Aufsichtsratsmitglieder, und damit gesamtunternehmerische Interessen übernehmen. Insofern ist Tz. 4.3.5 DCGK, nach dem Vorstandsmitglieder Nebentätigkeiten und insbesondere Aufsichtsratsmandate außerhalb des Unternehmens nur mit Zustimmung des Aufsichtsrats übernehmen dürfen, verschärft auszulegen.

Für die Übernahme von Aufsichtsratsposten sollten Gewerkschaften besondere, entsprechend geschulte Funktionäre bestimmen, die sich – ohne sonst Leitungs- oder Kontrollfunktionen innerhalb der Gewerkschaft zu übernehmen – auf die Ausübung der Aufsichtsratstätigkeit konzentrieren können. Auf diese Weise wäre der Interessenkonflikt gelöst, ohne gleichzeitig die gewerkschaftlichen Vorteile der Aufsichtsratstätigkeit zu verlieren: Noch immer könnten gewerkschaftliche Interessen innerhalb des Aufsichtsrates entsprechend vertreten werden, noch immer wäre umgekehrt die Gewerkschaft – in den Grenzen der Verschwiegenheitspflicht des § 116 Abs. 1 S. 2 AktG – über ihre Vertreter über die Vorgänge innerhalb des Unternehmens entsprechend informiert. Diese personelle Trennung kann dabei auch nicht ins Belieben der Gewerkschaft selbst gestellt werden.[674] Nicht die Vorstände und Führungskräfte der Gewerkschaften sollten darüber befinden, ob und welche Positionen sie im Aufsichtsrat übernehmen wollen, ob dies taktisch geboten sei.

3. *Gewerkschaftsfunktionäre in der Unternehmensleitung*

Noch problematischer ist die Situation, sitzen führende Gewerkschaftsfunktionäre nicht lediglich im Aufsichtsrat eines Unternehmens, sondern nehmen in Personalunion auch die Position des Arbeitsdirektors im Unternehmen ein.[675] Insofern tritt der Interessenkonflikt zwischen Unternehmensinteressen auf der einen und Gewerkschaftsmitgliederinteressen auf der anderen Seite noch deutlicher zu Tage.[676] Um diesen Konflikt zu vermeiden, sollte den führenden

Arbeits- und Wirtschaftsbedingungen können verfassungsrechtlich nicht identisch sein […]".

674 So bereits *Nipperdey*, Gegnerfreiheit, S. 111, der die personelle Trennung freilich als eine Frage der Gegnerfreiheit ansah.

675 Zu Aufgaben und Funktionen des Arbeitsdirektors statt aller *Weck*, Der Arbeitsdirektor.

676 *Kobler*, Fremdeinflüsse, S. 184ff.

Gewerkschaftsfunktionären in gleicher Weise wie auch die Tätigkeit als Aufsichtsrat verboten sein.

4. *Gewerkschaftsfunktionäre und Betriebsräte*

Auch im Arbeitnehmerlager selbst können sich Interessenkonflikte ergeben, auf welche Collective Governance eine angemessene Antwort liefern muss.

a. Betriebsräte und Gewerkschaftsarbeit

Ohne das an dieser Stelle der Dualismus von Interessenvertretung der Arbeitnehmer und die damit einhergehenden Chancen und Spannungen zu vertiefen sind,[677] soll doch ein besonderer Interessenkonflikt von Betriebsräten in Gewerkschaftsfunktionen näher beleuchtet werden: Der Konflikt der „Betriebsratsfürsten“ als Gewerkschaftsfunktionäre.[678]

aa. Grundsätzlicher Interessenkonflikt

Die in der Praxis häufig zu findenden Doppelfunktionen von (hauptamtlichen) Betriebsräten und (ehrenamtlichen) Gewerkschaftsfunktionären werfen die Frage nach der Vereinbarkeit dieser Funktionen auf.[679] Zumindest aus betriebsverfassungsrechtlicher Perspektive bestehen dabei keine Bedenken gegen die gleichzeitige Arbeit sowohl im Betriebsrat als auch in der Gewerkschaft.[680] § 2 Abs. 1 und 3 BetrVG sowie § 74 Abs. 3 BetrVG enthalten vielmehr Kompatibilitätsregelungen, die eine solche Doppelfunktion ermöglichen. Umgekehrt muss aber gefragt werden, ob die Ausübung von Tätigkeiten sowohl im Betriebsrat als auch in der Gewerkschaft im Sinne einer guten Koalitionsführung liegen kann. Dies wäre zumindest dann nicht der Fall, ergäbe sich aus der Doppelfunktion ein solch erheblicher Interessenkonflikt, der einen nicht hinnehmbaren Nachteil für die Mitgliederinteressen darstellen würde.

bb. Divergenzen gesamtwirtschaftlicher und betrieblicher Entwicklungen

Übernehmen insbesondere freigestellte (Gesamt-, oder Konzern-)Betriebsräte großer Betriebe innerhalb von Gewerkschaften für die Willensbildung der Gewerkschaft entscheidende (ehrenamtliche) Positionen, sind Kollisionen zwischen

---

677 Hierzu etwa zuletzt *Krause*, RdA 2009, 129; allgemein *Fitting*, BetrVG, § 2 Rn. 45ff m.w.N.

678 Umfassend zum Rollenkonflikt vor allem aus Sicht des Betriebsrats bereits *van Straelen*, Rollenkonflikt.

679 Hierzu schon *Kobler*, Fremdeinwirkung, S. 247ff.

680 *Rieble*, BB 2009, 1016, 1017.

betrieblichen und gesamtgewerkschaftlichen Interessen nicht zu vermeiden.[681] Denn eine gesamtwirtschaftlich mögliche und wünschenswerte Forderung kann im einzelnen Betrieb schnell utopisch hoch oder zu gering erscheinen. Hält etwa die Gewerkschaftsführung eine bestimmte Lohnsteigerung für angemessen und deren Durchsetzung gesamtwirtschaftlich für möglich, stellt dies die Leitlinie des gewerkschaftlichen Funktionärs dar, an deren Umsetzung er mitzuwirken hat.[682] Ist der gewerkschaftliche Funktionär nun aber gleichzeitig als Betriebsrat mit der besonderen Situation „seines" Betriebes vertraut und glaubt einschätzen zu können, dieser Betrieb sei zu derart weitgehenden Zugeständnissen an die Arbeitnehmer nicht in der Lage, ohne dass hierfür Arbeitsplätze abgebaut werden müssten oder das Unternehmen in wirtschaftliche Schwierigkeiten gerate, oder glaubt er umgekehrt zu wissen, in „seinem" Betrieb sei durchaus auch eine höhere Forderung durchsetzbar, so steckt er in einem Dilemma: Als Gewerkschaftsfunktionär ist er dazu verpflichtet, der Gesamtheit der Interessen der Mitglieder zu dienen, als Betriebsrat ist er gehalten, die Interessen seiner Belegschaft bestmöglich zu wahren. Rein faktisch wird er insofern auch seine mögliche Wiederwahl als Betriebsrat im Auge behalten, bei welcher er nicht allein von Gewerkschaftsmitgliedern, die in abgeschwächter Form ebenfalls einer Loyalitätspflicht gegenüber der Gewerkschaft unterliegen[683] und daher ihre betrieblichen Wünsche noch eher hinter solidarischem Handeln gegenüber der Gewerkschaft zurück stehen lassen, sondern von der Gesamtbelegschaft des Betriebes gewählt werden will.[684] Dass er daher geneigt sein kann, den im Rahmen seiner hauptamtlichen und entsprechend vergüteten Tätigkeit geneigten „betriebsegoistischen"[685] Interessen gegenüber den ehrenamtlichen Funktionärsinteressen den Vorzug zu geben, liegt auf der Hand.

681 Zu diesem Themenkreis *Gamillscheg*, Kollektives Arbeitsrecht I, S. 236f; *Rieble*, Bitburger Gespräche 2006/I, S. 41, 45f; *ders.* BB 2009, 1016, 1017; *Kobler*, Fremdeinwirkung, S. 247ff.

682 Zum Zustandekommen der tariflichen Forderungen von Gewerkschaften *Lessner*, RdA 2005, 285 und etwas älter aber sehr instruktiv *Noé* Tarifautonomie, S. 153ff.

683 Zur Loyalitätspflicht der Gewerkschaftsmitglieder etwa *Löwisch/Rieble*, § 2 TVG Rn. 100.

684 Hierauf weist etwa *Gamillscheg*, Kollektives Arbeitsrecht I, S. 236 hin.

685 Zu diesem Begriff *Gamillscheg*, Kollektives Arbeitsrecht I, S. 236f. m.w.N. und einem internationalen Ausblick.

cc. Gewerkschaftliche Bedeutung der Betriebsräte
Ist der Betriebsrat nun auch noch in einem für die Schlagfähigkeit der Gewerkschaft bedeutsamen Betrieb beschäftigt, verfügt er über ein ausreichendes Druckpotential, um seinen betrieblichen Interessen das nötige Gehör innerhalb der Gewerkschaft – zu Lasten der übrigen Gewerkschaftsmitglieder – zu geben („Betriebsratsfürst")[686]. Denn so sehr der Betriebsrat die Gewerkschaft für den Abschluss eines Tarifvertrages auch braucht, so sehr benötigt die Gewerkschaft den Betriebsrat vor Ort im Betrieb zur Mitgliederwerbung und Mobilisierung der Belegschaft im Streikfalle.[687]

b. Lösung des Interessenkonfliktes

aa. Personelle Funktionstrennung?
Wie aber kann mit diesem Interessenkonflikt angemessen umgegangen werden? Für eine vollständige personelle Funktionstrennung streitet der oben genannte Interessenkonflikt betriebsegoistischer und gesamtgewerkschaftlicher Interessen und gegebenenfalls Tz. 5.4.2 S. 4 des DCGK, der besagt: „Aufsichtsratsmitglieder sollen keine Organfunktion oder Beratungsaufgaben bei wesentlichen Wettbewerbern des Unternehmens ausüben." Indes lässt sich der Betriebsrat, trotz mancher Streitigkeiten im Einzelfall, keinesfalls als wesentlicher Wettbewerber der Gewerkschaft charakterisieren. Auch wenn er gelegentlich als „beitragsfreie Ersatzgewerkschaft"[688] bezeichnet wird, so bleiben seine Funktionen und rechtlichen Möglichkeiten doch auf die ihm durch das BetrVG eingeräumten Kompetenzen begrenzt. Er ist eben nicht in der Lage, die Arbeitsbedingungen seiner „Mitglieder" tarifvertragsrechtlich zu gestalten und bleibt daher eine neben der Gewerkschaft stehende Arbeitnehmerschutzinstitution.

Gegen eine personelle Trennung der Funktionen spricht vor allem das zweifelsohne gleichfalls im Interesse der Mitglieder liegende Interesse, nach einer Vielzahl qualifizierter Funktionäre: Dürften allein tatsächlich im Betrieb in ihrer ursprünglichen Funktion tätige Arbeitnehmer innergewerkschaftliche Positionen übernehmen, wäre dies zum einen mit erheblichen Schwierigkeiten verbunden, überhaupt genügend ehrenamtliche Funktionäre zu finden. Zum anderen aber litte daran auch die Qualität der Arbeit, verfügen die gesondert geschulten Betriebsräte doch über überdurchschnittliche Organisationsfähigkeiten gegenüber „normal" betriebsbeschäftigten Arbeitnehmern. Stellte die

686 *Kobler*, Fremdeinflüsse, S. 241.
687 Hierzu im Einzelnen schon *van Straelen*, Rollenkonflikt, S. 59ff.
688 *Rieble*, Bitburger Gespräche 2006/I, S. 41, 42; *Krause*, RdA 2009, 129, 135.

Gewerkschaft hingegen sämtliche Funktionäre nur hauptamtlich an, ginge damit die „Brückenfunktion“[689] der ehrenamtlichen Funktionäre in die Betriebe verloren und würde die Gewerkschaften wohl auch finanziell überfordern.

Hinzu kommt: Auch wenn ein Interessenkonflikt zwischen betriebs- und gesamtgewerkschaftlichen Interessen nicht von der Hand zu weisen ist, so ist die innergewerkschaftliche Willensbildung doch gleichzeitig auf die Rückkoppelung mit betrieblichen Interessen angewiesen. Gerade durch die Mitarbeit von Betriebsräten kann sichergestellt werden, dass auch betriebliche Interessen entsprechend berücksichtigt werden. Auch wenn die Interessen gut organisierter (Groß-)Betriebe keinesfalls mit den Interessen gerade kleinerer und mittlerer Unternehmen ohne betriebsratliche Vertretung innerhalb der Gewerkschaft gleichgesetzt werden dürfen, so ist doch die Artikulation von Partikularinteressen wünschenswert und für den Diskurs von Vorteil.[690] Schließlich ist die Gewerkschaft auch auf ihre starke Basis in den Großbetrieben angewiesen, über die erheblicher Druck auch auf kleinere Betriebe ausgeübt werden kann.[691] Es lässt sich daher festhalten, dass die Nachteile der personellen Verflechtung bei Weitem von ihren Vorteilen aufgewogen werden.[692]

bb. Transparente Rollentrennung

Wiewohl eine personelle Trennung der Funktionen nicht im Interesse der Gewerkschaftsmitglieder geboten ist, muss geleichwohl darauf geachtet werden, die Funktionen so sauber wie möglich auseinander zu halten.[693] Interessenkonflikte sollten so transparent wie möglich behandelt und offen dargelegt werden. Dies entspricht auch der vom DCGK vorgeschlagenen Linie, Interessenkonflikte vor allem durch Offenlegung zu entschärfen, vgl. Tz. 5.5.2: „Jedes Aufsichtsratsmitglied soll Interessenkonflikte, insbesondere solche, die auf Grund einer Beratung oder Organfunktion bei Kunden, Lieferanten, Kreditgebern oder sonstigen

---

689 *Bösche/Grimberg*, FS Däubler, S. 355, 359; Zu dieser Mittlerrolle *Witjes*, Führungsgruppen, S. 269, der die ehrenamtlichen Mitarbeiter zutreffend als bedeutsam für die direkte *„Transmission des Mitgliederwillens an die gewerkschaftliche Spitze“* erkennt.

690 A.A: *Kempen*, AuR 1980, 193, 199 der die Bildung von Interessenfraktionen als Keil in die Arbeitnehmerschaft brandmarkt.

691 Kritisch hierzu *Rieble*, Bitburger Gespräche 2006/I, S. 41, 44f sowie zur „Privativen Tariftreue“ *Seer*, Privative Tariftreue.

692 Zu diesem Ergebnis kommt auch *Kobler*, Fremdeinflüsse, S. 251 der vor allem auf den faktisch nicht zu verhindernden Einfluss der Betriebsratsfürsten auch bei Verbot der Funktionsübernahme herausstellt.

693 *Rieble*, BB 2009, S. 1016, 1017.

Dritten entstehen können, dem Aufsichtsrat gegenüber offenlegen."[694] Übertragen auf die Situation von Gewerkschaften bedeutet dies eine Offenlegung der Betriebsratstätigkeit gegenüber der Kontrollinstanz, die bislang lediglich eingeschränkt praktiziert wird. So sollten etwa die Mitglieder des Gewerkschaftsrates der ver.di – ebenso wie die ehrenamtlichen Beiratsmitglieder anderer Gewerkschaften – unter Angabe möglicher Interessenkonflikte auf der Website der Gewerkschaft veröffentlicht werden, um den Delegierten des Gewerkschaftstages mögliche Interessenkonflikte vor Augen zu führen. Darüber hinaus erscheinen partielle Mitwirkungsverbote wie Stimmrechtsausschlüsse oder gar Teilnahmeverbote in innergewerkschaftlichen Organen verfehlt, liefe ein solches Mitwirkungsverbot doch auf eine faktische personelle Funktionstrennung hinaus. So dürften in den allermeisten gewerkschaftlichen Fragen betriebliche Interessen tangiert, mithin ein entsprechender Interessenkonflikt eröffnet und damit die Teilnahme von Betriebsräten ausgeschlossen sein.

Das so gefundene Ergebnis steht dabei auch nicht im Widerspruch mit der Unvereinbarkeit der Aufsichtsratstätigkeit mit der Übernahme von leitenden Gewerkschaftsfunktionen. Denn während die Übernahme der Aufsichtsratstätigkeit im Nebenamt erfolgt, handelt es sich bei der Betriebsratstätigkeit regelmäßig um die Haupttätigkeit der lediglich ehrenamtlichen Gewerkschaftsfunktionäre. Insofern liegt ein erheblicher qualitativer Unterschied in der Interessenkollision vor.

5. *Interessenkonflikte durch Doppelmitgliedschaften?*

Weiter drohen Interessenkonflikte und ein damit einhergehender Verlust der Unabhängigkeit durch personelle oder geschäftliche Verflechtungen mit anderen Gewerkschaften oder dem DGB. Ungeachtet der faktischen Einflussnahme anderer Gewerkschaften auf die Gewerkschaftsarbeit, insbesondere innerhalb desselben Betriebs (Tarifpluralität[695]), soll hier, wie bereits gesagt, nur der Einflussnahme durch personelle rechtliche und geschäftliche Verknüpfung, nicht aber jedweder faktischen Einflussnahme nachgegangen werden.

Während allgemein in Rechtsprechung und Literatur Einigkeit darüber besteht, dass dem einfachen Verbandsmitglied grundsätzlich die Mitgliedschaft in verschiedenen, nicht mit einander konkurrierenden Tarifverbänden nicht

694 Weiterführend *Kort*, AG 2008, S. 137, 138; Ringleb/*Kremer*/Lutter/v. Werder, DCGK, Rn. 1097.

695 Vgl. nur ErfK/*Franzen*, § 4 TVG Rn. 70 m.w.N.

verwehrt werden kann,[696] ist diese Frage bislang für Verbandsfunktionäre – sowohl auf Arbeitnehmer- als auch auf Arbeitgeberseite – ungeklärt. Insofern könnte eine erhöhte Loyalitätspflicht der Verbandsfunktionäre für ein weitergehendes Verbot der Doppelmitgliedschaft angeführt werden. Denn über die allgemeine arbeitsrechtliche Treuepflicht der sonstigen Angestellten des Tarifverbands hinaus besteht für die gewählten organschaftlichen Funktionäre eine erhöhte Loyalitätspflicht, die sich in ihrer Intensität von der des gewöhnlichen Arbeitnehmers unterscheidet.[697] Sie korrespondiert letztlich mit der Haftung des Vereins für ihr Handeln. Daraus jedoch zu schließen, den Gewerkschaftsfunktionären jedwede Mitgliedschaft in einer anderen, nicht mit dem von ihm maßgeblich geprägten Verband im Wettbewerb stehenden Gewerkschaft zu untersagen, erscheint indes verfehlt. Denn insofern ist grundsätzlich kein Interessenkonflikt zu sehen, den es im Sinne der geführten Gewerkschaft aufzulösen gälte.

Hiervon abzugrenzen ist aber die Frage nach der Zulässigkeit der Doppelmitgliedschaft in einem konkurrierenden Verband. Eine solche kann nach allgemeiner Meinung bereits für einfache Verbandsmitglieder grundsätzlich im Rahmen der Satzung untersagt werden, soweit und solange keine besonderen Interessen des Mitglieds entgegenstehen.[698] Dies muss in besonderer Weise für Führungsfunktionäre gelten. Hierfür lässt sich wiederum auf das auch in Tz. 4.3.1 DCGK normierte umfassende Wettbewerbsverbot sowie die mit dem Funktionärsamt verbundene Treue- und Loyalitätspflicht zurückgreifen.

6. *Ehrenämter in staatlichen Organisationen*

Durch die Übernahme sonstiger Ehrenämter im staatlichen Sektor können sich weitere Interessenkonflikte ergeben.[699]

---

696 BAG 17.2.1998 – 1 AZR 364/97, NZA 1998, 754: Verbandsrecht nicht „verbraucht", a.A.: *Plander*, Gewerkschaftsbeschäftigte, S. 48; zum Ganzen *Löwisch/Rieble*, § 3 Rn. 107; Däubler/*Lorenz*, § 3 TVG Rn. 24.

697 Zu den Treuepflichten des Vorstandes der Aktiengesellschaft etwa MüKoAktG/*Spindler*, § 76 AktG, Rn. 14 m.w.N.

698 *Löwisch/Rieble*, § 3 TVG Rn. 45, auch mit dem Beispiel des in verschiedenen Branchen tätigen Teilzeitbeschäftigten, dem Schutz nur über die Doppelmitgliedschaft bei ver.di und der CGM gewährt werden kann. Insofern konkurrieren jedoch auch keine Gewerkschaften direkt miteinander.

699 Ausführlich zu den verschiedenen Beteiligungen *Hofer*, Beteiligungen, sowie *Teubner*, Organisationsdemokratie, S. 46.

a. Ehrenamtliche Richter

So sind Gewerkschaftsfunktionäre regelmäßig als ehrenamtliche Richter der Arbeits- und Sozialgerichtsbarkeit tätig, §§ 6 Abs. 1, 16 Abs. 1 und 2, 36 Abs. 1 und 2, 41 Abs. 1 und 2, 45 ArbGG, §§ 3, 9 Abs. 1, 12 Abs. 1, 30 Abs. 1, 33, 38 Abs. 2 S. 1, 40 S. 1, 41 Abs. 5 SGG).[700] Als den Berufsrichtern[701] gleichwertige Richter sind sie nach Art. 97 Abs. 1 GG zur Unabhängigkeit und Neutralität verpflichtet, und haben Berufsgeheimnisse zu wahren, vgl. § 45 Abs. 1 DRiG. Empirischen Studien zu Folge nehmen die von den Gewerkschaften ernannten Ehrenamtlichen ihre Aufgabe dabei tatsächlich neutral war und beharren in den Verfahren nicht auf ihrem „Haus-Standpunkt".[702]

Was für die Funktionsfähigkeit der Arbeits- und Sozialgerichte von ausgesprochenem Wert ist, wirft auf der anderen Seite jedoch die Frage auf, inwieweit Neutralität und Rollenwechsel im Gerichtssaal die Arbeit als Gewerkschaftsfunktionär beeinträchtigen können. Anders gefragt: Wird der Gewerkschaftsfunktionär nach dem Perspektivwechsel weiterhin allein die Interessen der organisierten Arbeitnehmer vertreten? Er wird es können. Allein die Erweiterung der Sichtweise und ein außergewerkschaftlich erworbener Erfahrungsschatz führen nicht zu einem echten Interessenkonflikt der Funktionäre. Eine gewerkschaftliche Funktion übernehmen bedeutet gerade nicht, sich jeglichen Fremdeinflüssen zu verwahren. Gewonnene Erkenntnisse können eben auch im Interesse der Mitglieder genutzt werden. Ein Interessenkonflikt allein aus der ehrenamtlichen Richterstellung in der Arbeits- oder Sozialgerichtsbarkeit ist daher nicht zu sehen. Indes bleibt anzumerken: Eine Vielzahl von Ehrenämtern neben der gewerkschaftlichen Tätigkeit wird sich schon allein zeitlich auf das gewerkschaftliche Engagement auswirken. Eine Offenlegung sämtlicher Ehrenämter ist daher geboten – sowohl bei haupt- als auch ehrenamtlichen Funktionären.

b. Sozialversicherungsgremien

Nicht anders ist zu urteilen, beteiligen sich ehren- oder hauptamtliche Funktionäre in Gremien der Sozialversicherungen.[703] Hier wie auch durch die Tätigkeit als ehrenamtlicher Richter ist ein grundsätzlich vorteilhafter Erfahrungsgewinn zu erwarten. Grenzen ergeben sich wiederum vor allem aus dem zeitlichen

---

700 Umfassend zu diesem Themenkomplex *Bader/Hohmann/Klein*, Ehrenamtliche Richter.

701 Zur Vereinbarkeit der gewerkschaftlichen Mitgliedschaft und Mitarbeit von Berufsrichtern *Klaas*, Gewerkschaftliche Betätigungsfreiheit, insb. S. 178ff, 208.

702 Bader/Hohmann/*Klein*, Ehrenamtliche Richter, S. 4 m.w.N.

703 *Hofer*, Beteiligungen, S. 131ff m.w.N.

Umfang des (weiteren) Ehrenamtes, dass die gewerkschaftliche Arbeit nicht beeinträchtigen darf. Daneben muss die Arbeit auch in Sozialversicherungsgremien offengelegt werden.

IV. Interessenkonflikte der Arbeitgeberfunktionäre

Auch die Funktionäre der Arbeitgeberverbände sind zur Wahrung der Interessen des Arbeitgeberverbandes verpflichtet. Dabei ist wiederum zwischen den hauptamtlichen, schon aus ihrem Arbeits- oder Dienstvertrag allein den Verbandsinteressen verpflichteten Funktionären, sowie den ehrenamtlichen Funktionären zu unterscheiden. Letztere werden regelmäßig durch ihre eigentliche Haupttätigkeit anderen Interessen verpflichtet sein, was im Einzelfall zur Interessenkollision führen kann.

1. Verband und einzelnes Unternehmen

a. Konfliktlage

Noch stärker als bereits in der Konstellation Betriebsrat – Gewerkschaft kann sich auf Arbeitgeberseite ein Interessenkonflikt für den ehrenamtlichen Verbandsfunktionär ergeben. Denn keinesfalls besteht zu jeder Zeit ein Gleichklang der Interessen der einzelnen Arbeitgeber mit denen ihres Verbandes.[704] Vielmehr hat der Verband einen Kompromiss zwischen den Mitgliedern zu vermitteln und diesen gegenüber der Gewerkschaft zu vertreten. So mag etwa die Zustimmung zu einem teuren Entgelttarifvertrag in einer angespannten Branchenlage für ein finanzstarkes Unternehmen noch hinnehmbar sein, den über weniger Rücklagen oder schlechteren Finanzzugang verfügenden Mitbewerber hingegen überfordern.

Für die ehrenamtlichen Funktionäre im Vorstand und Präsidium aber gilt: Auch sie sind hauptberuflich und damit in erster Linie einem Unternehmen und dessen Wohl verpflichtet. Abweichende Interessen der von ihnen gleichermaßen geleiteten Unternehmen und Verbände stürzen sie in ein Dilemma, dass aufgrund der hauptberuflichen Tätigkeit im Unternehmen grundsätzlich im Interesse des Unternehmens aufgelöst werden müsste. Erinnert sei in diesem Zusammenhang auch an die Instrumentalisierung des Arbeitgeberverbandes Postdienst e. V. durch die Post AG zur Verhinderung eines Wettbewerbs im Postsektor.[705] Zwar

---

704 Einen Einblick in die Praxis findet sich bei *Noé*, Klassenkampf, S. 197.

705 Zur Unzulässigkeit dieses Vorgehens OVG Berlin-Brandenburg v. 18.12.2008 – 1 B 13/08 – SAE 2009, 167, besprochen von *Klebeck/Weniger*, SAE 2009, 159; im Anschluss daran auch BVerwG v. 28.1.2010 – 8 C 19/09 – NZA 2010, 718.

ging es der Post AG seinerzeit nicht darum, Wettbewerber innerhalb des Arbeitgeberverbandes zu benachteiligen, doch wäre ein solches Verhalten etwa durch den Abschluss eines nur für die Post AG tragbaren Tarifvertrages in einer anders gelagerten Verbandslandschaft ebenso möglich gewesen.

b. Transparente Funktionstrennung

Es wird daher deutlich, dass zwischen den Interessen der Unternehmen und denen des Verbandes zu unterscheiden ist. Da aber konzeptionell die Leitung des Verbandes durch ehrenamtliche, hauptberuflich unternehmerisch tätige Personen übernommen wird, besteht für diese ein struktureller Interessenkonflikt. Er ist in gewisser Weise dem Interessenkonflikt der hauptberuflichen Betriebsräte in ihrer gewerkschaftlichen Funktion vergleichbar. Hier wie dort aber kann die Lösung nicht darin bestehen, die Funktionen vollständig personell zu trennen. Auch die Arbeitgeberverbände sind auf die Rückkoppelung zwischen hauptamtlicher Geschäftsführung und Basis angewiesen, die maßgeblich durch die ehrenamtlichen Funktionäre gewährleistet wird. Die Lösung dieses Konfliktes kann daher auch in diesem Fall nur darin bestehen, durch weitgehende Transparenz ein Bewusstsein für die aus diesem Interessenkonflikt resultierenden Probleme zu schaffen. Jeder einzelne Funktionär ist dabei gehalten, seine Funktionen streng auseinander zu halten. Die informierte Vereinsöffentlichkeit wird besonders wachsam sein.

2. Sonstige Ehrenämter

Vergleichbar der Situation bei Gewerkschaften, begründet auch auf Arbeitgeberseite nicht jedes Ehrenamt als Richter oder die Mitwirkung in den Sozialversicherungen einen Interessenkonflikt. Gegen eine solche Tätigkeit ist aus den bereits oben unter § 3C.III.6, S. 134 genannten Gründen nichts einzuwenden, solange das Engagement im Arbeitgeberverband nicht aufgrund des Umfanges des anderen Ehrenamts beeinträchtigt wird und diese offen gelegt werden.

D. Zwischenergebnis

Sowohl Gewerkschaften als auch Arbeitgeberverbände haben zumeist vom vereinsrechtlichen Grundtypus abweichende Vorstandsstrukturen errichtet. Die Vertretung der Verbände liegt dabei in einigen Fällen beim Vorsitzenden/Präsidenten oder einem kleinen Führungskreis, der den „Vorstand i.S.d. § 26 BGB" darstellt. Daneben besteht regelmäßig ein mit ehrenamtlichen Mitgliedern besetzter, in vielen Fällen als Hauptvorstand bezeichneter erweiterter Vorstand, dem die Leitung des Verbandes, teilweise aber auch die Vertretung des Verbandes obliegt. Die Geschäftsführung schließlich ist bei Gewerkschaften den hauptamtlichen Mitgliedern des Vorstandes um den Vorsitzenden übertragen. Die Arbeitgeberverbände hingegen haben hierzu hauptamtliche Geschäftsführer angestellt, die rechtlich als besondere Vertreter i.S.d. § 30 BGB anzusehen sind.

Die Geschäftsführung ist den Weisungen der übrigen Organe, insbesondere denen der Mitgliederversammlung unterworfen. Sie unterliegt im Innenverhältnis einer Legalitätspflicht, wobei bei unsicheren Rechtsentscheidungen die auch für Tarifverbände geltende *Legal Judgement Rule* zum Tragen kommt. In wirtschaftlichen und tariflichen Angelegenheiten steht der Geschäftsführung ein nicht überprüfbarer Ermessensspielraum zu, der in Anlehnung an die Business Judgement Rule als *Collective Judgement Rule* bezeichnet werden kann. Neben der Organisation alltäglicher Verbandstätigkeiten muss die Geschäftsführung gesetzestreues Verhalten der Verbandsakteure sicherstellen, mithin ein taugliches System der Verbands-Compliance errichten. Weiterhin ist die Geschäftsführung für die Aufstellung einer kaufmännischen Buchhaltungsvorschriften genügenden Rechnungslegung sowie zur Aufstellung eines (Konzern-)Jahresabschlusses und nicht lediglich zur Aufstellung einer Einnahmen-Ausgaben Rechnung verantwortlich. Der aufzustellende Jahresabschluss ist durch unabhängige Wirtschaftsprüfer zu testieren. Den Vorstand der Tarifverbände trifft keine Pflicht zum Abschluss von Tarifverträgen. Schließt er jedoch Tarifverträge ab, hat er hierbei die internen Verfahrensregeln einzuhalten sowie die allgemeinen Sorgfaltspflichten zu beachten (Legalitätspflicht, Legal Judgement Rule, Collective Judgement Rule).

Ferner sollte die Geschäftsführung aus mehreren Personen gebildet werden, die unter Qualifikations- und Repräsentationsgesichtspunkten auszuwählen sind. Sie sollte sich eine Geschäftsordnung geben und durch einen Vorsitzenden oder Sprecher geleitet werden. Eine (flexible) „Frauenquote" sollte allenfalls für Gewerkschaften gelten und ist bei Arbeitgeberverbänden fehl am Platz. Generell sind die Geschäftsführung sowie die übrigen Verbandsfunktionäre zur vertrauensvollen und transparenten Zusammenarbeit verpflichtet. Dabei besteht bei Tarifverbänden ein Konflikt zwischen grundsätzlich wünschenswerter Transparenz und schützenswertem Geheimhaltungsinteresse des Verbandes gegenüber dem sozialen Gegenspieler. Daher ist zwischen nicht offen zu legenden, nur gegenüber den Mitgliedern offen zu legenden und der Allgemeinheit offen zu legenden Informationen zu unterscheiden. Gerade ehrenamtliche Funktionäre sind durch entsprechende Schulungen für ihre Aufgaben vorzubereiten. Durch gute Arbeitsbeschreibungen und regelmäßige Evaluationen kann die Qualität der

Funktionärsarbeit gesteigert werden. Die Vergütung der hauptamtlichen Funktionäre ist durch das Kontrollorgan festzulegen und ist den Mitgliedern gegenüber offenzulegen. Sie sollte sowohl feste als auch variable Bestandteile umfassen.

Weiterer Schwerpunkt guter Koalitionsführung muss die Vermeidung bzw. Abschwächung von Interessenkonflikten der Verbandsfunktionäre sein. Sie sollten allein die Interessen der Verbandsmitglieder vertreten und vor Fremdeinflüssen so weit wie möglich geschützt werden. Auf Gewerkschaftsseite bestehen etwa Interessenkonflikte für leitende Angestellte, die aufgrund ihrer Stellung zwischen Arbeitgeber- und Arbeitnehmerseite keine leitenden Funktionen in gemischten Tarifverbänden, d.h. Tarifverbänden mit sowohl leitenden als auch nicht-leitenden Angestellten, übernehmen sollten. Lediglich in Koalitionen für nur leitende Angestellte (etwa ULA) sollten leitende Angestellte auch Führungspositionen übernehmen. Interessenkonflikte ergeben sich auch für Gewerkschaftsfunktionäre, die gleichzeitig Mitglieder in mitbestimmten Aufsichtsräten sind. Die Interessenkonflikte treten verstärkt in Zeiten des Arbeitskampfes zu Tage, bestehen aber auch in Friedenszeiten. Aufgelöst werden können diese Konflikte nur durch ein Verbot für führende Gewerkschaftsfunktionäre gleichzeitig Mitglied in Aufsichtsräten zu sein. Gesondert geschulte Gewerkschaftsfunktionäre ohne leitende gewerkschaftliche Funktionen sollten stattdessen in mitbestimmte Aufsichtsräte entsandt werden. Interessenkonflikte bestehen des Weiteren für Betriebsräte in gewerkschaftlicher Funktionsverantwortung. So können die Interessen des Betriebes den Interessen der Gesamtgewerkschaft zuwiderlaufen. Aufgelöst werden kann dieser Rollenkonflikt jedoch nicht durch strikte personelle Trennung, er muss offen gelegt und grundsätzlich hingenommen werden. Auch sonstige Mitgliedschaften und Tätigkeiten etwa als ehrenamtliche Richter stehen einer Tätigkeit als Gewerkschaftsfunktionär nicht entgegen. Auch in Arbeitgeberverbänden bestehen besondere Interessenkonflikte, da auch hier etwa die Interessen des einzelnen Unternehmens den Interessen des Gesamtverbandes zuwiderlaufen können. Wie schon für Betriebsräte ist eine strikte personelle Funktionstrennung jedoch praktisch unmöglich. Bestehende Interessenkonflikte sind daher auch hier – genau wie Beteiligungen an sonstigen Organisationen oder staatlichen Einrichtungen – offen zu legen und grundsätzlich hinzunehmen.

§ 4. Führungskontrolle

Ein System von *Checks and Balances* zu schaffen, um die Macht des Führungsorgans im Sinne der Mitglieder einzugrenzen, ist ein weiteres Kernanliegen der Collective Governance.

A. Checks and Balances und Führungskontrolle

Bei diesen Checks and Balances geht es, wie *Volker Rieble*[706] zutreffend betont hat, nicht darum, ein an das Staatsrecht angelehnten Systems der Gewaltenteilung zu etablieren. Ein solches, in Legislative, Exekutive und Judikative gespaltenes Machtkonzept, kann nicht ohne Weiteres auf den privatrechtlichen, freiwilligen Zusammenschluss in Tarifverbänden übertragen werden. Es sind weniger die Einsichten eines *John Lockes* oder *Montesquieus*, als vielmehr die sozioökonomischen Erkenntnisse,[707] nach welchen ein die Mitgliederinteressen bestmöglich sicherstellendes Systems der Checks and Balances geschaffen werden muss. Auch die im Zusammenhang mit Gewerkschaften häufig genutzte Terminologie („Legislative und Exekutive“[708]) darf den Blick nicht dafür verstellen, dass es sich bei Tarifverbänden gerade nicht um staatstragende, „das Volk“ oder „die Arbeiterklasse“ repräsentierende Vereinigungen, sondern schlicht um privatrechtliche Interessenverbände mit besonderen Rechten handelt.

So verstanden, zielt das System von Checks and Balances im Sinne der Collective Governance auf eine sinnvolle Kontrolle der Geschäftsführung,[709] wie sie auch Anliegen der Corporate Governance ist. Während der Führungskontrolle von Unternehmen bereits eine erhebliche Aufmerksamkeit zuteil wurde, galt die Aufmerksamkeit im Tarifverbandsrecht bislang insbesondere den dogmatischen Fragen demokratischer Willensbildung oder der grundsätzlichen Legitimität des

---

706 *Löwisch/Rieble* § 2 TVG Rn. 91.

707 Vgl. zur institutionenökonomischen Forschung, dem Transaktionskosten- und Prinzipal-Agent-Ansatz bereits oben, § 1 C. I. 2. a, S. 19, grundlegend auch *Hirschmann*, Abwanderung, S. 1.

708 Etwa *Müller/Wilke*, Einfluß nehmen, S. 308.

709 „Geschäftsführung“ soll im Folgenden das tatsächlich die Geschäfte des Tarifverbandes führende Gremium bezeichnen. Gemeint ist daher das in den meisten Gewerkschafts- und Arbeitgeberverbänden als „geschäftsführender Vorstand“ oder „Geschäftsführung“ bezeichnete Organ bzw. Teil des Organs „Vorstand“, vgl. bereits oben § 3 A. II, S. 85, § 3 A. III, S. 88.

Verbandshandelns. Eine weitergehende Untersuchung denkbarer Kontrollmechanismen der Geschäftsführung der Tarifverbände steht hingegen bislang aus.[710]

In Abgrenzung zur bereits oben beleuchteten Willensbildung zielt Kontrolle darauf ab, die Umsetzung der grundlegenden, von den Verbandsmitgliedern selbst getroffenen Entscheidungen sowie ganz generell die Geschäftsführung und Vertretung des Verbandes laufend zu überwachen. Es geht darum, die Ausnutzung des natürlichen Wissensvorsprungs der Führung gegenüber den Mitgliedern zu unterbinden, ein Handeln im Interesse der Mitglieder sicher zu stellen und somit den Prinzipal-Agent Konflikt bestmöglich zu lösen (zu diesem bereits oben § 1 C. I. 2. a. aa, S. 20). Dabei kann eine Kontrolle sowohl beratend als auch retrospektiv erfolgen, wie der Blick auf die sich beständig gewandelte Tätigkeitsbeschreibung des Aufsichtsrates der Aktiengesellschaft zeigt.[711]

B. Führungskontrolle im Vereinsrecht

Wie bereits unter § 1 C. I. 2. a. cc, S. 22 dargestellt, hat die Governance-Forschung mit den internen und externen Governance-Mechanismen zwei grundsätzliche Regelungssysteme identifiziert, mit denen die Verbandsführung im Sinne der Mitglieder kontrolliert werden kann.

Wie diese im Vereinsrecht umgesetzt wurden, soll Gegenstand dieses Kapitels sein. Es ist zu zeigen, dass der Gesetzgeber im Vereinsrecht verschiedene Kontrollmechanismen vorgesehen hat, die sich nach dem oben Gesagten als interne und externe Kontrollmechanismen einordnen lassen. Wie zu zeigen sein wird, erweisen sie sich jedoch für Tarifverbände als weithin untauglich.

I. Interne vereinsrechtliche Governance Mechanismen

Nach der vereinsrechtlichen Grundkonzeption ist eine Kontrolle der Geschäftsführung innerhalb des Vereins zum einen durch die Mitglieder- bzw. Delegiertenversammlung, zum anderen durch die einzelnen Mitglieder außerhalb der Mitglieder- bzw. Delegiertenversammlung möglich.

---

710 Einzig die Dissertationen von *Vorderwülbecke*, Rechtsform, ab S. 102ff sowie vor allem die Dissertation zu Großvereinen von *Segna*, Vorstandskontrolle, zielen in diese Richtung.

711 Hierzu statt aller AktG/*Hüffer*, § 111 Rn. 4f.

1. Kontrolle durch die Mitgliederversammlung?

a. Vereinsrechtliche Konzeption

In erster Linie obliegt die Führungskontrolle der Mitgliederversammlung als oberstem Vereinsorgan.[712] Wie bereits oben (§ 2 B. I. 3, S. 55) gezeigt, stehen ihr – bzw. der gegebenenfalls eingerichteten Delegiertenversammlung – nach dem Wortlaut des § 27 Abs. 1 und 2 BGB sowohl Bestellung als auch Abberufung des Vorstandes, mithin die wesentlichen Personalkontrollrechte zu.[713]

Daneben ist es aber auch ganz generell Aufgabe der Mitglieder- bzw. Delegiertenversammlung, den Vorstand zu überwachen. Zwar fehlt es insofern an einer ausdrücklichen gesetzlichen Regelung, doch verfügt die Mitglieder- bzw. Delegiertenversammlung über die Auffangkompetenz für sämtliche nicht ausdrücklich dem Vorstand oder anderen Organen zugewiesene Rechte und Pflichten,[714] mithin also auch die Kompetenz zur Überwachung des Vorstandes (§ 32 Abs. 1 BGB).[715]

b. Untauglichkeit bei Tarifverbänden

Wie bereits ausgeführt (§ 2 B. I. 3. b. aa, S. 58), bestehen gegen die gesetzliche Zuweisung der Personalkompetenz an die Mitgliederversammlung unter dem Gesichtspunkt effektiver Steuerung und Kontrolle erhebliche Bedenken.

Die laufende Überwachung der Verbandsführung ist praktisch unmöglich. So tagt die Mitglieder- bzw. Delegiertenversammlung des Großvereins höchstens im jährlichen Turnus, auf Gewerkschaftsseite in den meisten Fällen sogar nur alle vier Jahre (§ 2 B. I. 2. a, S. 48). Eine Überwachung durch die Mitgliederversammlung ist daher überhaupt nur retrospektiv, keinesfalls begleitend und beratend möglich. Aber auch die rückblickende Kontrolle leidet daran, dass sie sich auf die Berichtspflichten der Verbandsführung stützen muss und diese Berichte nicht sinnvoll innerhalb weniger Tage kritisch durcharbeiten kann. Hinzu kommt, dass die Verbandsführung großen Einfluss auf Ablauf und Gestaltung der Versammlung nehmen kann und ihr ein erheblicher Gestaltungsspielraum hinsichtlich der Präsentation der Geschäftstätigkeitsberichte möglich ist.[716]

---

712 Staudinger/*Weick*, § 32 BGB Rn. 1.

713 Hierzu, sowie zum dispositiven Charakter, MüKoBGB/*Reuter* § 27 BGB Rn. 18.

714 Soergel/*Hadding*, § 32 BGB Rn. 5.

715 Siehe auch OLG Düsseldorf v. 2.12.1982 – 18 U 220/82, MDR 1983, 488.

716 Kritisch im Hinblick auf die Kontrollwirkung der Gewerkschaftstage daher *Rölke*, Gewerkschaftsbeteiligung S. 96f.

Aber selbst wenn die Mitglieder- oder Delegiertenversammlung mehrfach im Jahr oder gar monatlich zusammenkäme, wäre sie bereits aufgrund ihrer bloßen Größe nicht in der Lage, die Geschäftsführung effektiv zu überwachen. Wie sich aus § 95 AktG ergibt, erachtet der Gesetzgeber grundsätzlich eine Anzahl von 3 – 21 Mitgliedern für sinnvoll, um die Geschäftsführung effektiv zu überwachen.[717] Die Mitglieder- oder Delegiertenversammlung auf eine solche kleine Größe zu verkleinern, ist ausgeschlossen: Die Mitgliederversammlung muss sämtlichen Mitgliedern gleichermaßen offen stehen und auch die Delegiertenversammlung muss so gut wie möglich die Mitgliederstrukturen widerspiegeln, was bei den vielschichtigen Tarifverbänden eine erheblich höhere Delegiertenzahl nötig macht.

2. Kontrolle durch das Verbandsmitglied?

Durch die Mitglieder selbst ist eine Kontrolle der Leitung vereinsrechtlich nur eingeschränkt möglich und bei Tarifverbänden faktisch nicht zu erwarten.

a. Vereinsrechtliche Kontrollmöglichkeiten der Verbandsmitglieder

aa. Kontrolle bei Eingriff in die Mitgliedschaftsrechte

Grundsätzlich obliegt die Kontrolle des Vereinsvorstandes der Mitgliederversammlung. Überschreitet der Vorstand seine Kompetenzen im Innenverhältnis, ist hierin zunächst eine Pflichtverletzung gegenüber dem Verband zu sehen.[718] Allerdings ist seit der wegweisenden „*Holzmüller*“-Entscheidung des BGH[719] im Gesellschafts wie Vereinsrecht grundsätzlich anerkannt, dass die Überschreitung der Vorstandskompetenzen unter Umständen die Mitgliedschaftsrechte verletzt.[720]

Eine sehr eingeschränkte Kontrolle des Vorstandes ist nach diesem Grundsatz also möglich, wenn der Vorstand die ihm nach Gesetz und Satzung zustehenden Kompetenzen überschreitet und dadurch in die Zuständigkeiten der Mitgliederversammlung eingreift. Denn durch die Verletzungen der Kompetenzen der Mitgliederversammlung wird das Mitglied gleichzeitig in eigenen subjektiven Rechten als Mitglied verletzt. Dies ist etwa der Fall, erweitert der

---

717 Hierzu noch unten § 4 C. IV. 1, S. 177.

718 Statt aller *Habersack*, Mitgliedschaft, S. 285ff. m.w.N.

719 BGH v. 25.2.82 – II ZR 174/80, BGHZ 83, 122. Grundlegend und für die „Holzmüller“-Entscheidung wegbereitend *Keuk-Knobbe*, FS Ballerstedt, S. 239, 251ff sowie im Anschluss hieran *Lutter* AcP 180 (1980), 84.

720 *K. Schmidt*, Gesellschaftsrecht, S. 649f; für den Verein etwa MükoBGB/*Reuter* § 38 BGB Rn. 35 und eingehend für Großvereine *Segna*, Vorstandskontrolle, S. 242ff.

Vorstand eigenmächtig die Tarifzuständigkeit des Verbandes ohne die Mitgliederversammlung über diese Zweckänderung abstimmen zu lassen. Das Mitglied muss in diesen Fällen grundsätzlich auch nicht den Weg über Einberufung und Rechtsverfolgung durch die Mitgliederversammlung gehen, sondern kann seine Rechte auch direkt geltend machen. Darüber hinaus soll das Mitgliedschaftsrecht des Verbandsmitglieds ebenfalls verletzt sein, wenn der Vorstand sich über die von der Mitgliederversammlung gefassten Beschlüsse hinwegsetzt (etwa: Keine Verlagerung der Vermögensverwaltung auf eine Tochter-GmbH)[721] oder er rechtswidrig gefasste Beschlüsse der Mitgliederversammlung nicht umsetzt.[722]

bb. Actio pro socio *im Tarifverband*

Ob das Verbandsmitglied sich nicht nur auf eigene Rechte berufen, sondern auch Ansprüche des Vereins im eigenen Namen für Rechnung des Vereins geltend machen kann, ist umstritten.[723] Zwar würde eine derartige Klagemöglichkeit im Sinne einer *actio pro socio* dazu beitragen, die Maßnahmen des Tarifverbands in stärkerem Umfang auf ihre Rechtmäßigkeit hin zu überprüfen. Entscheidend gegen eine solche Prozessstandschaft[724] spricht jedoch, dass hierdurch in erheblichem Maße in das Kompetenzgefüge des Vereins eingegriffen wird, der grundsätzlich auf eine starke Position der Mitgliederversammlung ausgerichtet ist.[725]

b. Faktische Hindernisse im Tarifverband

Letztlich stehen aber vor allem faktische Gründe einer Führungskontrolle durch die einzelnen Mitglieder entgegen.[726] Denn selbst wenn das einzelne Verbandsmitglied rechtlich zumindest eingeschränkt in der Lage ist die Führung zu überwachen,[727] macht es von einer solchen Kontrollmöglichkeit kaum Gebrauch,

---

721 *Habersack*, Mitgliedschaft, S. 339f. m.w.N.

722 *Keuk-Knobbe,* FS Ballerstedt. *S.* 239, 245.

723 Für die grundsätzliche Anwendbarkeit der actio pro socio in jeder Verbandsform; *Lutter*, AcP 180 (1980), 84, 136f; gegen eine solche Verallgemeinerung *Zöllner*, ZGR 1988, 392, 403; im Hinblick auf den Verein dagegen auch MüKoBGB/*Reuter* § 38 BGB Rn. 28f.

724 Als solche wird die Rechtsfigur der actio pro socio von der h. M. qualifiziert, statt aller Baumbach/Hueck/*Fastrich*, GmbHG § 13 Rn. 37 m.w.N auch zu abweichenden Ansichten.

725 Dies sieht auch *Segna*, Vorstandskontrolle, S. 263, der aber dennoch an der Notwendigkeit festhält, sie aber nur als Notgeschäftsführungsbefugnis akzeptiert.

726 In diese Richtung schon *Löwisch/Rieble*, § 2 TVG Rn. 97.

727 Hierzu oben sowie ausführlich *Segna*, Vorstandskontrolle, S. 229ff; *Vorderwülbecke*, Rechtsform, S. 102ff.

da eine solche Kontrolle in keinem ausgewogenen Verhältnis zum Nutzen steht. Insofern sind die Erkenntnisse aus der Governance-Forschung zu *Agency-Costs*[728] uneingeschränkt auch auf Tarifverbände zu übertragen:[729] Solange das einzelne Mitglied nur marginal etwa durch die im abgeschlossenen Tarifvertrag vereinbarte Lohnerhöhung, Kürzungen der rechtlichen Beratungs- oder Haftungsleistungen, maximal aber über verpflichtende Teilnahme an Streikmaßnahmen in seinen Interessen berührt wird, auf der anderen Seite die Kontrolle der Verbandsführung aber ein intensives und zeitaufwendiges Einarbeiten in die Belange des Verbandes bedeutet, ist eine effektive Kontrolle durch die Verbandsmitglieder selbst nicht zu erwarten. Hinzu kommt die ebenfalls in der Governance Forschung herausgearbeitete demotivierende *Trittbrettfahrerproblematik*, da Kosten und Mühen zwar bei dem überwachenden Mitglied verbleiben, sämtliche andere Mitglieder aber ohne Aufwand ebenfalls in den Genuss der Kontrollvorteile kommen.[730] Die Motivation des Einzelnen dürfte daher schnell erlahmen, würden seine Arbeitsergebnisse ohne entsprechende Anerkennung und Vergütung zu Gunsten aller sozialisiert.

Nach alledem ist eine Kontrolle der Führung durch die Verbandsmitglieder selbst in den engen rechtlich zulässigen Grenzen aus tatsächlichen Gründen nicht zu erwarten.

II. Externe vereinsrechtliche Governance Mechanismen

Neben der internen Führungskontrolle durch die Mitgliederversammlung setzt das Vereinsrecht vor allem auf eine externe Kontrolle durch Marktmechanismen.

So sind die Mitglieder – im Unterschied etwa zu den Anteilseignern der Aktiengesellschaft (kein Austrittsrecht) – grundsätzlich frei darin, jederzeit aus dem Verein aus- und einem anderen Verein beizutreten (§ 39 BGB). Entspricht die Leitung des Vereins nicht den Vorstellungen der Mitglieder, steht es ihnen frei, dessen Handeln durch ihren Austritt zu sanktionieren.

Dass diese externen vereinsrechtlichen Governance-Mechanismen jedoch für Tarifverbände nicht greifen, wurde bereits oben § 1 D. II. 2. b. bb. [2], S. 31 erläutert. Aufgrund der herausgehobenen Stellung der Tarifverbände (Normsetzungsbefugnis) und angesichts eines nicht funktionierenden Wettbewerbs steht es den Mitgliedern von Gewerkschaften und auch Arbeitgeberverbänden letztlich nicht frei, den Verband zu verlassen und sich einem anderen Verband zuzuwenden.

---

728 Statt aller *Göbel*, Institutionenökonomik, S. 125ff.

729 *Teichmann*, ZGR 2001, 645, 652.

730 Hierzu etwa *Picot*, Organisation, S. 357.

III. Zwischenergebnis

Das Vereinsrecht versucht die aus der Corporate Governance bekannten Probleme der Vorstandskontrolle sowohl durch interne (voice), vor allem aber durch externe Governance Mechanismen (exit) zu lösen. So unterliegt der Vereinsvorstand nach der dispositiven gesetzlichen Konzeption der Kontrolle der Mitgliederversammlung. Daneben haben die Mitglieder das Recht, eine Verletzung ihrer Mitgliedschaftsrechte selbstständig durchzusetzen. Vor allem aber steht es ihnen grundsätzlich frei, den Verein jederzeit zu verlassen und sich einem anderen Wettbewerber zuzuwenden.

Dieses, auf den im Wettbewerb stehenden Kleinverein zugeschnittene Konzept bietet jedoch keine ausreichende Vorstandskontrolle in Tarifverbänden. Die mit zumeist mehreren hundert Mitgliedern besetzte und höchstens einmal jährlich zusammentretende Mitglieder- oder Delegiertenversammlung ist faktisch außer Stande, die Arbeit der Leitung effektiv zu überwachen. Mangels funktionierenden Marktes steht es den meisten Mitgliedern auch nicht frei, zwischen verschiedenen Tarifverbänden zu wählen. Die im Vereinsrecht vorgesehen Mechanismen der Vereinskontrolle sind daher auf Tarifverbände nur sehr eingeschränkt anwendbar.

C. Führungskontrolle und Collective Governance

Wie nun kann eine echte Führungskontrolle bei Tarifverbänden sichergestellt werden? Das oben skizzierte Versagen der vereinsrechtlichen internen und externen Governance Mechanismen sowie der Blick in das Aktien-, Genossenschafts- und SE-Recht machen deutlich: Elementar für die Führungskontrolle in Großvereinigungen ist die Einrichtung eines kleineren, dafür öfter tagenden Kontrollorgans. So verwundert es nicht, dass der Corporate Governance Kodex für vereinsrechtlich organisierte Non-Profitorganisationen wie etwa der *Diakonische Corporate Governance Kodex (DGK)*[731] sowie der *Corporate Governance*

731 Ziff. 2: „*Diakonischen Trägern ist im Allgemeinen zwar gesetzlich kein spezielles Führungssystem vorgegeben. In der Satzung sollte jedoch das bereits in anderen Branchen praktizierte duale Führungssystem verankert werden: Ein Vorstand leitet die Einrichtung in eigener Verantwortung. Die Mitglieder des Vorstandes tragen gemeinsam die Verantwortung für die Einrichtungsleitung. Ein Aufsichtsgremium bestellt, überwacht und berät den Vorstand und ist in Entscheidungen von grundlegender Bedeutung unmittelbar eingebunden. Der/die Vorsitzende koordiniert die Arbeit des Aufsichtsgremiums*".

Kodex für die Diakonie in Württemberg (DK)[732] ebenfalls ein solches Kontrollorgan als Schlüssel zur guten Vereinsführung identifiziert haben.[733]

I. Organisatorische Unabhängigkeit des Kontrollorgans

Zunächst zu klären ist, inwiefern eine eigenständige, organschaftliche Stellung des Kontrollorgans erforderlich ist. Aufschlussreich ist hier der Blick sowohl in die Entwicklung des Aktienrechts und den internationalen Kontext, aber auch in den Diskussionsstand zur Corporate Governance.

1. Gestaltungsoptionen

a. Dualistisches Modell

Möglich ist es zum einen, die Kontrolle in einem organschaftlich vom Führungsorgan getrennten Gremium zu bündeln – ein Weg, der im deutschen Aktienrecht seit 1861 erfolgreich beschritten wird.[734]

Dies hätte unzweifelhaft den Vorteil, Führung und Kontrolle organisatorisch klar und präzise auseinander zu halten. In geeigneter Weise könnten so „gestio, electio und instructio"[735] auf unterschiedliche Verwaltungsorgane verteilt werden, wobei durchaus Anleihen aus dem „filigran austarierten System"[736] von Vorstand und Aufsichtsrat der deutschen Aktiengesellschaft genommen werden können. Denn dort wurde – sieht man von dem Fremdkörper der Mitbestimmung ab – ein „kaum mehr wesentlich zu verbesserndes Gleichgewicht der beiden Organe erreicht".[737]

Gleichwohl bringt eine solche strikte Trennung der Organe auch Nachteile mit sich. Denn umso ausgeprägter die Trennung von Kontrolle und Leitungsmacht ausgestaltet ist, desto schwieriger wird es für Kontrolleure, Einblicke in das Leitungsgremium zu erhalten. Sie müssen über Sachverhalte urteilen, die sie nur durch Informationen des Vorstandes oder aus der Überlassung von

---

732 Tz. 2.1.1 DG: *„Jedes Mitglied/jeder Rechtsträger soll neben der Leitung eine Aufsichtsebene bilden"*.

733 Zur Tragfähigkeit des DCGK im Stiftungsrecht *Kohl*, GS Walz, S. 339; mit einem Überblick über weitere gesetzliche und untergesetzliche Governance Regelungen insbesondere für Stiftungen *Schöbel*, Corporate Governance im Stiftungsrecht, S. 95ff.

734 Zur historischen Entwicklung des AktG etwa MüKoAktG/*Spindler*, Vor § 76 Rn. 7ff.

735 Zum römisch-rechtlichen Hintergrund Hommelhoff/Hopt/v. Werder/*Böckli*, Handbuch Corporate Governance, S. 256.

736 Hommelhoff/Hopt/v. Werder/*Oetker*, Handbuch Corporate Governance, S. 278.

737 Hommelhoff/Hopt/v. Werder/*Böckli*, Handbuch Corporate Governance, S. 260.

Unterlagen erhalten. Praktisch ist es aber nur sehr eingeschränkt möglich, von außen und allein aufgrund des Aktenstudiums die Entscheidungen und Handlungen des Führungsorgans zu überprüfen. Treffend führt daher *Peter Boeckli* aus:

> „So logisch und bestechend der Gedanke einer Trennung von Geschäftsführung einerseits und Wahl und Überwachung andererseits ist – eine strenge personelle und institutionelle Trennung von zwei Menschengruppen führt zu einem Informationsproblem, das trotz allen gesetzlichen Bemühungen zur Förderung des Informationsflusses und trotz aller Mahnungen zu intensiverem Zusammenwirken kaum überwindbar ist."[738]
> Pointiert: „Niemand kann andere überwachen ohne selbst dabei zu sein."[739]

Erschwerend kommt das „Phänomen der Asymmetrie des Nachrichtenflusses"[740] hinzu, wonach jedes Aufsichtsverhältnis damit zu kämpfen hat, dass gute Nachrichten zwar schnell ihren Weg nach oben finden, schlechte hingegen nur sehr langsam weiter gegeben werden. Denn: „keine handelnde Person setzt sich ohne Not gegenüber anderen ins Unrecht".[741]

b. Monistisches Modell

Die Publikumsgesellschaften des angelsächsischen Rechtsraums[742] sowie die im Zuge der Europäisierung des Gesellschaftsrechts[743] geschaffene deutsche monistische Societas Europaea (SE Art. 43ff SE-VO, §§ 20ff SEAG) zeigen, dass die Kontrolle durch ein externes Organ nicht die einzige Möglichkeit interner Verbandskontrolle ist.

Kennzeichnend für das hiermit angesprochene, als monistisch oder Board-System[744] bezeichnete Organisationskonzept ist die Konzentration von Führung und Kontrolle in einem Organ, dem Verwaltungsrat.[745] Diesem obliegt über

---

738 Hommelhoff/Hopt/v. Werder/*Böckli*, Handbuch Corporate Governance, S. 267; *Schiessl*, ZHR 167 (2003), 235, 241.

739 Hommelhoff/Hopt/v. Werder/*Böckli*, Handbuch Corporate Governance, S. 267.

740 Hommelhoff/Hopt/v. Werder/*Böckli*, Handbuch Corporate Governance, S. 267.

741 Hommelhoff/Hopt/v. Werder/*Böckli*, Handbuch Corporate Governance, S. 267.

742 Allgemein zu monistischen und dualistischen Systemen im internationalen Vergleich etwa KK-AktG/*Siems*, Vor Art. 43 Rn. 5ff.

743 Zu dieser Entwicklung *Fleischer*, 204 (2004), 502.

744 Zu den Begriffen etwa Ringleb/Kremer/Lutter/*v. Werder*, DCGK, Präambel Rn. 91ff sowie Rn. 111.

745 In Anlehnung an die Bezeichnung des einzigen gesetzlich geregelten monistischen Organs bei der SE, vgl. Art. 43 SE-VO.

die Überwachung hinaus auch die Leitung der Gesellschaft.[746] Er selbst ist für Planung-, Steuerung und Organisation des Unternehmens, für dessen Finanzen und ein funktionierendes Informationssystem verantwortlich.[747] Es ist an ihm, die Grundlinien der Verbandstätigkeit zu bestimmen.[748] Um aber die Überwachung nicht vollkommen auszuhebeln, sollten Leitung und Geschäftsführung gleichwohl organisatorisch getrennt werden. Nicht ohne Grund hat der deutsche Gesetzgeber über den insoweit fakultativen Art. 43 Abs. 1 SE-VO hinaus in § 40 Abs. 1 S. 1 SEAG die zwingende Aufteilung in Verwaltungsrat und Geschäftsführung angeordnet, um so ein Vier-Augen-Prinzip auch im monistischen System zu etablieren.[749] Ein gewichtiger Unterschied zum dualistischen Modell aber bleibt bestehen: Die geschäftsführenden Direktoren sind in jedem Fall gegenüber dem Verwaltungsrat weisungsgebunden. Ihre Stellung ähnelt in diesem Punkt der eines Geschäftsführers der GmbH und weniger der des Vorstandes einer AG.[750]

Der Vorteil eines solches Systems liegt in der engen Zusammenarbeit der Organteile. Die kontrollierenden Verwaltungsräte sind über ihre Leitungsbefugnis eng in die Geschäftsführung der Gesellschaft einbezogen und können so im Bedarfsfall frühzeitig lenkend eingreifen. Andererseits wirft gerade diese enge Verzahnung von Leitung und Kontrolle im monistischen System besondere Probleme auf. Es muss hinterfragt werden, wie ernst es um die Kontrolle bestellt sein kann, wenn sich ein und dasselbe *Organ* selbst kontrolliert. Schlechterdings nicht vorstellbar ist eine Kontrolle, wenn sich ein und dieselben *Personen* selbst überwachen sollen. Es ist daher nur zu verständlich, dass diese personellen Verflechtungen ein zentraler Punkt der Diskussion um Corporate Governance angelsächsischer Prägung darstellt.[751] So wird mit der Trennung des Verwaltungsrates in *Inside Directors* und *Outside Directors* bzw. *Non-Executives* versucht, das Problem zu entschärfen.[752] Hinzu kommt das Problem des *Agenta Setting*: Tagen

746 Zu diesem in § 76 AktG und § 22 SEAG vom Gesetzgeber verwandten und im Einzelnen umstrittenen Begriff statt aller AktG/*Hüffer*, § 76 AktG Rn. 7 sowie Habersack/Drinhausen/*Verse*, § 22 SEAG Rn. 5 jeweils m.w.N.

747 Habersack/Drinhausen/*Verse*, § 22 SEAG Rn. 7.

748 Vgl. § 22 Abs. 1 SEAG.

749 Begr. RegE SEEG, BT-Drucks. 15/3405 S. 37; Habersack/Drinhausen/*Verse*, § 40 SEAG Rn. 2ff, auch zur Rechtmäßigkeit dieses „verdeckt dualistischen Systems".

750 Habersack/Drinhausen/*Verse*, § 44 SEAG Rn. 1.

751 Wegweisend der bereits zitierte Report of the Comittee on the Financial Aspects of Corporate Governance, 1992 ("Cadbury Report") zur personellen Trennung von CEO und Chairman of the board; hierzu auch Hommelhoff/Hopt/v. Werder/*Wymeersch*, Handbuch Corporate Governance, S. 145.

752 Hierzu etwa Ringleb/Kremer/Lutter/*v. Werder*, DCGK, Präambel Rn. 91ff, 111.

Kontrolleure und Kontrollierte gemeinsam in einer Sitzung unter Leitung der Kontrollierten, werden diese versuchen, unangenehme Themen aus der Besprechungen heraus zuhalten.[753]

c. Systemannäherung und Ableitung für Tarifverbände

Beide Systeme weisen wie gezeigt sowohl Vor- als auch Nachteile auf.[754] In der Verordnung zur Errichtung der SE bzw. im konkretisierenden SE-Ausführungsgesetz (SEAG) stehen beide Organisationsformen gleichberechtigt nebeneinander.[755]

aa. Annäherung der Systeme

Die Governance-Diskussion hat dazu beigetragen, dass sich die beiden Kontroll-Systeme zunehmend annähern.[756] So wurde der Aufsichtsrat hierzulande durch gesetzliche Reformen und Regelungen des DCGK verstärkt in die Unternehmensleitung eingebunden. Zustimmungsrechte, Ausschüsse und ganz allgemein eine engere Zusammenarbeit nähern die Rolle des Aufsichtsrats derer des Verwaltungsrats an.[757] Auf der anderen Seite wirken Governance-Kodizes im angelsächsischen Raum auf eine funktionelle und personelle Trennung von Geschäftsführung und Leitung hin. Die nichtgeschäftsführenden Boardmitglieder („non executive directors") sollen durch eigenständige Sitzungen[758] sowie einen nur für sie zuständigen „independend lead director" unabhängiger vom Board werden.[759] Darüber hinaus soll die Einrichtung von Ausschüssen ihre Handlungsfähigkeit stärken.

Gleichwohl bleibt zumindest ein gewichtiger Unterschied bestehen: Der Vorstand im dualistischen System ist gegenüber dem Aufsichtsrat nicht weisungsgebunden, die geschäftsführenden Direktoren gegenüber dem Verwaltungsrat hingegen sehr wohl.

---

753 *Fleischer*, AcP (204) 2004, 502, 527; Hommelhoff/Hopt/v. Werder/*Seibt*, Handbuch Corporate Governance, S. 392.

754 Mit guter Darstellung etwa Hommelhoff/Hopt/v. Werder/*Böckli*, Handbuch Corporate Governance, S. 267ff; ebenso bezüglich Non-Profit Organisationen *Hopt*, in: Comparative Corporate Governance of Non-Profit Organizations, S. 531, 543f.

755 Art. 39ff SE-VO einerseits und Art. 43ff SE-VO andererseits; §§ 15ff, SEAG und §§ 20ff SEAG.

756 Zu diesem Absatz statt aller Hommelhoff/Hopt/v. Werder/*Böckli*, Handbuch Corporate Governance, S. 255ff.

757 Zu den Reformen MüKoAktG/*Spindler*, Vor. § 76 AktG Rn. 25.

758 New York Stock Exchange, Committee Report, S. 6 Empfehlung 3.

759 Hommelhoff/Hopt/v. Werder/*Böckli*, Handbuch Corporate Governance, S. 270f.

bb. Ableitung für Tarifverbände

Gestützt auf die Erfahrungen und Erkenntnisse der Diskussion um Corporate Governance ist somit festzuhalten, dass die *organisatorische* Trennung von Führung und Kontrolle nicht das entscheidende Kriterium guter Führungskontrolle sein kann. Wie sich nicht zuletzt in der Annäherung der beiden Systeme durch die fortwährende Corporate Governance Entwicklung zeigt, sind beide Modelle gleichermaßen zur Führungskontrolle bei Tarifverbänden geeignet. In beiden Fällen kommt es darauf an, die jeweiligen Systemnachteile abzumildern.

2. Satzungsrechtliche Ausgestaltung

Wie aber wird Führungskontrolle im geltenden Satzungsrecht umgesetzt?

a. „Dualistische" und „monistische Gewerkschaften"

Gewerkschaften – mit Unterschieden im Detail – zum einen auf Führungskontrolle im Rahmen eines dem dualistischen System angenäherten Modells, zum anderen auf Kontrolle in einer dem monistischen Modell angenäherten Konstruktion.

aa. Abgrenzungsfragen

Nur wenige der untersuchten Gewerkschaften folgen in strenger Weise einem monistischen oder einem dualistischen System. Typisch ist vielmehr eine mit verschiedenen Schwerpunkten gebildete Kombination der Systeme. So ist die Verbandsführung in jedem Fall an die Weisungen der Mitgliederversammlung, und aufgrund des hierarchischen Aufbaus auch an die Weisungen des Kontrollorgans gebunden. Eine Zuordnung an Hand dieses Kriteriums ist daher nicht möglich. Für die Abgrenzung relevant ist daher, ob dem Überwachungsorgan neben der eigentlichen Überwachung auch die Gesamtleitung und nicht lediglich ein Teilbereich (Grundlagengeschäfte) zugewiesen ist. Ist er für diese Gesamtleitung verantwortlich, muss ihm auch ein entsprechendes Initiativrecht in Führungsfragen zustehen. Darüber hinaus wird man faktisch auch Größe und Tagungsturnus des Gremiums berücksichtigen müssen, muss doch das zur Gesamtleitung berufene Organ weit häufiger tagen, als dies für ein Aufsichtsorgan aktienrechtlicher Prägung der Fall ist.

bb. „Dualistische Gewerkschaften"

Dem oben skizzierten dualistischen System der organschaftlichen Trennung von Führung und Kontrolle folgend, haben die überwiegende Zahl der Gewerkschaften und insbesondere die Großgewerkschaften IG Metall, ver.di, IG

BCE und IG Bau ein als „Beirat“,[760] teilweise aber auch als „Gewerkschaftsrat“[761] „Gewerkschaftsbeirat“[762] oder gar „Hauptvorstand“[763] bezeichnete permanente Kontrollorgane geschaffen (im Folgenden: „dualistische Gewerkschaften“, das Organ: „Beirat“[764]). Während ver.di sowie die IG Bau vollständig auf eine weitere Kontrolle innerhalb des Vorstandes verzichten und somit ein strenges dualistisches System organschaftlicher Trennung verwirklicht haben, stellt der Beirat etwa der IG BCE lediglich eine Ergänzung der Führungskontrolle innerhalb des Vorstandes dar. Konsequent sehen weder Satzungen der ver.di noch die der IG Bau eine Unterteilung ihrer Vorstände in ehrenamtlich kontrollierende und hauptamtlich geschäftsführende Funktionäre vor. Sie sind als echte dualistische Gewerkschaften anzusehen.

cc. „Monistische Gewerkschaften“

Kein solches kontrollierendes Organ jenseits des Hauptvorstandes sehen hingegen u.a. die Satzungen der GDL, EVG und CGM vor. In Anlehnung an das monistische Modell vertrauen sie allein auf die Überwachung innerhalb des Vorstandes, dem gleichzeitig Leitung und Kontrolle obliegen (im Folgenden: „monistische Gewerkschaften“).[765] Eine Kontrolle der (hauptamtlichen) geschäftsführenden Funktionäre erfolgt durch ehrenamtliche Funktionäre innerhalb eines als „Hauptvorstand“[766] („Vorstand“[767], „Bundesvorstand“[768]) bezeichneten erweiterten Vorstandes, dessen hauptamtliche Mitglieder für sich genommen einen „Geschäftsführenden Hauptvorstand“[769] („Geschäftsführenden

760 § 19 Satzung IG Metall; § 18 Satzung IG BCE; § 28 Satzung NGG; § 6 Satzung Cockpit.

761 § 19 Satzung Satzung ver.di.

762 § 26 Satzung IG Bau, § 20 GdP.

763 Insofern die irreführende Bezeichnung der GEW für ein in der Sache dem Beirat entsprechendes Gremium, § 18 Satzung GEW.

764 Nicht zu verwechseln ist das im Folgenden zu behandelnde Gremium mit einem reinen, aus Bezirksvorsitzenden bestehenden rein beratenden Gremium, das vereinzelt ebenfalls als „*Beirat*“ (§ 43 Satzung ver.di) oder „*Gewerkschaftsrat*“ (§ 28 Satzung IG Bau) bezeichnet wird.

765 In diese Richtung bereits *Brouwer*, CCZ 2009, 161.

766 § 19 Satzung IG Metall; § 19 Satzung IG BCE; § 25 Satzung NGG; mit weitreichender Befugnissen auch § 18 Satzung GEW; § 14 Satzung CGM; § 13 Satzung GdL.

767 § 18 Satzung IG Metall.

768 § 21 Satzung EVG, § 21 Satzung GdP.

769 § 20 Satzung IG BCE, § 25 Satzung NGG, § 20 Satzung GEW, § 15 Satzung CGM § 14 Satzung GdL.

Bundesvorstand"[770]) innerhalb bzw. neben dem eigentlichen Hauptvorstand bilden.[771] Diese Gewerkschaftssatzungen tragen typisch monistische Züge. So wird dem Hauptvorstand als Gesamtorgan die Leitung der Gewerkschaft zugewiesen. Er verantwortet die Tarifpolitik der Gewerkschaft, entscheidet in Fragen des Arbeitskampfes und allen übrigen mit der Verbandsführung verbundenen Fragen.[772] Um über die nötige Handlungsfähigkeit zu verfügen, bereitet ein Teil der Mitglieder des Hauptvorstandes als geschäftsführender Vorstand die Entscheidungen vor und sorgt für deren Umsetzung. Die Grundlinien der Verbandspolitik aber verantwortet der Hauptvorstand, der dem geschäftsführenden Vorstand weisungsberechtigt übergeordnet ist.[773] Soziologisch betrachtet soll durch die Einbindung der ehrenamtlichen Mitglieder einer Entfremdung und Verselbstständigung der hauptamtlichen Mitarbeiter entgegen gewirkt werden, dienen die ehrenamtlichen Mitarbeiter doch der direkten „Transmission des Mitgliederwillens an die gewerkschaftliche Spitze".[774]

dd. Sonstige gewerkschaftliche Kontrollorgane

Etliche Gewerkschaften verfügen daneben über ein Organ, das unter unterschiedlichen Namen der Kontrolle von Vorstandsentscheidungen verschrieben zu sein scheint (im Folgenden: „Kontrollausschuss". So sehen die allermeisten Gewerkschaftssatzungen ein mit zwingend vom Vorstand unabhängigen Personen zu besetzendes Gremium vor, dass in den einzelnen Satzungen unterschiedlich bezeichnet wird („Kontrollausschuss"[775], „Kontroll- und Beschwerdeausschuss"[776],

---

770 § 21 Satzung EVG, § 24 Satzung GdP.

771 Ob insofern, wie etwa § 25 Ziff. 5 S. 3 Satzung NGG, von einem eigenständigen Organ im Sinne der zivilrechtlichen Dogmatik oder aber nur von einem hauptamtlichen Teil des Vorstands anzusehen ist, ist offen. Nach *Schürenbrand*, Organschaft, S. 62 sowie etwa Habersack/Drinhausen/*Verse*, § 40 SEAG Rn. 4 verfügen verselbstständigte Wirkungseinheiten innerhalb einer Verbandsverfassung über Organqualität, deren Aufgabe in der Herstellung der Handlungsfähigkeit des für sich genommen handlungsunfähigen Verbands besteht. Dies dürfte bei dem geschäftsführenden Vorstand der Fall sein, ist aber letztlich rechtlich unerheblich.

772 Vgl. etwa § 19 Ziff. 7 Satzung IG BCE.

773 Etwa § 20 Satzung IG BCE: „*Sie [die hauptamtlichen Vorstandsmitglieder] sind an die Beschlüsse des Hauptvorstandes gebunden und zu ihrer Durchführung verpflichtet*".

774 *Witjes*, Führungsgruppen, S. 269.

775 § 21 Satzung IG Metall.

776 § 44 Satzung ver.di.

„Beschwerdeausschuss“[777], „Hauptausschuss“[778], „Gewerkschaftsrat“[779], „Bundeskontrollausschuss“[780]). Über kein derartiges Organ verfügen hingegen etwa GDL, Cockpit oder die CGM.

Ferner sehen sämtliche Gewerkschaftssatzungen Revisionsgremien vor,[781] sofern die Revision nicht bereits durch den Kontrollausschuss übernommen wird (so etwa bei der IG Metall[782]).

b. Monistische Arbeitgeberverbände

Arbeitgeberverbände hingegen verzichten in den durchgesehenen Satzungen zumeist auf eine eigenständige, dem Aufsichtsrat der AG vergleichbare Kontrollinstanz.[783] Führungskontrolle muss daher innerhalb des Vereins selbst erfolgen.

aa. Satzungsrechtliche Machtaufteilung

Wie bereits oben § 3 A. III, S. 88 dargelegt, werden Arbeitgeberverbände in den meisten durchgesehenen Fällen im Zusammenspiel durch drei Gremien geführt. Während dem erweiterten Vorstand die grundsätzliche Leitung obliegt,[784] ist das Präsidium bzw. der Präsident als organschaftlicher Vorstand i. S. d. § 26 BGB anzusehen. Da sowohl die Mitglieder des erweiterten Vorstandes als auch die des Präsidiums bis hin zum Präsidenten lediglich ehrenamtlich tätig sind, stellen die Arbeitgeberverbände daneben noch einen hauptamtlichen Geschäftsführer an, dem wiederum die Organisation einer Geschäftsstelle obliegt.[785] Er ist in der Regel als besonderer Vertreter i. S. d. § 30 BGB anzusehen.

Weniger verbreitet, sehen einige Arbeitgebersatzungen zwischen Mitgliederversammlung und erweitertem Vorstand ein weiteres Gremium vor (etwa: Mitgliederrat, § 17 Satzung Südwestmetall). Ihm obliegt die Entscheidung in

---

777 § 24 Satzung IG BCE; § 22 Satzung EVG.

778 § 27 Satzung NGG.

779 § 28 Satzung IG Bau.

780 § 25 Satzung GdP.

781 Beispielhaft § 21 Satzung IG BCE.

782 § 21 Ziff. 5 lit. d) Satzung IG Metall.

783 Eine Ausnahme stellt etwa der AGV Bauwirtschaft des Saarlandes e. V. dar, dessen Satzung in § 10 die Schaffung eines Beirates vorsieht. Diesem obliegt aber nicht die Überwachung des Vorstandes, sondern eher eine vermittelnde koordinierende Rolle.

784 Etwa § 9 Ziff. 1 S. 5 Satzung VBM; § 12 Nr. 2 S. 1 AGV Chemie Nord.

785 *Teubner*, Organisationsdemokratie, S. 52 und auch *Streeck*, Organisation, S. 142 sprechen daher von einer dualistischen Verwaltung, getrennt in ehrenamtliche Kontrolle und hauptamtliche Geschäftsführung.

grundlegenderen Tariffragen, daher „die Beschlussfassung über den Abschluss und die Kündigung von Tarifverträgen“ und „die Beschlussfassung über die Aussperrung“.[786] Als Kontrollinstanz gegenüber dem erweiterten Vorstand oder der Geschäftsführung ist dieses Organ nicht konzipiert.

bb. Einordnung

Dem typischen dreigliedrigen Aufbau folgend, obliegt die Kontrolle der Geschäftsführung dem erweiterten Vorstand. Die Machtverteilung ist mit derjenigen einer monistischen SE vergleichbar.[787] Dabei leitet der erweiterte Vorstand den Verband und bestimmt die strategische Grundrichtung. Die Führung der Geschäfte erfolgt durch die Geschäftsführung. Neben der eigentlichen Arbeitsentlastung der ehrenamtlichen Vorstände verwirklichen die Arbeitgeberverbände damit auch das vom Gesetzgeber für die monistische SE in § 22 Abs. 1 SEAG normierte Vier-Augen Prinzip.

II. Inkompatibilität von Leitung und Kontrolle?

Eng mit der organisatorischen Trennung von Leitung und Kontrolle ist die Frage nach der personellen Trennung verbunden. Können die gleichen Personen sowohl Mitglieder des Leitungs- als auch des Kontrollgremiums sein? Ist eine verbandsinterne Personalunion in Tarifverbänden zulässig?[788] Hierfür soll zunächst der Blick auf die rechtlichen Ausgestaltungen der dualistischen und der monistischen Gesellschaften gerichtet werden, bevor wiederum eine Ableitung für Tarifverbände gewonnen und mit dem geltenden Satzungsrecht abgeglichen werden soll.

1. Ämtertrennung im dualistischen Modell

a. Ämtertrennung bei Ausübung der Tätigkeit

Dem Aktienrecht (§ 105 Abs. 1 AktG) sowie dem Genossenschaftsrecht (§ 37 Abs. 1 S. 1 und auch dem Recht der dualistischen SE mit Art. 39 Abs. 3 SE-VO sind klare Regelungen zu entnehmen, welche die Inkompatibilität des Aufsichtsrats- und Vorstandsamtes anordnen. Auf diese Weise soll sichergestellt werden, dass nicht

786 § 19 Nr. 1 lit. a) und b) Satzung Südwestmetall.

787 *Brouwer*, CCZ 2009, 157, 166f.

788 Ablehnend ohne weitere Begründung zu Vereinen *Reichert*, Vereins- und Verbandsrecht, Rn 1191 sowie Münch. Hdb. GesR Bd. V/*Waldner*, § 26 Rn. 8 unter Verweis auf die „*zwingenden Grundsätzen des Vereinsrechts*“.

das dualistische System faktisch durch eine Personalunion außer Kraft gesetzt wird.[789]

b. Nachwirkend: „Cooling-off Periode"

Doch nicht lediglich die gleichzeitige Ausübung der Ämter, auch ein nachgelagerter Wechsel vom Vorstand in den Aufsichtsrat ist im Aktienrecht eingeschränkt.[790] Nach § 100 Abs. 2 S. 1 Nr. 4 AktG wie auch Tz. 5.4.4 DCGK ist es grundsätzlich verboten, während einer Zweijahresfrist nach Ausscheiden aus dem Vorstandsorgan in das Kontrollorgan zu wechseln („cooling-off Periode").[791] Ausnahmsweise soll ein solcher Wechsel möglich sein, wenn dies von Aktionären mit 25 % der Stimmrechte vorgeschlagen wird. Zusätzlich sollen dem Aufsichtsrat nach Tz. 5.4.2 des DCGK nicht mehr als zwei ehemalige Vorstände angehören. Denn durch den Wechsel der Vorstände in den Aufsichtsrat kommt es zu einer personellen Verflechtung der Organe, die einer effizienten Überwachung im Wege steht. Regelmäßig wird der wechselnde Vorstand den verbleibenden Vorständen kollegial verbunden bleiben. Insbesondere aber kann nicht erwartet werden, dass von ihm Fehler mit der gebotenen Sorgfalt aufgeklärt werden, die noch in seiner eigenen Vorstandszeit gemacht wurden.[792] Auf der anderen Seite ist aber zu bedenken, dass gerade ehemalige Vorstände besonders gut in der Lage sind Schwachstellen der aktuellen Führung aufzudecken. Sie verfügen über Verbandskenntnisse, die von sonstigen Personen nicht in dieser Form erwartet werden können. Schlösse man daher einen Wechsel vom Führungs- in das Kontrollorgan kategorisch aus, verzichtete man auf ein erhebliches Potential effektiver Kontrolle.

2. *Doppelfunktionen im monistischen System*

a. Keine strikte Ämtertrennung

Anders ist die Lage bei monistischen Gesellschaften. Denn wie oben gezeigt, ist die Überschneidung von Führung und Kontrolle gerade charakteristisch für das monistische Modell. Die damit einhergehenden Vorteile verbesserter

---

789 GroßkommAktG/*Hopt/Roth*, § 105, Rn. 6.

790 Hierzu statt aller Ringleb/*Kremer*/Lutter/v. Werder, DCGK, Rn. 1042ff m.w.N.

791 Noch weiter gehend die Empfehlung der EG Kommission vom 15.2.2005, die eine „cooling-off" Periode von fünf Jahren für angemessen hielt (Anhang II der Kommissionsempfehlung); hierzu auch *Habersack*, Gutachten E zum 69. Deutschen Juristentag, S. 81.

792 Zu den vergleichbaren hinter Tz. 5.4.4 DCGK stehenden Argumenten Ringleb/*Kremer*/Lutter/v. Werder, DCGK, Rn. 1043.

Zusammenarbeit und besserer Einbindung der Kontrollinstanz, laufen einer klaren personellen Trennung der Funktionen zumindest teilweise zuwider. So steht es dem Verwaltungsrat der monistischen SE nach § 40 Abs. 1 SEAG frei, die laufenden Geschäfte entweder durch *externe* geschäftsführende Direktoren oder durch *interne*, bereits dem Verwaltungsrat angehörende geschäftsführende Direktoren ausführen zu lassen.[793] Es besteht einzig die Pflicht, überhaupt geschäftsführende Direktoren zur Ausführung der laufenden Geschäfte zu bestellen.[794]

aa. Ämtertrennung bei Bestellung externer Direktoren
Bestellt der Verwaltungsrat externe geschäftsführende Direktoren, wird auch im eigentlich monistisch ausgerichteten System eine personelle Funktionstrennung gewährleistet.

bb. Personalunion bei Bestellung interner Direktoren
Systembedingt unvermeidlich ist eine Personalunion, bestellt der Verwaltungsrat die Geschäftsführung aus dem Kreis der Verwaltungsratsmitglieder selbst (interne Lösung). Die Geschäftsführung obliegt in diesem Fall einem kleinen, aus dem Kreis der Verwaltungsratsmitglieder gewählten Gremium. Gleichzeitig verlieren die so zur Führung Berufenen nicht ihre Stellung als Mitglieder des Verwaltungsrates. Sie üben daher in Personalunion sowohl Führung als auch Kontrolle aus.

b. Gewährleistung effektiver Kontrolle
aa. Mehrheit nichtgeschäftsführender Verwaltungsratsmitglieder
Akzeptiert man also grundsätzlich die Ausübung sowohl der Geschäftsführung- als auch der Kontrollfunktion durch die gleichen Personen, muss auf andere Weise sichergestellt werden, dass hierunter nicht die Effizienz der Kontrolle leidet. Im Recht der monistisch verfassten SE soll dies durch § 40 Abs. 1 S. 2 SEAG gewährleistet werden, wonach zumindest die Mehrheit der Mitglieder des Verwaltungsrates nicht gleichzeitig zu (internen) geschäftsführenden Direktoren bestellt werden können.[795] Verwirklicht wird so ein abgeschwächtes

793 Zu den Begriffen der internen und externen Direktoren auch Habersack/Drinhausen/*Verse*, SE-Recht, § 40 SEAG, Rn. 11.

794 Zu dieser Pflicht und den Bedenken hiergegen aus dem Schrifttum etwa Habersack/Drinhausen/*Verse*, SE-Recht, § 40 SEAG, Rn. 2ff.

795 Begr. RegE SEEG, BT-Drucks. 15/3405, S. 37; Habersack/Drinhausen/*Verse*, SE-Recht, § 40 SEAG, Rn. 11; eingehend KK-AktG/*Siems*, Anh. Art. 51 § 40 SEAG Rn. 22.

Vier-Augen-Prinzip, da zumindest eine Mehrheit des Gremiums sich ausschließlich auf die Kontrolle der Minderheit konzentrieren kann.

bb. Vorsitz in Verwaltungsrat und Geschäftsführung

Weitere Einschränkungen ergeben sich für den Vorsitzenden des Verwaltungsrats, der nicht gleichzeitig auch den Vorsitz der Geschäftsführung übernehmen sollte. Angesprochen ist insofern ein „Gassenhauer in der Diskussion um gute Corporate Governance“[796] in der monistischen SE.[797] Auch wenn sowohl Art. 43 SE-VO als auch § 40 SEAG[798] eine solche, im US-amerikanischen Rechtsraum[799] vielfach praktizierte Personalunion erlauben, wird eine solche Machtfülle in einer Person zu Recht kritisch gesehen.[800] Denn durch seine leitende Stellung in beiden Gremien, seine Einflussmöglichkeiten auf die jeweiligen Sitzungen, Tagesordnungen und insbesondere das Berichtswesen kann er eine wirksame Kontrolle der Geschäftsführung in weiten Teilen unterwandern.[801]

cc. Stimmrechtsverbote?

Ein Stimmrechtsverbot in Angelegenheiten der Geschäftsführung ist im SEAG nicht vorgesehen und wird in der Literatur abgelehnt.[802] Durch das Gebot, lediglich eine Minderheit zu geschäftsführenden Direktoren zu ernennen, sei eine ausreichend unabhängige Kontrolle sichergestellt. Ein Stimmrechtsverbot bei sämtlichen Amtsträgergeschäften wie etwa der eigenen Wahl, Maßnahmen der Geschäftsführung oder auch bei der Abberufung ohne wichtigen Grund sei nicht geboten.

---

796 *Casper*, ZHR 173 (2009), 181, 215.

797 Vgl. nur *Casper*, ZHR 173 (2009), 181, 215f.; *Fleischer*, AcP 204 (2004), 503, 527; *Schiessl*, ZHR 167 (2003), 235, 244f jeweils m.w.N.

798 Der DCGK enthält keine Ausführungen zur monistischen SE.

799 Zur Personalunion von Chaiman und CEO etwa Hommelhoff/Hopt/v. Werder/*Wymeersch*, Handbuch Corporate Governance, S. 145.

800 *„Ob eine solche Machtkonzentration ein Ausweis guter Corporate Governance ist, steht freilich auf einem anderen Blatt“*, Habersack/Drinhausen/*Verse*, SE-Recht, § 40 SEAG, Rn. 12; vgl. auch sec. A. 1. 3 des englischen Combined Codes, der die Leitung des Verwaltungsrates durch einen Independent Lead Director empfiehlt.

801 *Casper*, ZHR 173 (2009), 181, 215.

802 Ablehnend etwa Manz/Mayer/Schröder/*Manz*, Art. 43 SE-VO, Rn. 128, 132, 147; Lutter/Hommelhoff/*Teichmann*, SE, Anh. Art. 43 SE-VO (§ 40 SEAG), Rn. 27 und 50.

3. *Ableitungen für Tarifverbände*

Sind die gesetzlichen Wertungen damit skizziert, bleiben die Konsequenzen für Tarifverbände zu ziehen. Auf den ersten Blick nahe liegend wäre es, die jeweiligen gesetzlichen Wertungen des Gesetzgebers für dualistisches und monistisches Modell auf Tarifverbände zu übertragen und die Vorschriften des AktG bzw. der monistischen SE entsprechend anzuwenden. Entschiede sich der Verband für die Einrichtung eines dualistischen Modells, wären Doppelfunktionen daher ausgeschlossen. Wählte er hingegen die Leitung durch einen Verwaltungsrat, entfiele ein solch striktes Verbot.

Dies aber erscheint willkürlich und kann im Ergebnis nicht überzeugen. Wie die gesetzliche Ausgestaltung der monistischen SE deutlich macht, besteht kein gesellschafts- oder körperschaftliches Prinzip, dass eine strikte personelle Trennung gebieten würde.[803] Auch unter Governance-Gesichtspunkten ist eine solch strikte Trennung nicht erforderlich. Sie wird weder im angelsächsischen Rechtsraum, noch im monistischen SE-Recht gefordert. Zu bedenken ist vor allem, dass rein praktisch die Übergänge zwischen monistischem und dualistischem System fließend sind und eine Abgrenzung mitunter schwierig ist. Sieht man beide Modelle als gleichermaßen zur Führungskontrolle geeignet an, kann den Verbänden nicht ein in einem Modell zulässiges Handeln in einem anderen Modell als unzulässig vorgeworfen werden. Entscheidend ist vielmehr, dass die Mindestanforderungen des monistischen Modells erfüllt sind:

- Erstens darf nur eine Minderheit der Mitglieder des Kontrollorgans gleichzeitig selbst an der Führung der Verbände beteiligt sein. Die Mehrheit aber muss sich auf die Überwachung beschränken. Denn von den Geschäftsführern kann nicht erwartet werden, dass sie sich selbst angemessen überwachen.

  Sind Verbandsangestellte Mitglieder des Kontrollorgans muss folgendes gelten: Gegen ihre Kontrolltätigkeit ist grundsätzlich nichts einzuwenden (hierzu schon oben § 3 B. II. 2. a, S. 106). Da sie aber gegenüber der Geschäftsführung grundsätzlich weisungsgebunden und aufgrund ihres Anstellungsverhältnisses von dieser abhängig sind, sind sie dem „Lager" der Geschäftsführung zuzurechnen und dürfen die Mehrheitsverhältnisse zu Lasten der nichtgeschäftsführenden Mitglieder des Kontrollorgans nicht verschieben.

803 So aber ohne Begründung *Reichert*, Vereins- und Verbandsrecht, Rn 1191 sowie Münch. Hdb. GesR Bd. V/*Waldner*, § 26 Rn. 8 unter Verweis auf die *„zwingenden Grundsätze des Vereinsrechts"*.

- Zweitens sollten in einem monistischen Modell die nichtgeschäftsführenden Mitglieder des Kontrollorgans auch ohne die Geschäftsführer in der Lage sein, Treffen einzuberufen und Entscheidungen zu treffen. Insofern ist ein erhebliches faktisches Machtgefälle zwischen kontrollierenden ehren- und geschäftsführenden hauptamtlichen Funktionären zu berücksichtigen.[804] Das von den geschäftsführenden Funktionären über die Jahre der hauptamtlichen Tätigkeit erworbene Dienstwissen sowie der ihnen zur Verfügung stehende Verwaltungsapparat geben ihnen einen Wissens- und Erfahrungsvorsprung gegenüber den ehrenamtlichen Kollegen.[805] Daher ist sehr genau dafür Sorge zu tragen, die ehrenamtlichen Funktionäre durch entsprechende Schulungen für ihre Aufgabe zu stärken (hierzu bereist oben § 3 B. III. 3, S. 115) und sie mit dem notwendigen Verwaltungsstab zu unterstützen.
  Daneben gilt auch für Tarifverbände: Der Vorsitzende der Geschäftsführung darf nach dem oben Gesagten nicht gleichzeitig Vorsitzender des Kontrollorgans sein, um eine unabhängige Kontrolle zu gewährleisten.
- Drittens ist den geschäftsführenden Mitgliedern im Kontrollorgan kein Stimmrechtsverbot in eigenen Angelegenheiten aufzuerlegen.[806] Ein solches Verbot ist auch im SE-Recht nicht vorgesehen und widerspräche den Grundsätzen der monistischen Struktur, die gerade eine Überschneidung von Kontrolle und Geschäftsführung vorsehen. Allerdings muss § 34 BGB zumindest analog auch für den erweiterten Vorstand sowie sonstige Kontrollorgane gelten, wenn diese zum Abschluss von Rechtsgeschäften für den Verband berechtigt sind. Daher besteht auch für die Mitglieder der Kontrollorgane ein Stimmrechtsverbot bei eigenen Rechtsgeschäften und Rechtstreitigkeiten.
- Der Frage nach einer „Cooling-off Periode" dürfte für Tarifverbände nur eine untergeordnete Bedeutung zukommen. Bedacht werden muss insofern die besondere Teilung der Verantwortlichen in haupt- und ehrenamtliche Funktionäre sowie die unterschiedliche gesellschaftliche Wahrnehmung der tarifverbandlichen Kontrollgremien und der des Aufsichtsrats einer AG. Gerade auf Seiten der Gewerkschaften liegt die Führung in den Händen hauptamtlicher Funktionäre, während die Überwachung ehrenamtlich tätigen Funktionären obliegt. Ein Wechsel der hauptamtlichen Funktionäre ins Ehrenamt wird daher nur selten vorkommen, etwa nach Eintritt ins

804 So bereits *Witjes*, S. 274 in seiner umfassenden soziologischen Untersuchung der Führungsgruppen von IG Metall, IG BE und DPG.

805 Eingehend *Witjes*, Führungsgruppen, S. 274ff.

806 Hierzu bereits Manz/Mayer/Schröder/*Manz*, Art. 43 SE-VO, Rn. 128, 132, 147; Lutter/Hommelhoff/*Teichmann*, SE, Anh. Art. 43 SE-VO (§ 40 SEAG), Rn. 27 und 50.

Rentenalter und Abschluss der eigentlichen Berufstätigkeit. Für diese Fälle ist der Gedanke der „Cooling-off Periode" im Tarifverbandsrecht dergestalt fruchtbar zu machen, dass die wechselnden Mitglieder grundsätzlich für die Dauer von zwei Jahren (§ 100 Abs. 2 S. 1 Nr. 4 AktG) weiterhing zum „Lager" der Geschäftsführung gezählt werden sollten, wobei begründete Ausnahmen zulässig sein müssen.

4. Satzungsrechtliche Umsetzung

a. Beirat der Gewerkschaften

aa. Vorstand als „geborene Beiratsmitglieder"

Die Gewerkschaftssatzungen erlauben auch im grundsätzlich dualistischen System von Vorstand und Beirat die Beirats- und Vorstandstätigkeit nicht nur, sondern ordnen diese vielmehr ausdrücklich an: Vorstände sind geborene Mitglieder des Beirats.[807] Wie soeben ausgeführt, ist dies jedoch hinzunehmen, solange die Mehrheit der Beiratsmitglieder nicht gleichzeitig auch mit der Gewerkschaftsführung betraut ist.[808] Denn was im monistischen System erlaubt ist, kann nicht bei den dualistischen Gewerkschaften kritisiert werden.

bb. Teilweise eingeschränktes Stimmrecht

Allerdings ist es positiv hervorzuheben, dass etwa die Mitglieder des Vorstandes nach der Satzung der IG BCE[809] lediglich beratend an den Beiratssitzungen teilnehmen.[810] Den Vorstandsmitgliedern der ver.di steht zwar grundsätzlich ein Stimmrecht auch im Beirat zu, doch erstreckt sich dieses abgeschwächte Stimmrecht „nicht auf Angelegenheiten des Bundesvorstands oder eines seiner Mitglieder."[811]

---

807 Etwa § 41 Ziff. 7 Satzung ver.di; § 19 Ziff. 3 Satzung IG Metall; § 18 Ziff. 3 Satzung IG BCE; § 26 Ziff. 3 c) Satzung IG Bau.

808 Kritisch zur dieser Personalunion im Hinblick auf die Satzung der GdED/Transnet *Müller/Wilke*, Einfluß nehmen, S. 300; kritisch zur IG Metall *Rölke*, Gewerkschaftsbeteiligung, S. 101.

809 § 18 Ziff. 3 Satzung IG BCE.

810 So auch die früheren (!) Satzungen der DAG, IG BE, HBV und Gewerkschaft Textil, zitiert nach *Popp*, Öffentliche Aufgabe, S. 211, Fn. 49; noch weiter gehend die frühere Satzung der DPG mit einer klaren Inkompatibilitätsregelung, zit. nach *Stindt*, Verfassungsgebot, S. 152.

811 § 41 Ziff. 7 Satzung ver.di.

cc. Mehrheit der „gekorenen Beiratsmitglieder“

Entsprechend dem oben Gesagten ist weiterhin zu beachten, dass zumindest die Mehrheit der Beiratsmitglieder nicht gleichzeitig im Vorstand vertreten sein dürfen. Dies ist angesichts der Größenzahlen (Z.B. Vorstand der ver.di: Neunzehn Personen, Beirat der ver.di: 100 Personen) gewährleistet. Fraglich ist vielmehr, ob die Mehrheitsverhältnisse durch Verbandsangestellte, etwa Bezirkssekretäre nicht zu Gunsten des Vorstandes umgekehrt werden. So waren zumindest in den Anfangsjahren der Bonner Republik in den meisten Gewerkschaftsbeiräten die Mehrheit der Beiräte direkt vom Vorstand abhängig, doch scheinen sich nunmehr die Verhältnisse umgekehrt zu haben.[812] So geht es in die richtige Richtung, wenn § 26 Ziff. 3 der Satzung der IG Bau die Aussage enthält, die Beiräte *sollten* nicht Beschäftigte der IG Bau sein oder in der Satzung der IG Metall ein Verbot für Gewerkschaftssekretäre und Bezirksleiter ausgesprochen wird, Mitglied des Beirates zu sein.[813]

b. Hauptvorstand der Gewerkschaften

aa. Mehrheit der nichtgeschäftsführenden Mitglieder

Soweit Gewerkschaften die Führungskontrolle nach dem monistischen Modell umsetzen, muss auch die Mehrheit innerhalb des Hauptvorstandes aus nicht geschäftsführenden Vorständen bestehen. Dies ist in sämtlichen Satzungen der Fall.[814] Hauptamtlichen Angestellten der Gewerkschaften ist es teilweise verboten, Mitglied des Hauptvorstandes zu werden (EVG[815]), während die meisten Gewerkschaftssatzungen eine solche Einschränkung vermissen lassen (etwa IG Metall, IG BCE).

bb. Vorsitz in Hauptvorstand und geschäftsführendem Vorstand

Nach sämtlichen Gewerkschaftssatzungen obliegt dem Vorsitzenden des geschäftsführenden Vorstandes gleichermaßen der Vorsitz des Hauptvorstandes. Eine Trennung der Aufgaben – vergleichbar des CEO vom Chairman – ist in keiner Gewerkschaft verwirklicht. Dies ist nach dem oben Gesagten bedenklich und unterstreicht die starke Stellung der hauptamtlichen geschäftsführenden Hauptvorstände gegenüber ihren ehrenamtlichen Kollegen. Auch Aussagen über eine eigenständige Handlungsfähigkeit der ehrenamtlichen Funktionäre

---

812 Mit Statistiken *Witjes*, Führungsgruppen, S. 341.

813 § 18 Ziff. 3 d) und § 16 Ziff. 3 Satzung IG Metall.

814 Etwa § 18 Ziff. 1 Satzung IG Metall: Geschäftsführende Vorstand besteht aus sieben geschäftsführenden und 29 ehrenamtlichen Vorstandsmitgliedern.

815 § 21 Ziff. 3 EVG.

(eigener Verwaltungsstab, eigenständige Sitzungen) sind den Satzungen nicht zu entnehmen. Es gilt die bereits von *Witjes* beschriebene Dominanz der hauptamtlichen Führungsmitglieder, denen die ehrenamtlichen nur begrenzt begegnen können.[816]

c. Sonstige Kontrollgremien der Gewerkschaften

Positiv zu bewerten hingegen ist die personelle Besetzung der sonstigen Kontrollgremien (Kontrollausschuss, Revisionskommission etc.), denen keine Mitglieder des Vorstandes oder Beirates angehören dürfen.[817]

d. Erweiterter Vorstand und Geschäftsführung der Arbeitgeber

Die Satzungen der Arbeitgeberseite sehen eine strenge Trennung von (ehrenamtlichen) Kontrolleuren und (hauptamtlicher) Geschäftsführung zu. Verwirklicht ist ein dem Model der monistischen SE mit externen Geschäftsführern vergleichbares System. Allein ein Teilnahme-, und Beratungs-, nicht aber ein Stimmrecht wird den Geschäftsführern der Arbeitgeberverbände nach einigen Satzungen eingeräumt (etwa VBM).[818]

III. Aufgaben und Rechte des Kontrollgremiums

Unabhängig davon, ob es als dualistisches oder monistisches Überwachungsgremium ausgestaltet ist, müssen dem Kontrollgremium ausreichende Kontrollrechte eingeräumt werden, wenn es seiner Kontrollaufgabe sinnvoll nachkommen soll.

1. Governance-Vorgaben

a. Kontroll- und Zustimmungsrechte

Überwachung kann und muss dabei sowohl retrospektiv als auch präventiv erfolgen. Deutlich wird dies am gesetzlich weitestgehend regulierten Aufsichtsrat der AG, dem sowohl die vergangenheitsbezogene Kontrolle als auch die präventive Kontrolle auferlegt ist (§ 111 AktG).[819] Während die vergangenheitsbezogene Kontrolle dabei auf die Aufdeckung von rechtswidrigem, unzweckmäßigem oder unwirtschaftlichem Verhalten der Verbandsleitung gerichtet ist, soll die

816 *Witjes*, Führungsgruppen, S. 274ff.

817 Etwa § 21 Ziff. 2 Satzung IG Metall: *„Die Mitglieder des Kontrollausschusses dürfen keine weiteren Funktionen in der IG Metall ausüben"*.

818 § 10 Ziff. 3 Satzung VBM.

819 Statt aller MüKoAktG/*Habersack*, § 111 AktG Rn. 29ff.

präventiv begleitende Beratung künftige Fehlentwicklung rechtzeitig vermeiden helfen.[820]

aa. Retrospektive Kontrolle

Konkret muss es dem Kontrollorgan möglich sein, Einsicht in die Unterlagen der Geschäftsführung (Protokolle, Verträge etc.) sowie die Rechnungslegung zu nehmen.[821] Anhand dieser Informationen muss das Kontrollorgan sich ein Bild über die Sachverhalte machen können, um gegebenenfalls durch Nachfragen bei der Geschäftsführung weitere Informationen einzuholen. Die Kontrolleure müssen sich anhand dieser Informationen ein eigenes Urteil bilden, um so Rechtmäßigkeit (Legalitätspflicht) und Einhaltung der Ermessensgrenzen (unter Beachtung der Business Judgement Rule) überprüfen zu können. Treten bei dieser Analyse Fehler der Geschäftsführung zu Tage, hat das Kontrollorgan die notwendigen angemessenen Maßnahmen (für die AG: Stellungnahmen und Beanstandungen[822], bei der monistischen SE: Weisungen[823]), bis hin zur Abberufung und Geltendmachung von Schadensersatzansprüchen vorzunehmen.

bb. Beratungs- und Zustimmungsrechte

Sowohl die Mitglieder des dualistischen Aufsichtsrates als auch die Mitglieder des monistischen Verwaltungsrates haben daneben durch Beratungen mit dem Führungsgremium auf die zukünftige Entwicklung des Unternehmens Einfluss zu nehmen. Wie in § 111 Abs. 4 S. 2 AktG oder auch den verschiedenen Governance-Kodizes angeordnet ist, sind dem Kontrollorgan Zustimmungsrechte für besonders weitgehende Leitungsentscheidungen einzuräumen.[824] Für den monistischen Verwaltungsrat der SE folgt dies bereits aus seiner generellen Verpflichtung zur Leitung (§ 22 Abs. 1 SEAG), wobei ihm gegenüber dem

820 *Burgard*, GS Walz, S. 71, 74.

821 Hierzu wie zum Folgenden statt aller MüKoAktG/*Habersack*, § 111 AktG Rn. 29.

822 MüKoAktG/*Habersack*, § 111 AktG Rn. 32.

823 Habersack/Drinhausen/*Verse*, § 44 SEAG Rn. 8.

824 Beispielhaft etwa wieder Tz. 3.4 des Corporate Governance Kodex für die Diakonie Württemberg: „*Für Geschäfte von grundlegender Bedeutung legen die Satzung oder die Aufsichtsgremien Zustimmungsvorbehalte des Aufsichtsgremiums fest. Hierzu gehören Maßnahmen, die die Vermögens-, Finanz- oder Ertragslage des Unternehmens grundlegend verändern*". Vgl. auch Tz. 3.3 DCGK: „*Für Geschäfte von grundlegender Bedeutung legen die Satzung oder der Aufsichtsrat Zustimmungsvorbehalte zugunsten des Aufsichtsrats fest. Hierzu gehören Entscheidungen oder Maßnahmen, die die Vermögens-, Finanz- oder Ertragslage des Unternehmens grundlegend verändern*", zum Ganzen m.w.N. AktG/*Hüffer*, § 111 AktG Rn. 17.

Aufsichtsrat sogar ein eigenständiges Initiativrecht eingeräumt ist.[825] Durch diese Zustimmungsrechte bzw. die allgemeine Leitungsbefugnis wird sichergestellt, dass grundlegende Entscheidungen nicht allein durch die Geschäftsführung, sondern nach eingehender Prüfung durch das Kontrollgremium erfolgen. Nur so kann die frühzeitige Einbeziehung des Kontrollorgans sichergestellt werden.

cc. Prüfungsdichte und -maßstab

Sowohl für den Aufsichtsrat in Aktiengesellschaft und Genossenschaft als auch den Verwaltungsrat der monistischen SE hat sich die Erkenntnis durchgesetzt, dass sich die Überwachung der Geschäftsführung nicht auf sämtliche gewöhnliche Geschäftsführungsmaßnahmen des Tagesgeschäfts erstrecken darf.[826] Vielmehr ist der Überprüfungsumfang auf die *wesentlichen* Geschäftsführungsmaßnahmen begrenzt.[827]

Maßstab der Prüfung ist die Rechtmäßigkeit, Ordnungsmäßigkeit, Zweckmäßigkeit und Wirtschaftlichkeit der Geschäftsführung,[828] wobei stets der dem Leitungsorgan durch die *Business Judgement Rule* gewährte Ermessensspielraum zu beachten ist (oben § 3 B. I. 1. c, S. 94). Die Intensität der Überwachungstätigkeit hängt dabei von den jeweiligen Umständen ab.[829] Während in Zeiten stabiler Geschäftsentwicklung die Prüfung auf ein geringeres Maß beschränkt werden kann, hat das Kontrollorgan in Krisenzeiten eng mit der Geschäftsführung zusammenzuwirken.[830]

b. Überwachungsinstrumente

Welche Instrumente müssen nun den Kontrolleuren zur Verfügung stehen?

---

825 Habersack/Drinhausen/*Verse*, SE-Recht, Vor § 20 SEAG Rn. 5.

826 Für die AG statt aller AktG/*Hüffer*, § 111 Rn. 3; für die SE Habersack/Drinhausen/*Verse*, SE-Recht, § 22 SEAG Rn. 13.

827 So auch Tz. 2.4.2 des Diakonischen Corporate Governance Kodex: *„Das Aufsichtsgremium berät, begleitet, und überwacht den Vorstand; beteiligt sich nicht am operativen Geschäft; es ist in Entscheidungen von grundlegender Bedeutung zeitnah einzubeziehen [...]“* sowie Tz. 2.2.2 S. 3 des Corporate Governance Kodex für die Diakonie Württemberg: *„Das Aufsichtsgremium beteiligt sich nicht am operativen Geschäft“.*

828 *Lutter/Krieger*, Rechte und Pflichten des Aufsichtsrates, § 3 Rn. 72ff.

829 Zur im Aktienrecht allgemein anerkannten Abstufung nur AktG/*Hüffer*, § 111 Rn. 7.

830 Zu den Einzelheiten vgl. nur AktG/*Hüffer*, § 111 Rn. 7 m.w.N.

aa. Informationsrechte

Voraussetzung und gleichzeitig Kontrollinstrument ist das Informationsrecht des Kontrollgremiums.[831] Ohne die zeitnahe und umfassende Bereitstellung aussagekräftiger Informationen sind die Kontrolleure außer Stande, ihrer rückwärtsgewandten und präventiven Überwachungsaufgabe nachzukommen.[832] Wie auch die Intensität der Überwachung, so variiert auch die Pflicht zur Information in Abhängigkeit zur Situation der Gesellschaft.

Spiegelbildlich zu Informationspflicht und Auskunftsrecht muss auf der anderen Seite aber sichergestellt werden, dass Kontrolleure die notwendige Verschwiegenheit wahren.[833] Eine Verschwiegenheitspflicht ist trotz der grundsätzlich zu fordernden Transparenz zur Entwicklung geeigneter Verhandlungs- und Kampftaktiken unumgänglich.[834]

bb. Weisungsrechte

Wie bereits angesprochen, unterscheiden sich dualistisches und monistisches System zumindest nach deutschem Recht im Weisungsrecht des Kontrollorgans. Während der Vorstand der AG eine starke Stellung inne hat und dem Aufsichtsrat kein solches Weisungsrecht zugestanden wird (Geschäftsführungsverbot, § 111 Abs. 4 AktG),[835] steht dem Verwaltungsrat als eigentlichem und einzigem Leitungsorgan der monistischen SE ein vollumfängliches Weisungsrecht gegenüber der Geschäftsführung zu (§ 44 Abs. 2 SEAG).[836]

---

831 Ausführlich zum Informationsfluss sowohl im dualistischen als auch monistischen System Hommelhoff/Hopt/v. Werder/*Seibt*, Hdb. Corporate Governance, S. 391ff.

832 Vgl. daher etwa Tz. 3.2 des Corporate Governance Kodex für die Diakonie Württemberg: „*Das Leitungsorgan informiert das Aufsichtsgremium regelmäßig, zeitnahe und umfassend über alle für das Unternehmen relevanten Fragen der Planung, der Geschäftsentwicklung, der Risikolage und des Risikomanagement. Er geht auf Abweichungen des Geschäftsverlaufs von den aufgestellten Plänen und Zielen unter Angabe von Gründen ein. Das Aufsichtsgremium soll die Informations- und Berichtspflichten des Leitungsgremiums näher festlegen. Der oder die Vorsitzende des Aufsichtsgremiums soll mit dem Leitungsgremium regelmäßig kommunizieren, um sich über Strategie, Geschäftsentwicklung und das Risikomanagement des Unternehmens zu informieren und kontrollierend eingreifen zu können*".

833 Tz. 2.2.6 Corporate Governance Kodex für die Diakonie Württemberg: „*Die Mitglieder des Aufsichtsgremiums sind zur Verschwiegenheit verpflichtet*".

834 Vgl. die entsprechende Regelung des § 116 S. 1 i.V.m. § 93 Abs. 1 S. 2 AktG.

835 Statt aller MüKoAktG/*Habersack*, § 111 AktG Rn. 12.

836 Habersack/Drinhausen/*Verse*, § 44 SEAG Rn. 8.

Stellt der Aufsichtsrat der AG ein Fehlverhalten des Vorstandes fest, bleiben ihm zunächst nur Stellungnahme und Rüge als Sanktionsmittel, wenn kein wichtiger Grund zur außerordentlichen Abberufung gegeben ist (§ 83 Abs. 3 S. 1 AktG).[837] Der Verwaltungsrat hat es insofern leichter: Er kann den geschäftsführenden Direktoren unmittelbar Weisungen erteilen. Mit einer extensiven Nutzung des Weisungsrechts einher geht jedoch die Gefahr, dass das Vier-Augen-Prinzip unterwandert wird. Denn nähme der Verwaltungsrat durch Weisungen an die Geschäftsführung erheblichen Einfluss auf die Geschäftsführung, liefe die Verbandskontrolle faktisch ins Leere.[838] Für die monistische SE besteht daher Einigkeit, dass zumindest die Degradierung der geschäftsführenden Direktoren zu „Vertretungsmarionetten" nicht möglich ist.[839]

cc. Personalkompetenz

Schließlich verfügen sowohl der Aufsichtsrat der AG (§ 84 Abs. 1 AktG) als auch der Verwaltungsrat der monistischen SE (§ 40 Abs. 1 SEAG) über das Recht zu Bestellung, Anstellung und Abberufung der Geschäftsführung. Zum einen ist dies dem Umstand geschuldet, dass gerade in Großvereinigungen die Mitgliederversammlung faktisch außer Stand ist, selbst geeignetes Führungspersonen zu finden (vgl. bereits oben § 2 B. I. 3. b, S. 58). Zum anderen gibt erst die Personalkompetenz dem Kontrollgremium die notwendigen Sanktionsmechanismen an die Hand, ohne die es – gerade mangels Weisungskompetenz bei der AG – nicht zur effektiven Führungskontrolle im Stand wäre.

c. Ableitung für Tarifverbände

Für die Governance von Tarifverbänden sind aus dem Vorstehenden folgende Ableitungen zu ziehen:

- Das Kontrollorgan muss sowohl zur retrospektiven als auch präventiven Überwachung der Geschäftsführung rechtlich befugt sein. Hierzu muss ihm ein umfassendes Informationsrecht eingeräumt werden. Darüber hinaus ist in die Satzung ein Katalog zustimmungspflichtiger Geschäfte aufzunehmen, um das Kontrollorgan in die Verbandsleitung einzubeziehen. Die Intensität der Überwachungstätigkeit kann situationsbedingt schwanken. Während etwa in Friedenszeiten sowie stabiler Mitglieder- und Finanzentwicklung die

837 MüKoAktG/*Habersack*, § 111 AktG Rn. 32.

838 Zu diesem Problemkreis bei der monistischen SE m.w.N. Habersack/Drinhausen/*Verse*, § 44 SEAG Rn. 8ff.

839 Habersack/Drinhausen/*Verse*, § 44 SEAG Rn. 12.

Überwachung in geringerer Intensität durchgeführt werden kann, ist eine verstärkte Überwachung in Zeiten des Arbeitskampfes oder schwierigen Zeiten erforderlich.

- Da die gesetzlichen Regelungen von Aktiengesellschaft, Genossenschaft und monistischer SE abweichende Wertungen zur Weisungsbindung der Geschäftsführung beinhalten, kann die Weisungsbindung grundsätzlich nicht als Voraussetzung einer effektiven Führungskontrolle gewertet werden. Allerdings ist bei Tarifverbänden die insofern von der Struktur der Aktiengesellschaft abweichende Ausrichtung allein auf die Mitglieder zu beachten. Wie bereits oben dargelegt, unterliegt die Verbandsführung den Weisungen der Mitglieder- oder Delegiertenversammlung und ähnelt in diesem Punkt eher den GmbH-Geschäftsführern als den Vorständen der AG. Dies ist – wie bereits oben dargelegt – der weitgehenden Normsetzungsbefugnis geschuldet, die eine Bindung an die eigentlichen Prinzipale notwendig macht. Übertragen aber die Prinzipale einen Teil ihrer Macht an das Kontrollorgan, muss auch diesem ein Weisungsrecht gegenüber der Verbandsführung zustehen. Daher ist ein Weisungsrecht innerhalb der hierarchischen Struktur von Mitgliederversammlung zu Kontrollgremium zu Geschäftsführung geboten.
- Daneben ist dem Kontrollgremium auch die Kompetenz zur Bestellung, Anstellung und – unbenommen der Kompetenz der Mitglieder- bzw. Delegiertenversammlung zur Abberufung aus wichtigem Grund (oben § 2 B. I. 3. b, S. 58) – zur Abberufung zuzubilligen, wie dies auch die an Vereine gerichteten Kodizes DG und DGK vorsehen.[840] Eine solche Verknüpfung von Überwachung und Personalkompetenz ist geboten, um der Kontrollinstanz die notwendigen Druck- und Sanktionsmittel an die Hand zu geben.

2. *Satzungsrechtliche Umsetzung*

a. Beirat

Diese Überwachungsrechte stehen dem Beirat bei einigen Gewerkschaften zumindest partiell zu. Nach den im Wortlaut ähnlichen Satzungen der dualistischen Gewerkschaften ist der Beirat „das höchste beschlussfassende Organ

840 Tz. 2.4.2 Diakonischer Corporate Governance Kodex: „*Das Aufsichtsgremium […] ist für die Bestellung und die Ausgestaltung der Verträge der Vorstandsmitglieder verantwortlich; es soll gemeinsam mit diesen für eine frühzeitige Nachfolgeregelung sorgen*". Ebenso Tz. 2.2.3 Corporate Governance Kodex für die Diakonie Württemberg: „*Das Aufsichtsgremium beruft die Mitglieder des Leitungsgremiums. Es soll gemeinsam mit diesen für ein frühzeitige Nachfolgeregelung sorgen*".

zwischen den Gewerkschaftstagen".[841] In welcher Weise sich diese Stellung als höchstes (beschlussfassendes) Organ der Gewerkschaften manifestiert, bleibt nach den allermeisten Satzungen allerdings offen. Regeln einzelne Satzungen die Rechte des Beirates lediglich fragmentarisch,[842] enthalten andere Satzungen einen im einzelnen unterschiedlich weitreichenden, teilweise abschließenden,[843] teilweise aber auch offenen Kompetenzkatalog.[844] In jedem Fall lassen die Satzungen den beteiligten Personen einen erheblichen Interpretationsspielraum für die Praxis.[845]

aa. Grundsätzliche Überwachungsfunktion

Als Konsequenz der dualistischen Struktur und dem Verzicht auf eine zusätzliche Kontrolle innerhalb des Hauptvorstandes ist der Beirat („Gewerkschaftsrat") der ver.di mit vergleichsweise weitgehenden Kontrollkompetenzen ausgestattet.[846] Ausdrücklich obliegen ihm „Überwachung der Einhaltung der Satzung, der Durchführung der Beschlüsse der Bundeskongresse sowie Kontrolle der Tätigkeit des Bundesvorstands."[847] Dem Wortlaut nach steht dem Beirat also ein materielles Prüfungsrecht zu, Entscheidungen des Vorstandes nicht lediglich formell auf ihren Einklang mit Satzung und Beschlüssen der Mitgliederversammlung, sondern eben auch inhaltlich voll zu überprüfen. Ob und in welcher Weise der Beirat tatsächlich von diesem Prüfungsrecht Gebrauch macht, ist eine tatsächliche Frage, die maßgeblich durch die handelnden Personen geprägt wird. Der Bericht der Vorsitzenden des Gewerkschaftsrates auf dem 3. Ordentlichen Bundeskongress deutet jedoch eher darauf hin, dass die Überwachung des Vorstandes nicht im Fokus der Gewerkschaftsratsarbeit lag. So berichtete die Vorsitzende des Gewerkschaftsrats *Monika Brandl* in ihren Ausführungen zur Arbeit des Gewerkschaftsrats allein von den Ausarbeitungen in Grundsatzfragen, nicht jedoch von der praktischen Überwachung des Vorstandes.[848] Betont

841 So etwa § 19 Ziff. 1 Satzung IGM, ähnliche § 41 Ziff. 1 Satzung ver.di: *„Der Gewerkschaftsrat ist das höchste Organ zwischen der Bundeskongressen"*.

842 Etwa § 19 Satzung IG Metall; § 28 Satzung NGG; § 20 Satzung GdP.

843 § 26 Ziff. 2 Satzung IG Bau; § 18 Ziff. 4 Satzung IG BCE.

844 § 41 Ziff. 5 Satzung ver.di.

845 So schon *Witjes*, Führungsgruppen, S. 339.

846 Diese relativ starke Stellung dürfte wohl auch auf den Einfluss der in die ver.di aufgegangenen DAG zurück zuführen sein, die über ein verhältnismäßig stark ausgeprägtes dualistisches Modell verfügte. Vgl. hierzu *Müller*, DAG im Wettbewerb, insb. S. 343ff. Zur Eingliederung der DAG in die ver.di *Müller/Niedenhoff/Wilke*, ver.di.

847 § 41 Ziff. 5 c) Satzung ver.di.

848 S. 11ff. Tagungsprotokoll des 2. Tages des Bundeskongresses 2011.

werden allein das gute Miteinander sowie eine Diskussion um das gegenseitige Rollenverständnis.[849]

bb. Retrospektive Kontrolle, Information, Beteiligung

Den übrigen Gewerkschaften ist eine solche, zumindest der Satzung nach gegebene laufende Überwachungskompetenz des Beirats fremd. Eine partielle Überwachung des Vorstands wird bei den überhaupt einen Beirats-Kompetenzkatalog normierenden Gewerkschaften aber durch die Entgegennahme von Vorstandsberichten, mit dem Recht „die erforderlichen Beschlüsse zu fassen“[850] gewährleistet.[851] Problematisch jedoch ist, dass der Beirat nicht von sich aus in der Lage ist, aktiv Berichte des Vorstandes anzufordern. Er ist allein berechtigt, die – nach Ermessen des Vorstandes erstellten – Berichte entgegenzunehmen. Ein umfassendes Informationsrecht oder eine Informationspflicht des Vorstandes lässt sich den Satzungen nicht entnehmen.

Hervorzuheben ist auch, dass keine der untersuchten Satzungen dem Beirat ein echtes Zustimmungsrecht zubilligt. Einen Katalog zustimmungspflichtiger Geschäfte sucht man vergebens. So liegt es in der Hand des Vorstandes, den Gewerkschaftsrat nach seinem Ermessen in die Entscheidungsfindung einzubeziehen – oder dies zu unterlassen. Auf der anderen Seite enthält die Satzung der ver.di eine Aufzählung grundlegender Entscheidungen, die in die Zuständigkeit des Gewerkschaftsrates fallen. Bemerkenswert ist insbesondere das Recht, die gewerkschaftlichen Grundpositionen festzulegen sowie das Recht, in dringenden Grundsatzfragen zu entscheiden.[852] Wer aber darüber zu befinden hat, was genau unter solchen „dringlichen Grundsatzfragen“ und „Grundpositionen“ zu verstehen ist, bleibt offen. Da dem Gewerkschaftsrat keine Sanktionsmittel an die Hand gegeben sind (hierzu sogleich) ist es letztlich am Vorstand selbst zu entscheiden, ob er die inhaltliche Frage zur Klärung an den Beirat überweist.[853] Gerade tatsächlich erhebliche Fragen könnten so dem Gewerkschaftsrat entzogen werden, während ihm lediglich die Symbolpolitik verbliebe. Es ist natürlich nicht zu beanstanden, wenn im Gewerkschaftsrat etwa Resolutionen zur Stärkung der Rechte intersexueller Menschen oder Solidaritätsadressen gegen die Schließung

849 S. 21. Tagungsprotokoll des 2. Tages des Bundeskongresses 2011.

850 § 18 Ziff. 4 a) Satzung IG BCE.

851 § 26 Ziff. 2 a) der Satzung IG Bau.

852 § 41 Ziff. 5 lit. a) und b) Satzung ver.di.

853 Zur vergleichbaren Situation nach § 26 Nr. 4 der Satzung früheren DPG *Stindt*, Verfassungsgebot, S. 148ff.

der griechischen Rundfunkanstalt ERT gefasst werden.[854] Bedenklich wäre dies aber, wenn dabei die Kontrolle der Führung auf der Strecke bliebe.

Auch hinsichtlich der Beteiligung des Beirates bei Erlass von Richtlinien und Geschäftsordnungen unterscheiden sich die Gewerkschaftssatzungen teilweise erheblich. So weisen die Satzungen von ver.di und abgeschwächt IG Bau das Recht auf Erlass oder Änderung der Richtlinien (insbesondere: Arbeitskampf, Tarifsachen) dem Beirat zu.[855] Dies ist insofern bemerkenswert, da etwa die Satzung der IG Metall dem Beirat lediglich ein Informationsrecht, verbunden mit dem Recht den Vorstand zum Tätigwerden zu beauftragen vorsieht[856] und sich die übrigen Satzungen gänzlich zu diesem Thema ausschweigen. Indes: Im Gegensatz zu den rein dualistischen Gewerkschaften ver.di oder IG Bau verfügen IG Metall wie bereits gesagt über eine weitere Kontrollinstanz innerhalb des Vorstandes.

cc. Weisungsbindung, Personalkompetenz, Sanktionsinstrumente

Positiv im Sinne der Führungskontrolle ist die nach allen Gewerkschaftssatzungen vorgesehene Bindung des Vorstandes an die Beschlüsse des Beirats.[857] Dem Beirat ist also möglich, dem Vorstand Weisungen zu erteilen.

Daneben verfügt der Beirat nach den geltenden Gewerkschaftssatzungen nur über eine begrenzte Personalkompetenz, so dass eine Kontrolle durch personelle Entscheidungen nur eingeschränkt möglich ist. Da wie bereits unter § 2 B. I. 3. b, S. 58 beschrieben der Mitgliederversammlung nach den Satzungen die Bestellung und Abberufung der Vorstände obliegt, entscheidet der Beirat allein über die zwischen den Gewerkschaftstagen frei werdenden Vorstandsposten (Ersatz- oder Nachwahl).[858] Ein Recht zur Abberufung der Vorstände ist dagegen nach den allermeisten Satzungen nicht vorgesehen. Allein § 28 Ziff. 5 der Satzung der NGG gibt dem Beirat, gemeinsam mit dem Hauptausschuss (Kontrollausschuss), unter sehr engen Voraussetzungen das Recht, Mitglieder des Vorstandes von ihrer Funktion zu suspendieren.[859] Dass der Beirat daher mangels eines echten

854 So die Aktivitätenliste des Gewerkschaftsrates der ver.di, http://aufbau.verdi.de/gewerkschaftsrat/aktuelles.

855 § 41 Ziff. 5 lit. g) Satzung ver.di; ähnlich § 26 Ziff. 2 lit. d) und e) Satzung IG Bau.

856 § 19 Ziff. 1 Satzung IG Metall.

857 § 42 Ziff. 1 Satzung ver.di; § 18 Ziff. 3 lit. b) Satzung IG Metall.

858 Etwa §19 Ziff. 1 Satzung IG Metall; § 41 Ziff. 5 lit. l) Satzung ver.di; § 18 Ziff. 4 lit. b) Satzung IG BCE.

859 Wörtlich: *„Der Beirat und der Hauptausschuss haben gemeinsam das Recht, mit Zweidrittelmehrheit der anwesenden Mitglieder jedes Mitglied des Hauptvorstandes*

Abberufungsrechts kaum ein Drohpotential zufällt, wurde ebenfalls bereits oben dargelegt und schmälert die Machtstellung des Beirates ganz erheblich.

Überhaupt verfügt der Beirat – mit Ausnahme der gerade genannten Abberufungskompetenz bei der NGG – über keinerlei Sanktionsmöglichkeiten, ein fehlerhaftes Verhalten des Vorstandes zu ahnden. Entscheidet der Vorstand etwa in Grundsatzfragen selbst, erlässt er Richtlinien ohne Ermächtigung oder aber handelt schlicht eigennützig im Rahmen der ihm satzungsmäßig eingeräumten Kompetenzen. Der Beirat verfügt über keinerlei Möglichkeiten, die Beschlüsse des Vorstandes aufzuheben oder die handelnden Personen abzuberufen. Allein die Kompetenz die Einhaltung der Satzung zu überwachen, gibt ihm jedenfalls keine Sanktionsmöglichkeiten an die Hand.

dd. Zwischenergebnis

Aus alledem ist zu folgern, dass die dualistisch strukturierten Gewerkschaften mit dem Beirat zwar über ein grundsätzlich geeignetes Kontrollorgan verfügen, diesem aber erhebliche Kompetenzen, namentlich ein echtes Informationsrecht sowie wesentliche Sanktionsmöglichkeiten (Personalrecht) versagt werden. Gleichwohl muss der Beirat „als eigentliches Kontrollorgan“[860] zumindest bei den hier als dualistisch beschriebenen Gewerkschaften gelten. Es dürfte übertrieben sein, den Beirat als Teil der Verbandsführung zu bezeichnen.[861] Er ist, aller oben genannter Kritik zum Trotz, gerade in den neueren Gewerkschaften zumindest als schwaches Kontrollorgan anzuerkennen, das allein aufgrund seiner Existenz und der bescheidenen Rechte zur Disziplinierung des Vorstandes beiträgt. Hierauf könnte aufgebaut werden und der Beirat zu einer echten Kontrollinstanz ausgebaut werden.

b. Hauptvorstand

Die meisten Gewerkschaften setzen jedoch, wie bereits erläutert, auf eine Kontrolle innerhalb des Hauptvorstandes.

---

von seiner Funktion zu suspendieren, wenn das Verhalten oder die Geschäftsführung der/des Betreffenden den Interessen der Gewerkschaft NGG zuwiderläuft“.

860 *Stindt*, Gewerkschaften, S. 148, über den Gewerkschaftsausschuss der DPG.

861 *Noé*, Klassenkampf, S. 111: *„Der Beirat ist nach dem Gegenstand seiner Entscheidungen tatsächliches Organ der Verbandsführung“* – allerdings im Hinblick auf die tendenziell monistisch ausgerichteten IG Metall.

aa. Überwachungskompetenz, Weisungsbindung

Eine ausdrückliche Kontrollbefugnis ist den Satzungen allerdings fremd. Allein der Umstand, dass die Führung der laufenden Geschäfte auf den Geschäftsführenden Vorstand übertragen ist, die Gesamtverantwortung aber beim Hauptvorstand verbleibt,[862] bewirkt eine gewisse Kontrolle im Vier-Augen Prinzip. Denn um seiner Verantwortung gerecht zu werden, wird er die Umsetzung seiner Leitungsentscheidungen sowie die Arbeit der geschäftsführenden Mitglieder des Vorstandes kontrollieren müssen. Umgesetzt wird diese Kontrolle auch durch die Weisungsbindung der geschäftsführenden Vorstände gegenüber dem Hauptvorstand.[863]

bb. Personalkompetenz, Sanktionsinstrumente

Erheblich erschüttert wird dieser Anschein jedoch durch den Umstand, dass dem Hauptvorstand keinerlei Personalhoheit über die von ihm zu kontrollierenden geschäftsführenden Hauptvorstände zukommt. Sowohl ehrenamtliche als auch hauptamtliche Mitglieder des Hauptvorstandes werden direkt vom Gewerkschaftstag gewählt und stehen damit in einem Gleichordnungsverhältnis zueinander. Während gem. § 40 Abs. 1. S. 1, Abs. 5 SEAG der Verwaltungsrat als Gesamtorgan über Bestellung, Abberufung und sonstige Disziplinarmaßnahmen gegenüber den geschäftsführenden Direktoren entscheiden kann, liegt diese Entscheidung nicht in den Händen der ehrenamtlichen Mitglieder des gewerkschaftlichen Hauptvorstandes. Genauso wenig wie der Beirat verfügt der Hauptvorstand über andere Sanktionsinstrumente.

c. Sonstige Kontrollgremien der Gewerkschaften

Der Kontrollausschuss ist – anders als sein Name grundsätzlich vermuten lässt – nicht dazu befugt, die Arbeit des Vorstandes inhaltlich zu überwachen. Überwacht werden sollen lediglich die Einhaltung der satzungsmäßigen Kompetenzen sowie die Durchführung der Beschlüsse des Gewerkschaftstages.[864] Hält sich der Vorstand innerhalb seiner ohnehin weiten Kompetenzen, ist der Kontrollausschuss nicht zur Überwachung befähigt.

---

862 Vgl. etwa den umfassenden Katalog der Zuständigkeiten des Bundesvorstandes der EVG, § 21 Ziff. 5 Satzung EVG.

863 § 20 Satzung IG BCE.

864 § 22 Ziff. 5 lit. a) Satzung IG Metall.

Darüber hinaus dürfen viele der Kontrollgremien nur auf Beschwerde von unmittelbar betroffenen Mitgliedern[865] oder zum Teil auch auf Antrag anderer Verbandsorgane[866] tätig werden und verfügen somit schon nicht über ein Initiativrecht, Rechtsmissbräuche und Fehlentwicklungen aufzudecken. Auch wenn in anderen Satzungen auf ein solches Beschwerde- und Antragserfordernis verzichtet wird und dem Kontrollausschuss eine scheinbar stärkere, an einem objektiven Kontrollmaßstab ausgerichtete Prüfungskompetenz zugewiesen wird,[867] bleibt in den Satzungen offen, auf welche Weise mögliche Rechtsverstöße durch den Kontrollausschuss unterbunden werden können. Sanktionen oder Rechte, die entsprechenden Beschlüsse des Vorstandes aufzuheben oder dessen Handlungen rückgängig zu machen, sind dem Kontrollausschuss nicht an die Hand gegeben. Dem Kontrollausschuss kommt daher eher die Rolle eines Vermittlers zu, der Beschwerden der Mitglieder nachgehen und eine vermittelnde Lösung suchen soll. So ging der Kontrollausschuss der ver.di z.B. Beschwerden über die Zusammensetzung von Tarifkommissionen nach und ersuchte Vorstand und Beirat um ein Lösung.[868]

Insgesamt lässt sich der Kontrollausschuss daher bei keiner der untersuchten Gewerkschaften als echtes Kontrollorgan im oben beschriebenen Sinne bezeichnen.[869] Auch wenn in sämtlichen Satzungen die Unabhängigkeit der Mitglieder

---

865 § 24 Ziff. 2 IG BCE: „*kann von Mitgliedern angerufen werden, die […] unmittelbar beschwert sind*"; ähnlich § 22 Ziff. 1 EVG: „*Mitglieder, die […] unmittelbar betroffen sind*".

866 § 44 Ziff. 2 ver.di: „*prüft jeweils auf Antrag eines betroffenen satzungsmäßigen Organs oder auf Beschwerde eines betroffenen Mitglieds*". Treffend insofern die Beschreibung des Vorsitzenden des Kontroll- und Beschwerdeausschusses der ver.di *Mahrholz* auf dem 3. Ordentlichen Bundeskongress am 18. 09. 2011: „*Zum Verständnis unserer Arbeit möchten wir darauf hinweisen, dass der Kontroll- und Beschwerdeausschuss zwar eine vereinsinterne Funktion hat, aber diese nur auf Anrufung von betroffenen Mitgliedern oder Organen wahrnehmen kann. Im Unterschied zum Gewerkschaftsrat überwacht er nicht stetig die Einhaltung der Satzung und Eurer Beschlüsse sowie die Geschäftsführung des Bundesvorstandes, sondern erst dann, wenn ihn ein Organ oder Gremium dazu auffordert, weil es sich in seinen Rechten verletzt fühlt*".

867 § 21 Ziff. 5 a) IG Metall; § 28 Ziff. 2 a) IG Bau: „*Der Gewerkschaftsrat hat folgende Aufgaben: a) Überwachung der Durchführung der Beschlüsse des Gewerkschaftstages und der Einhaltung der Satzung durch die Organe, […]*".

868 Tagesprotokoll – Protokollteil 04 – des 3. Ordentlichen Gewerkschaftstages 2011, 18.09.2011, S. 18f.

869 Sehr kritisch zur Bedeutung des Kontrollausschusses *Noé*, Klassenkampf, S. 109f; ähnlich *Rölke*, Gewerkschaftsbeteiligung, S. 97: „Seine tatsächliche Bedeutung ist jedoch weitaus geringer".

betont wird, handelt es sich bei dem Kontrollausschuss weniger um ein echtes, dem Aufsichtsrat der Aktiengesellschaft oder gar dem Verwaltungsrat der monistischen SE angenähertes Überwachungsorgan, sondern vielmehr um eine Schiedsstelle, welche über Streitigkeiten der Mitglieder mit dem Vorstand oder anderen Organen vermitteln und teilweise zu entscheiden hat.[870] Rein praktisch liegt der Hauptschwerpunkt der Tätigkeit des Kontrollausschusses darin, Beschwerden von durch den Vorstand mit Disziplinarstrafen belegten bzw. ausgeschlossenen Mitgliedern nachzugehen.[871]

d. Erweiterter Vorstand der Arbeitgeber

Das Grundproblem der Satzungen der Arbeitgeberverbände besteht darin, dass nahezu keinerlei Vorschriften zur Kontrolle der führenden Organe enthalten sind. Eine dem § 22 Abs. 1 SEAG vergleichbare klarstellende Reglung ist nicht vorhanden. So hängen Kontrolldichte und Grad der Einflussnahme auf die Geschäftsführung zum einen von den gegebenenfalls bestehenden Geschäftsordnungen, maßgeblich aber wohl vor allem von den einzelnen Persönlichkeiten des erweiterten Vorstandes ab. Die Vertreter großer Mitgliedsunternehmen dürften dabei eher ihren Einfluss gegenüber dem Präsidium und der Geschäftsführung geltend machen, sind sie doch überproportional von den Entscheidungen des Präsidiums sowie der Geschäftsführung betroffen.

aa. Weisungsbindung Überwachung

Lediglich allgemein festgehalten ist die Weisungsbindung des Geschäftsführers[872] sowie dessen Verantwortlichkeit gegenüber Vorstand und sonstigen Verbandsorganen.[873] Konkretere Überwachungsvorgaben sind den Satzungen darüber hinaus in den meisten Fällen fremd. Eine Ausnahme findet sich etwa bei § 11 Nr. 7 lit. g Satzung AGV Bau Saar, wonach dem Vorstand zumindest die „*Überwachung der laufenden Finanzgebarung*“ obliegt.

---

870 Zutreffend daher der Befund von *Witjes*, Führungsgruppen, S. 366: „*Die eigentlichen Kontrollorgane waren mangels ausreichender Befugnisse und Sanktionsmöglichkeiten nur sehr beschränkt funktionsfähig – bei IGM und IGBE im Grunde funktionsunfähig – und zu einer wirksameren Kontrolle der Führung und einer Beschränkung ihrer Macht auf den satzungsmäßigen Kompetenzbereich nicht im Stande*“.

871 So *Rölke*, Gewerkschaftsbeteiligung, S. 97 und auch *Noé*, Klassenkampf, S. 109 mit Nachweisen auf damals aktuelle Gewerkschaftstagsprotokolle der IG Metall.

872 § 13 Ziff. 3 Satzung AGV Bau Saar.

873 § 10 Ziff. 3 Satzung VBM: „*Der Hauptgeschäftsführer ist dem Präsidenten und den Organen des Vereins gegenüber verantwortlich*“.

bb. Personalkompetenz
Allerdings: Dem erweiterten Vorstand bzw. dem Präsidenten/Präsidium (Vorstand i. S. d. § 26 BGB) steht zumindest die Personalkompetenz zu. So wird der Hauptgeschäftsführer durch den erweiterten Vorstand und nicht etwa durch die Mitgliederversammlung als besonderer Vertreter be- und angestellt. Der berufliche Werdegang des Hauptgeschäftsführers liegt damit in den Händen des erweiterten Vorstandes, dem so ein wirksames Sanktionsmittel zur Verfügung steht.

IV. Innere Struktur des Kontrollorgans

Bedeutsam für die Effektivität der Führungskontrolle ist auch die innere Struktur des Kontrollorgans.

1. Mitgliederzahl, Zusammensetzung, Repräsentativität

a. Governance Vorgaben

aa. Mitgliederzahl
Um eine effektive Führungskontrolle zu gewährleisten, darf das Kontrollgremium nicht aus zu vielen Mitgliedern gebildet werden, da ab einer zu großen Anzahl von Mitgliedern eine Abstimmung und innerorganschaftliche Kompromissbildung unmöglich wird. Wie bereits oben erwähnt, hält der Gesetzgeber – sieht man von den Verwerfungen durch die Mitbestimmungen einmal ab – sowohl gem. § 95 AktG als auch § 23 Abs. 1 SEAG grundsätzlich eine Anzahl von 3 – 21 Mitgliedern sowohl im dualistischen als auch im monistischen System für sinnvoll, abhängig von Größe bzw. Grundkapital des Unternehmens.[874] Auch die *Baums-Kommission*, die im Auftrag der damaligen Bundesregierung Vorschläge zur Verbesserung der Corporate Governance in Deutschland entwickelte, thematisierte die Größe des Aufsichtsrats als wesentlichen Punkt. Sie wies auf den Zielkonflikt zwischen Effektivität und Repräsentativität hin, doch konnte sie sich im Ergebnis aufgrund der verschiedenen Positionen der Kommissionsmitglieder nicht zu einem Verkleinerungsvorschlag durchringen.[875]

bb. Zusammensetzung, Repräsentativität
Für die Zusammensetzung des Gremiums enthält der DCGK weniger Empfehlungen für die Repräsentativität der Zusammensetzung, als vielmehr hinsichtlich der notwendigen fachlichen Qualifikation der Kontrolleure. So heißt es wörtlich:

874 MüKoAktG/*Habersack*, § 95 AktG Rn. 1ff.
875 *Baums*, Bericht, Rn. 49.

> „Der Aufsichtsrat ist so zusammenzusetzen, dass seine Mitglieder insgesamt über die zur ordnungsgemäßen Wahrnehmung der Aufgaben erforderlichen Kenntnisse, Fähigkeiten und fachlichen Erfahrungen verfügen“[876]

Daneben aber *soll* der Aufsichtsrat

> „für seine Zusammenarbeit Ziele benennen, die unter Beachtung der unternehmensspezifischen Situation, die internationale Tätigkeit des Unternehmens, potentielle Interessenkonflikte, die Anzahl der unabhängigen Aufsichtsratsmitglieder [...], eine festzulegende Altersgrenze für Aufsichtsratsmitglieder und Vielfalt (Diversity) berücksichtigen. Diese konkreten Ziele sollen insbesondere eine angemessene Beteiligung von Frauen vorsehen.“[877]

Abstrakt lässt sich sagen, dass nachrangig („soll“) zumindest auch auf eine repräsentative Struktur des Kontrollgremiums geachtet werden soll. Durch Altersgrenzen solle eine Überalterung des Gremiums verhindert und grundsätzlich die „Diversity“ gestärkt werden, wobei insbesondere die „angemessene Beteiligung von Frauen“ angestrebt werden soll. Interessant ist auch die aus der internationalen Governance-Forschung stammende Empfehlung nach unabhängigen Mitgliedern des Kontrollgremiums.[878] Sie zielt – neben der Steigerung der Effektivität der Kontrolle – vor allem auf eine Stärkung des Minderheitenschutzes.[879] Denn durch die Besetzung des Kontrollgremiums mit unabhängigen Kontrolleuren, die in keiner persönlichen oder geschäftlichen Beziehung zur Gesellschaft oder einem Großaktionär stehen,[880] wird den Minderheitsaktionären ein Kontrolleur zur Seite gestellt, der keine eigenen Interessen oder die Interessen von Großaktionären durchzusetzen beabsichtigt.[881]

---

876 Tz. 5.4.1 S. 1 DCGK, in die gleiche Richtung § 105 Abs. 5 AktG, hierzu eingehend Hommelhoff/Hopt/v. Werder/*Lutter*, Handbuch Corporate Governance, S. 325f.

877 Tz. 5.4.1 S. 2 DCGK.

878 Mit Überblick über die Regelungen verschiedener ausländischer Kodizes Hommelhoff/Hopt/v. Werder/*Wymeersch*, Handbuch Corporate Governance, S. 143.

879 Hommelhoff/Hopt/v. Werder/*Wymeersch*, Handbuch Corporate Governance, S. 143.

880 Tz. 5.4.2 DCGK: *„Ein Aufsichtsratsmitglied ist im Sinn dieser Empfehlung insbesondere dann nicht als unabhängig anzusehen, wenn es in einer persönlichen oder einer geschäftlichen Beziehung zu der Gesellschaft, deren Organen, einem kontrollierenden Aktionär oder einem mit diesem verbundenen Unternehmen steht, die einen wesentlichen und nicht nur vorübergehenden Interessenkonflikt begründen kann“.*

881 Hommelhoff/Hopt/v. Werder/*Wymeersch*, Handbuch Corporate Governance, S. 144.

b. Ableitung für Tarifverbände: Große Bedeutung der Repräsentativität

Die vom Gesetzgeber für die großen Kapitalgesellschaften vorgegebene Größenordnung von 3 – bis 21 Personen ist grundsätzlich auch für Tarifverbände zielführend.

Allerdings ist zu bedenken, dass bei Gewerkschaften die Kontrollorgane oftmals nicht lediglich eine kontrollierende, sondern vor allem eine willensbildende Funktion innehaben. So tritt der Beirat als verkleinerte Delegiertenversammlung an die Stelle des lediglich aller vier Jahre tagenden Gewerkschaftstags, um über grundlegende Verbandsfragen bis hin zu Satzungsänderungen zu beschließen. Daher muss das Kontrollorgan zwangsläufig größer gebildet werden, um gleichzeitig ein repräsentatives Mitgliederbild abzugeben. Insofern sind hinsichtlich Repräsentativität und Zusammensetzung andere Maßstäbe anzulegen als dies für ein reines Überwachungsorgan der Fall wäre (zur Bedeutung der Repräsentativität bereits oben § 2 B. I. 1. d, S. 44 sowie § 3 B. II. 2, S. 106). Während für die Überwachung vor allem die Qualifikation ausschlaggebend ist, soll die Willensbildung die Mitgliederstrukturen möglichst genau abbilden. Ein möglicher Kompromiss stellt daher die Bildung eines großen repräsentativ zusammengesetzten Gremiums dar, dass durch die Bildung von Ausschüssen in die Lage versetzt wird, die Geschäftsführung effektiv zu überwachen (zur Ausschussbildung sogleich).

c. Satzungsrechtliche Umsetzung

aa. Gewerkschaftsbeirat

Der Beirat als „höchstes Organ zwischen den Gewerkschaftstagen“ besteht nach den Gewerkschaftssatzungen oftmals aus mehr als 100 Personen.[882] Wie soeben ausgeführt, ist dies unter dem Blickwinkel einer möglichst genauen repräsentativen Abbildung der Gewerkschaften durchaus überzeugend, macht eine sinnvolle Überwachung des Vorstandes aber unmöglich. Geboten ist angesichts dieser Größe die Schaffung von Ausschüssen, insbesondere eines Überwachungsausschusses.

Die Mitglieder des Beirats werden nach den meisten Gewerkschaftssatzungen direkt von regionalen Untergliederungen (Bezirksdelegiertenversammlung),[883] bzw. bei ver.di vom Bundesgewerkschaftstag gewählt, wobei auch hier

882 Plastisch § 18 Ziff. 2 Satzung IG BCE: „*Der Beirat besteht aus 150 ehrenamtlichen Mitgliedern*“, aber auch die nach Delegiertenschlüssel bestimmten Beiräte der ver.di (Stand April 2014: 90 Mitglieder, https://www.verdi.de/ueber-uns/bundeskongress/wahlen/++co++fd81de62-df6c-11e0-4210-0019b9e321e1) sowie der IG Metall (Stand April 2014: 109, http://www.igmetall.de/beirat-sitzverteilung-auf-die-bezirke-9309.htm) bestehen aus ähnlich vielen Personen.

883 § 19 Ziff. 2 IG Metall, § 18 Ziff. 2 Satzung IG BCE, § 26 Ziff. 3 Satzung IG Bau.

die Wahlvorschläge von den regionalen sowie fachlichen Untergliederungen gemacht werden.[884] Auf diese Weise wird zumindest der regionalen Repräsentation, bei ver.di auch hinsichtlich der fachlichen Repräsentation ausreichend Rechnung getragen. Daneben sehen etliche Gewerkschaftssatzungen eine besondere Vertretung von tendenziell unterrepräsentierten Gruppen (Jugend, Frauen, Senioren)[885] vor. Weitere Vorgaben über die Zusammensetzung, etwa wie die unterschiedlichen Berufs- oder Gehaltsgruppen vertreten sind, lassen sich der Satzung nicht entnehmen. Hier wäre zumindest eine allgemeine programmatische Forderung nach einer repräsentativen Zusammensetzung wünschenswert.

Nicht akzeptabel ist unter dem Gesichtspunkt der Repräsentativität die Mitgliedschaft der Vorstände als geborene Beiratsmitglieder. Auch wenn die Wahl der einzelnen Vorstände in den Beirat nach dem oben Gesagten solange zulässig ist, wie die Vorstände nicht in der Mehrheit sind, ist eine Mitgliedschaft ohne Wahl abzulehnen. Sie verzerrt das repräsentative Abbild, das der Beirat grundsätzlich geben soll.

bb. Hauptvorstand, Sonstige Kontrollgremien der Gewerkschaften

Der Hauptvorstand der monistischen Gewerkschaften hingegen besteht grundsätzlich[886] nach den Satzungen aus deutlich weniger Mitgliedern (IG Metall: sieben geschäftsführende, 29 ehrenamtliche[887], IG BCE: fünf geschäftsführende hauptamtliche, 26 ehrenamtliche Mitglieder[888]). Er bewegt sich damit in einer für eine Überwachung sinnvollen Größenordnung. Über seine Zusammensetzung enthalten die Satzungen nahezu keine Vorgaben, allein die Besetzung mit ehren- und hauptamtlichen Mitgliedern ist explizit thematisiert. Zur Repräsentation kann auf die obigen Ausführungen verwiesen werden (§ 3 B. II. 2, S. 106).

Ebenso besteht der Kontrollausschuss regelmäßig aus unter zehn Personen und weist damit eine sinnvolle Arbeitsgröße auf.[889] Über die Zusammensetzung ist den Satzungen nichts zu entnehmen.

---

884 § 41 Ziff. 3 Satzung ver.di: Landesdelegiertenkonferenzen und Bundesfachbereichskonferenzen.

885 Etwa § 21 Ziff. 2 EVG.

886 Eine Ausnahme stellt insofern der Hauptvorstand der GEW dar, der von seiner Konzeption aber als Beirat im o.g. Sinne anzusehen ist.

887 § 18 Satzung IG Metall.

888 § 19 Ziff. 1 Satzung IG BCE, www.igbce.de/igbce/organisation/6952/aufbau.

889 § 21 Satzung IG Metall: Sieben Mitglieder.

cc. Erweiterter Vorstand der Arbeitgeberverbände

Eine ähnliche Größenordnung weisen die Vorstände der Arbeitgeberverbände auf (VBM: Bis zu 27,[890] AGV Bau Saar: Bis zu sechs Mitglieder[891]). Auch hier ist also eine sinnvolle Arbeitsgröße gegeben.

Hinsichtlich der Zusammensetzung des sowohl als Leitungs- als auch Überwachungsorgan agierenden erweiterten Vorstandes ist auf die bereits oben gemachten Ausführungen zu verweisen (§ 3 B. II. 2, S. 106).

2. Bildung von Ausschüssen

a. Ausschussbildung nach dem DCGK

aa. Arbeitsverbesserung durch Spezialisierung

Weiterhin ist im Gesellschaftsrecht allgemein anerkannt, dass eine erhebliche Effizienzsteigerung der Arbeit der Kontrolleure – seien sie nun Teil eines einheitlichen Verwaltungsrates oder organisatorisch von diesem getrennt – durch die Bildung von Ausschüssen erfolgen kann.[892] Die Forderung nach einer Bildung von Ausschüssen und Gremien gehört zu den Kernanliegen der Corporate Governance und findet sich etwa in Tz. 5.1.4 des DCGK.[893] Einzelne Kontrolleure werden auf diese Weise in die Lage versetzt, ihre Arbeitskraft und Fortbildung auf bestimmte Themenkreise zu konzentrieren und sich so zu spezialisieren.[894] Daneben sprechen auch gruppendynamische Argumente für eine Untergliederung des Kontrollorgans, da eine zielführende konzentrierte Diskussion mit zunehmender Größe nur schwer gelingen wird.[895] In der Praxis der börsennotierten Unternehmen hat sich aus arbeitsökonomischen Gesichtspunkten

---

890 § 9 Ziff. 1 i. V. m. § 5 Ziff.1 Satzung VBM: 14 bis 18 Vorstandsmitglieder aus den Regionen zuzüglich höchstens acht kooptierter Mitglieder.

891 § 11 Abs. 1 Satzung AGV Bau Saar.

892 Statt aller Ringleb/*Kremer*/Lutter/v. Werder DCGK, Rn. 929.

893 *„Der Aufsichtsrat soll abhängig von den spezifischen Gegebenheiten des Unternehmens und der Anzahl seiner Mitglieder fachlich qualifizierte Ausschüsse bilden. Diese dienen der Steigerung der Effizienz der Aufsichtsratsarbeit und der Behandlung komplexer Sachverhalte“.*

894 Wortgleich insofern Tz. 2.4.4 Diakonischer Corporate Governance Kodex sowie Tz. 2.3 Corporate Governance Kodex für die Diakonie Württemberg: *„Zur Effizienzsteigerung bei der Bearbeitung komplexer Sachverhalte kann das Aufsichtsgremium in Abhängigkeit von den spezifischen Gegebenheiten und der Anzahl der Mitglieder fachlich qualifizierte, beratende Ausschüsse bilden. Die Gesamtverantwortung des Aufsichtsgremiums bleibt erhalten“.*

895 Im Hinblick auf den Aufsichtsrat von AG auch Ringleb/*Kremer*/Lutter/v. Werder, DCGK, Rn. 976.

herausgestellt, dass diese Gremien mit drei bis sechs, keinesfalls aber mit mehr als acht Personen besetzt sein sollten.[896]

Voraussetzung einer solchen Aufteilung ist allerdings eine gewisse Größe, die zum einen die Aufteilung notwendig, zum anderen auch erst möglich macht. Verfügt das Kontrollorgan nicht über ausreichend Personal, wird eine effiziente Ausschussarbeit weder geboten noch möglich sein. Daher ist die Einrichtung von Ausschüssen keinesfalls zwingend erforderlich, sofern gute Gründe, etwa eine ohnehin straffe und nur mit wenigen Mitgliedern ausgestattete Kontrollinstanz, gegen die Einrichtung solcher Ausschüsse sprechen.[897]

bb. Zu bildende Ausschüsse: Audit comitee, Nominierungsausschuss

Wird im Detail über viele Vorschläge gerungen, besteht insbesondere in einem Punkt innerhalb der Governance Forschung Einigkeit: Der Notwendigkeit der Einrichtung eines eigenen Prüfungsausschusses (*audit comitee*).[898] Auch der DCGK enthält mit Tz. 5.3.2 eine solche Soll-Vorschrift, die von den allermeisten Unternehmen umgesetzt wird.[899]

Gleichfalls empfiehlt sich die Einrichtung eines Ausschusses, der für die Auswahl geeigneter Führungspersönlichkeiten zuständig ist und diese dem eigentlichen Kontrollorgan vorschlägt, wie dies in Tz. 5.3.3 DCGK[900] für börsennotierte Aktiengesellschaften empfohlen ist (Nominierungsausschuss). Durch die Auswahl geeigneter Kandidaten in einem kleinen Gremium kann die Qualität der Personalwahl sichergestellt werden.[901] Klar gestellt werden muss, dass eine solche Suche und Vorauswahl geeigneter Personen keinesfalls mit der finalen Auswahl sowie der Bestellung verwechselt werden darf. Denn die Bestellung muss stets dem hierfür legitimierten und entsprechend repräsentativ besetzten Gesamtgremium vorbehalten bleiben.

---

896 Für börsennotierte Kapitalgesellschaften Ringleb/Kremer/Lutter/v. Werder/*Kremer*, DCGK, Rn . 983; *„Ausschüsse mit drei bis sechs Personen überwiegen"*, Ringleb/Kremer/Lutter/v. Werder/*Kremer*, DCGK, Rn. 997.

897 Vgl. insofern auch den Wortlaut von Tz. 5.3.1: *„abhängig von den spezifischen Gegebenheiten des Unternehmens und der Anzahl seiner Mitglieder"*.

898 Hommelhoff/Hopt/v. Werder/ *Wymeersch*, Handbuch Corporate Governance, S. 146.

899 Ringleb/*Kremer*/Lutter/v. Werder, DCGK, Rn. 940.

900 *„Der Aufsichtsrat soll einen Nominierungsausschuss bilden, der ausschließlich mit Vertretern der Anteilseigner besetzt ist und dem Aufsichtsrat für dessen Wahlvorschläge an die Hauptversammlung geeignete Kandidaten vorschlägt"*.

901 Ringleb/*Kremer*/Lutter/v. Werder, DCGK, Rn. 964.

b. Ableitung für Tarifverbände

Ausschüsse sind nicht lediglich bei Kapitalgesellschaften, sondern ganz generell für Großvereinigungen von Nutzen. Vorteile der Arbeitsteilung und Spezialisierung hängen weder mit Rechtsform noch unternehmerischem Handeln zusammen und sind auch auf Tarifverbände übertragbar. Dies gilt umso mehr, besteht das Überwachungsgremium nicht lediglich aus drei bis 21, sondern 150 Personen. Fraglich ist allein, ob gerade die im DCGK genannten Ausschüsse für Rechnungsprüfung und Personal für Tarifverbände geboten sind.

aa. Audit comitee/Finanzausschuss

Wiewohl die vereinsrechtlich organisierten Tarifverbände gesetzlich nicht zur Erstellung eines Jahresabschlusses verpflichtet sind, gebieten die Grundsätze guter Koalitionsführung eine weitergehende, den handelsrechtlichen Vorschriften des §§ 348ff HGB entsprechende Buchführung und Rechnungslegung (vgl. oben § 3 B. I. 2. c, S. 99). Es bedarf daher auf Seiten der Kontrolleure eines Gremiums, welches über die fachlichen und praktischen Erfahrungen verfügt, die für eine kritische Prüfung der Unterlagen erforderlich sind. Diese fachliche Expertise kann aber von der Mehrheit der ehrenamtlichen (!) Kontrolleure nicht erwartet werden, so dass die Bildung eines Ausschusses notwendig ist. Obliegt die Kontrolle der Rechnungslegung einem gesonderten, nicht dem eigentlichen Kontrollorgan unterstehenden Gremium, muss sichergestellt werden, dass das Kontrollorgan stets über ausreichende und fundierte Kenntnisse verfügt. Die Informationen des gesonderten Prüfungsausschusses sind dem Kontrollorgan zeitnah, vollständig und inhaltlich verständlich zugänglich zu machen, damit dieses entsprechende Maßnahmen ergreifen kann. Denn es besteht die Gefahr, dass Informationen nicht ausreichend zusammen getragen werden und sich erst aus der Gesamtschau ergebende Probleme durch eine Zersplitterung der Verantwortlichkeiten verborgen bleiben.

bb. Nominierungsausschuss

Daneben sollte auch ein Nominierungsausschuss eingerichtet werden. Über die Empfehlungen in Tz. 5.3.3 des DCGK hinaus[902] sollte ein solcher Ausschuss jedoch nicht allein mit der Auswahl und Empfehlung von Mitgliedern des Kontrollgremiums (mithin der Regelung der eigenen Nachfolge), sondern auch mit der Auswahl und Empfehlung von für das Führungsorgan geeigneten Personen

---

902 *„Der Aufsichtsrat soll einen Nominierungsausschuss bilden, der ausschließlich mit Vertretern der Anteilseigner besetzt ist und dem Aufsichtsrat für dessen Wahlvorschläge an die Hauptversammlung geeignete Kandidaten vorschlägt“.*

betraut werden. Insofern ist nicht ersichtlich, warum nicht ein und dasselbe Gremium mit der Suche und Bewertung des geeigneten Verbandspersonals betraut werden sollte. Im Falle der Bestimmung der Kontrolleure selbst ist es also die Mitgliederversammlung, welcher das letzte Wort über Auswahl und Bestellung der Kontrolleure gebührt, im Falle der Geschäftsführung nach dem oben Gesagten das Kontrollgremium als Ganzes.

cc. Überwachungsausschuss

Schließlich empfiehlt sich bei Tarifverbänden auch die Einrichtung eines Überwachungsausschusses, dem die Überwachung der materiellen Führungsentscheidungen der Verbandsführung übertragen wird. Gerade bei rein dualistischen Gewerkschaften mit sehr großen Kontrollorganen ist dies dringend geboten. Denn wie soll ein Gremium von 150 Personen die Entscheidungen der Geschäftsführung sinnvoll ehrenamtlich überwachen?

c. Satzungsrechtliche Umsetzung

Rein praktisch sind solche Ausschüsse leider nur in wenigen Satzungen enthalten.

Die Satzung der ver.di[903] enthält etwa die Anordnung, dass im Beirat (Gewerkschaftsrat) ein Haushalts- und Finanz- sowie ein Personalausschuss zu schaffen ist und auch die Satzung der IG Bau[904] sieht zumindest einen Personalausschuss indirekt vor. Nach der Satzung der GEW *kann* der Beirat Ausschüsse einrichten,[905] muss dies aber nicht. Dies genügt nach dem oben Gesagten nicht. Die Satzungen haben eine Regelung zu enthalten, nach der Ausschüsse verbindlich zu schaffen sind. Regelungen wie bei der Satzung der IG BCE, nach der organisatorisch selbstständige Ausschüsse für Finanzen, Personal, die Satzung und Beschwerden geschaffen werden müssen,[906] sind ebenfalls nach dem oben Gesagten bedenklich. Durch diese Aufspaltung der Führungskontrolle besteht zumindest die Gefahr, dass Informationen nicht ausreichend ausgetauscht werden da kein Organ den notwendigen Gesamtüberblick besitzt.

Für die übrigen Kontrollorgane – insbesondere den (Haupt-)Vorstand – sind weder auf Gewerkschafts- noch auf Arbeitgeberseite Ausschüsse in den Satzungen vorgesehen. Auch dies genügt den Mindestanforderungen an eine gute Satzung nicht, zumindest wenn es sich bei dem (Haupt-)Vorstand um das einzige Kontrollgremium handelt.

---

903 § 41 Ziff. 8 Satzung ver.di.

904 § 26 Ziff. 2 lit. m) Satzung IG Bau.

905 § 18 Ziff. 2 Satzung GEW.

906 § 21ff Satzung IG BCE.

3. *Tagungsturnus*

a. Governance Vorgaben, Ableitung für Tarifverbände

Schließlich wird eine Überwachung der Geschäftsführung nur möglich sein, setzt sich das Kontrollorgan in ausreichendem inhaltlichen und zeitlichen Maß mit der Kontrolle auseinander. Nur wenn das Kontrollorgan in einem häufigen Tagungsturnus zusammentritt, ist es in der Lage, schnell und sachlich auf Fehlentwicklungen der Verbandsführung zu reagieren. Einen ersten Anhaltspunkt für ein angemessenes Maß liefert einmal mehr das Aktienrecht, welches den – im Zuge des gesteigerten Governance-Bewusstseins bei Aktiengesellschaften neu gefassten – § 110 Abs. 3 AktG enthält, der zwei Sitzungen im Kalenderjahr als absolutes Mindestmaß für Aktiengesellschaften vorgibt. Tauglicher für eine effektive Überwachung ist aber das in den vereinsrechtlichen Kodizes DG und DGK genannte Mindestmaß von drei bzw. vier Sitzungen im Jahr.[907]

Ein solcher Tagungsturnus ist auch für Tarifverbände zu fordern. Soll die Überwachung der Geschäftsführung gelingen, müssen die Kontrolleure mindestens zweimal jährlich, besser öfter zu Beratungen zusammen kommen.

b. Satzungsrechtliche Umsetzung

Unabhängig von ihrer dualistischen oder monistischen Struktur beherzigen dies für den Beirat etwa die Satzungen von IG Bau, IG Metall oder GEW, die einen „mindestens vierteljährlich[en]" Tagungsturnus[908] beziehungsweise eine Tagung „mindestens dreimal im Jahr"[909] vorsehen. Eine entsprechende Regelung der ebenso wie die IG Bau rein dualistischen ver.di hingegen sucht man in deren Satzung vergebens. Dies ist äußerst bedenklich, handelt es sich bei dem Beirat (Gewerkschaftsrat) der ver.di doch um das einzige echte Kontrollorgan der Gewerkschaft.

---

907 Vgl. auch Tz. 2.2.1 des Corporate Governance Kodex für die Diakonie Württemberg: *„Das Aufsichtsgremium soll drei bis sechs Sitzungen pro Jahr abhalten"* sowie Tz. 2.4.3 des Diakonischen Corporate Governance Kodex: „ *Pro Jahr sollen mindestens vier Sitzungen des Aufsichtsgremiums stattfinden. In Abhängigkeit von der Situation der Einrichtung können von dem/der Vorsitzenden des Aufsichtsgremiums auch mehr Sitzungen anberaumt werden. Mitglieder des Aufsichtsgremiums, die an weniger als der Hälfte der Sitzungen teilnehmen, sollen im Bericht des Aufsichtsgremiums vermerkt werden*".

908 § 26 Ziff. 5 Satzung IG Bau.

909 § 19 Ziff. 4 Satzung IG Metall, § 18 Ziff. 4 Satzung GEW.

Negativ hervorzuheben ist auch die Satzung der IG BCE, nach der der Beirat lediglich einmal jährlich zusammen kommt.[910] Allerdings ist zu beachten, dass es sich bei der IG BCE um eine grundsätzlich monistische Gewerkschaft handelt, bei der die Führungskontrolle auch im Rahmen des Hauptvorstandes erfolgt.

Regelungen über den Tagungsturnus des Hauptvorstandes oder des Vorstandes der Arbeitgeber ergeben sich nicht aus den Satzungen. Dies entspricht nicht den oben skizzierten Grundsätzen guter Koalitionsführung.

D. Zwischenergebnis

Die Kontrolle der Geschäftsführung ist wichtiger Baustein im Gefüge guter Koalitionsführung und unmittelbare Lösung für den Prinzipal-Agent Konflikt. Sie kann sowohl durch interne als auch externe Governance Mechanismen verwirklicht werden. Im Vereinsrecht steht die interne Überwachung grundsätzlich der Mitgliederversammlung zu. Das einzelne Mitglied kann rechtlich lediglich eine Verletzung seiner eigenen Mitgliedschaftsrechte geltend machen, wenn die Führung in die Kompetenzen der Mitgliederversammlungen eingreift. Rein faktisch versagt bei Tarifverbänden sowohl die Kontrolle durch die Mitgliedsversammlung als auch durch die einzelnen Mitglieder. Eine externe Kontrolle durch Marktmechanismen scheidet für Tarifverbände aufgrund eines gestörten Wettbewerbs sowohl auf Gewerkschafts- als auch auf Arbeitgeberseite aus.

Es bedarf daher eines besonderen Kontrollgremiums um die Geschäftsführung zu überwachen. Führungskontrolle kann sowohl im dualistischen als auch monistischen System erfolgen. Während Arbeitgeberverbände auf eine Führungskontrolle nach monistischem Vorbild bauen, lassen sich die Gewerkschaften sowohl in Gewerkschaften mit monistischen als auch dualistischen Zügen einteilen.

Anleihen, wie eine gute Führungskontrolle erfolgen sollte, sind dem AktG, GenG sowie dem Recht der monistischen SE zu entnehmen. Danach ist eine Mitgliedschaft sowohl in der Geschäftsführung als auch im Kontrollorgan nicht zu beanstanden, solange die Mehrheit der Kontrolleure nicht gleichzeitig die Geschäfte führt. Die Kontrolleure müssen über ausreichende Kompetenzen verfügen und die Arbeit der Geschäftsführung sowohl präventiv als auch retrospektiv überwachen können. Ihnen sollten daher ein Informations- und Weisungsrecht sowie Zustimmungsrechte zustehen. Flankierend ist dem Kontrollorgan auch die

---

910 § 18 Ziff. 1 Satzung IG BCE.

Personalkompetenz zuzuteilen, wie dies nach den Satzungen der Arbeitgeber bereits heute der Fall ist.

Grundsätzlich sollte das Kontrollgremium – angelehnt an die Vorgaben des Aktien- und SE-Rechts nicht mehr als 21 Mitglieder haben. Die von den Gewerkschaften gehandhabte Verbindung von Kontrollorgan und Ersatzmitgliederversammlung in Form eines Beirates mit bis zu 150 Mitgliedern ist unter dem Gesichtspunkt bestmöglicher Repräsentation der Mitglieder dennoch akzeptabel. Wichtig ist, dass das Kontrollorgan Ausschüsse bildet, die spezialisiert Einzelfragen behandeln. Es empfiehlt sich, Ausschüsse für die Rechnungsprüfung, die Nominierung von Führungspersonen sowie die eigentliche Überwachung des Vorstandes zu bilden. Weiterhin sollte das Kontrollgremium mindestens zweimal jährlich tagen.

§ 5. Durchsetzung von Collective Governance

Schließlich bleibt zu klären, wie die oben entwickelten Collective Governance Regelungen durchgesetzt werden können. Dabei kommt zum einen eine Durchsetzung durch die Verbände selbst, eine Durchsetzung durch die Rechtsprechung sowie eine Durchsetzung durch den Gesetzgeber in Betracht.

A. Tarifautonome und hybride Lösung: Collective Governance Kodex

Wünschenswert und einer detaillierten staatlichen Regelung grundsätzlich vorzuziehen ist die sachnähere Kodifizierung Grundsätze guter Koalitionsführung durch die Tarifverbände oder ihre Spitzenverbände selbst. In Anlehnung an die *Code of Conduct-Bewegung* zur verbesserten Corporate Governance[911] kommt die Schaffung eines *Collective Governance Kodex* in Betracht. Durch eine solche untergesetzliche Regelung von den Tarifverbänden für die Tarifverbände[912] könnte eine zu rigide staatliche Durchsetzung vermieden und die (kollektive) Tarifautonomie gestärkt werden.[913]

1. Normgeber für Collective Governance Kodex

Dabei stellt sich zunächst die Frage, durch wen ein solcher Collective Governance Kodex erlassen werden könnte und sollte.

---

911 Hierzu Hommelhoff/Hopt/v. Werder/*Hopt*, Handbuch Corporate Governance, S. 39, 42f; umfassend zur Zusammenarbeit staatlicher Stellen und Privater *Hohl*, Private Standardsetzung, insb. S. 42f.

912 In Anlehnung an *Crommes* Ausführungen anlässlich der Pressekonferenz nach Übergabe des Deutschen Corporate Governance-Kodex: *„Regeln von der Wirtschaft für die Wirtschaft"*, zit. nach *Gietzen*, Unternehmensmitbestimmung, S. 195.

913 Zu den Vorteilen der Selbstreglung der Wirtschaft in der Regierungskommission Deutscher Corporate Governance Kodex vgl. auch die Aussagen der früheren Bundesjustizministerin *Zypries* wonach durch die Kommission einerseits der Gesetzgeber entlastet werden, vor allem jedoch eine zwingende und daher vielfach zu rigide gesetzliche Lösung vermieden werden könne, *Brigitte Zypries* auf der Zweiten Corporate Governance Kodex Konferenz am 25. Juni 2003 in Berlin.

a. Normsetzung durch staatlich ernannte Kommission

Zieht man die Parallele zur Normsetzung des DCGK, obläge der Erlass einem Gremium ehrenamtlicher, vom Bundesministerim für Arbeit und Soziales ernannter Mitglieder, welche nach den Kriterien Akzeptanz in den Verbänden, Ausgewogenheit der Zusammensetzung und Repräsentanz der Vertreter zusammen gesetzt wäre.[914] Sie wären dazu berufen, unabhängig von politischen Einflüssen, einen Kodex guter Koalitionsführung zu erlassen.[915]

b. Normsetzung durch tarifautonomes Gremium

Ebenfalls möglich wäre es, den Kodex auf Ebene der Spitzenverbände von Arbeitnehmer- und Arbeitgeberseite durch von den Verbänden selbst hierzu bestimmte anerkannte Persönlichkeiten auszuarbeiten. Die Initiative hierfür müsste aus dem Kreis der Verbände selbst kommen – ein Weg, den etwa das Diakonische Werk Baden-Württemberg e.V. bei der Erarbeitung des Corporate Governance Kodex für die Diakonie Baden-Württemberg gegangen ist. Dabei ist auf eine repräsentative Zusammensetzung zu achten, die insbesondere auch kleinere Spartengewerkschafen und andere nicht in Spitzenverbänden organisierte Tarifverbände hinreichend berücksichtigt. Möglich und zulässig ist dabei auch die lagerübergreifende Zusammenarbeit. Sie verstößt aufgrund des allgemeinen Charakters der zu treffenden Regeln nicht gegen das Gebot der Gegnerunabhängigkeit sondern bewegt sich im Bereich zulässiger Kooperation. Allerdings bleibt fraglich, wie effektiv eine solche Vereinbarung der (Spitzen-) Verbände wäre, haben die (Spitzen-)Verbandsfunktionäre doch selbst nur ein begrenztes Interesse an einer verbesserten Governance.

2. Wirkungsweise, Verbindlichkeit

Weiterhin zu klären bleiben Wirkungsweise und Grad der Verbindlichkeit eines solchen Kodex.

a. Marktlösung wie DCGK?

Dabei scheidet die Wirkungsweise des DCGK jedenfalls als Vorbild aus, fehlt es doch an einem dem Kapitalmarkt vergleichbaren Wettbewerb. Denn der DCGK

---

914 Zur Zusammensetzung der ersten Regierungskommission Deutscher Corporate Governance Kodex etwa *Seibert*, BB 2002, 581, 582.

915 Zur Unabhängigkeit der Mitglieder der Regierungskommission Deutscher Corporate Governance Kodex *Hohl*, Private Standardsetzung, S. 35; zur verfassungsrechtlichen Kritik statt aller die jüngste Zusammenfassung bei *Gietzen*, Unternehmensmitbestimmung, S. 197.

erzielt seine Wirkung allein durch die Marktentscheidung der Kapitalgeber, Unternehmen mit guter Unternehmensführung zu belohnen und solche ohne gute Unternehmensführung zu bestrafen.[916] Der Gesetzgeber unterstützt diesen Marktprozess lediglich mit der Verpflichtung der Unternehmen, offen zu legen, ob sie die Regelungen des DCGK befolgen, oder falls dies nicht der Fall sein sollte, warum sie die Regelungen nicht befolgen („*comply or explain- Ansatz*“[917], § 161 AktG).[918] Es liegt aber in der Hand der Kapitalgeber, diese Information zu bewerten und die entsprechenden Konsequenzen zu ziehen. Ein solcher marktgesteuerter Wirkungsmechanismus aber scheidet für den zu entwickelnden Collective Governance Kodex aus. Wie bereits oben (§ 1 D. II. 2. b. bb. [2], S. 31ff) erläutert, existiert kein echter Wettbewerb für Tarifverbände, insbesondere nicht für Gewerkschaften. Es genügt daher nicht, die Verbandsmitglieder über die Einhaltung der Grundsätze guter Koalitionsführung zu informieren, wenn hieraus – anders als etwa auf dem Aktienmarkt – keine Konsequenzen gezogen werden können.

b. Best practice

Soll ein solcher Kodex über den Charakter einer unverbindlichen *best practice*-Anregung hinausgehen, bedarf es daher anderer Sanktionsmechanismen. Auch die *Baums*-Kommission, die seinerzeit im Auftrag der Bundesregierung Vorschläge zur Verbesserung der Corporate Governance unterbreitete, setzte sich mit dieser Frage der Durchsetzung auseinander, bevor der Marktlösung als Kompromiss zwischen unverbindlicher Empfehlung und staatlichem Zwang der Vorzug gegeben wurde.[919]

c. Voraussetzung für Dachverbandsmitgliedschaft

Überlegenswert ist, die Mitgliedschaft in den jeweiligen Dachverbänden an die Einhaltung der Kodex-Vorschriften zu knüpfen. Nur: Wie ist mit Gewerkschaften zu verfahren, die keinem Dachverband angehören? Sie müssten sich freiwillig dem zu erarbeitenden Kodex unterwerfen, ohne dass eine unabhängige Stelle die Einhaltung überwacht. Daher scheint eine solche Verknüpfung mit der Mitgliedschaft wenig zielführend.

---

916 *Seibert*, BB 2002, 581, 584.

917 *Ringleb*/Kremer/Lutter/v. Werder, DCGK, Vorbemerkung Rn. 59, auch zur früheren Rechtslage „comply or disclose“.

918 Statt aller Hommelhoff/Hopt/v. Werder/*Hommelhoff/Schwab*, Handbuch Corporate Governance, S. 74f.

919 *Baums*, Bericht, Rn. 8.

d. Staatliche Durchsetzung

Soll der Collective Governance Kodex verbindlich wirken, kommt daher nur eine Durchsetzung durch staatliche Mittel in Betracht.

aa. Voraussetzung für Mitwirkung in staatlichen Gremien

Eine indirekte Durchsetzung guter Koalitionsführung wurde bereits von *Gunther Teubner* zur Stärkung der demokratischen Strukturen von Gewerkschaften vorgeschlagen.[920] *Gunther Teubner* regte an, nur Verbände mit hinreichender demokratischer Verfassung als Interessenverbände in den Gesetzgebungsprozess[921] und andere staatliche Hoheitsprozesse einzubeziehen.[922] Dies ließe sich noch erweitern, knüpfte man auch die Mitwirkung in der Sozialversicherung[923] oder die Einbeziehung in die Arbeitsgerichtsbarkeit[924] an die Einhaltung bestimmter Bedingungen. Allerdings hat bereits *Dieter Reuter* darauf hingewiesen, dass eine solche Verknüpfung auf erhebliche Umsetzungsschwierigkeiten stieße, ist doch „die Anerkennung als Interessenverband [...] in erster Linie nicht ein institutionell-rechtlicher, sondern ein faktischer Vorgang."[925] So habe die Politik die einzubeziehenden Partner rein faktisch nach ihrer sozialen Stellung und gesellschaftlichen Verankerung zu wählen, ohne dass hierfür die Erfüllung einer guten Koalitionsführung Voraussetzung wären.[926] Dem ist nur bedingt zuzustimmen. Schließlich wäre ein solcher Wirkungsmechanismus ohnehin nur nach intensiver Diskussion möglich, was auch die Änderung bestehender Geschäftsordnungen nicht ausschließt. So ließe sich normieren, dass nur solche Organisationen in den Gesetzgebungsprozess mit einbezogen werden, die die Vorgaben des Collective Governance Kodex einhalten.

Macht der Staat jedoch interne Organisationsstrukturen zur Voraussetzung für die Beteiligung in hoheitlichen Aufgaben wirft dies unweigerlich Fragen nach einer Verletzung der durch Art. 9 Abs. 3 GG i.V.m. Art. 19 Abs. 3 GG geschützten kollektiven Koalitionsfreiheit der Tarifverbände auf. Es gilt jedoch nach dem

---

920 *Teubner*, Organisationsdemokratie, S. 208ff.

921 Insb. § 23 GGO II (Beteiligung der Spitzenverbände im Referentenstadium), § 73 GOBT (Anhörung im Bundestag), ausführlich *Teubner*, Organisationsdemokratie, S. 209f. mit weiteren Beispielen.

922 Beteiligung in die Ministerien beratenden Beiräten; Beteiligung an der seinerzeit bestehenden „konzertierten Aktion", *Teubner*, Organisationsdemokratie, S. 209.

923 *Reuter*, FS Söllner, S. 937, 958.

924 Oben § 3 C. III. 6. a, S. 134.

925 *Reuter*, FS Söllner, S. 937, 958f.

926 MüKoBGB/*Reuter*, Vor § 21 BGB Rn. 77; *ders.* FS Söllner, S. 937, 948f.

oben Gesagten, dass eine solche Ausgestaltung bzw. ein solcher Eingriff aufgrund der Schutzpflicht des Staates gegenüber den Verbandsmitgliedern gerechtfertigt wäre.[927]

bb. Gesetzliche Verpflichtung zur Einhaltung oder Voraussetzung der Tariffähigkeit?

Möglich wäre es auch, die Einhaltung der durch Vertreter der Verbände selbstaufgestellten Grundsätze zur gesetzlichen Pflicht oder zur Voraussetzung der Tariffähigkeit zu machen. Dies hätte den Vorteil, dass die Regelungen sachnah durch die Verbände erlassen würden, ihre Verbindlichkeit gleichwohl sicher gestellt wäre.

Nur: Eine solche Verlagerung gesetzlicher Befugnisse auf Externe verstieße gegen das staatliche Demokratieprinzip. Die Normsetzung selbst erfolgte durch die Verbände, ließe sich also nicht auf das Volk als Souverän zurück führen.[928] Wird bereits die verfassungsrechtliche Zulässigkeit des DCGK von Einigen in Frage gestellt,[929] müsste dies erst recht für verbindlich wirkende Normen gelten, wenn diese von nicht durch das Volk legitimierten Verbandsvertretern aufgestellt werden. Eine solche Zusammenarbeit von (Spitzen-) Verbänden und staatlichen Stellen scheidet daher aus.

B. Handlungsmöglichkeiten der Gerichte

In Betracht kommt auch eine Durchsetzung durch die Gerichte.

I. Inhaltskontrolle auf vereinsrechtlicher Ebene

So ist seit dem Grundsatzurteil des BGH vom 24.10.1988[930] die Möglichkeit einer inhaltlichen Satzungskontrolle, zumindest von Verbänden ohne Aufnahmefreiheit, allgemein anerkannt.[931] Als solche Verbände ohne Aufnahmefreiheit sind

927 § 1 D. II. 2. b, S. 41ff.

928 Zu den Anforderungen nur BVerfG v. 5.12.2002 - 2 BvL 5 6/98, BVerfGE 107, 59.

929 Zusammenfassung des Streitstandes bei *Gietzen*, Unternehmensmitbestimmung, S. 197.

930 BGH II ZR 311/87, BGHZ 105, 306.

931 Für die grundsätzliche Zulässigkeit der Inhaltskontrolle bei sämtlichen Vereinen etwa Palandt/*Heinrichs*, § 25 Rn. 9; Soergel/*Hadding*, § 25 Rn. 25; Staudinger/*Weick* vor § 21 BGB Rn. 29, *Flume*, Juristische Person, S. 320; *van Look*, Vereinsstrafen, S. 179ff.; für eine Inhaltskontrolle mit überragender Machtstellung etwa MüKoBGB/

Tarifverbände nach dem oben Gesagten anzusehen.[932] Wie in § 1 D, S. 36ff gezeigt, obliegt dem Staat eine Pflicht zur Wahrung der inneren Koalitionsfreiheit, der die Gerichte mangels einfachgesetzlicher Schutzmechanismen durch eine auf § 242 BGB[933] gestützte Inhaltskontrolle[934] der Satzungen nachkommen können.

1. Maßstab und Rechtsfolgen

Prüfungsmaßstab und Rechtsfolgen einer Inhaltskontrolle sind dabei bereits an anderer Stelle umfassend dargelegt wurden.

a. Maßstab

Insbesondere *Lorenz Fastrich* hat, in Anlehnung an die Systematik der besonders normierten Inhaltskontrolle bei AGB herausgearbeitet, dass eine solche Inhaltskontrolle zweistufig zu erfolgen hat.[935] So soll zunächst auf der ersten Stufe das gesetzliche Leitbild und der darin normierte Interessenausgleich ermittelt werden, bevor auf der zweiten Stufe im Einzelfall geprüft werden kann, ob die in Rede stehende Regelung von diesem gesetzlichen Leitbild abweicht und wenn ja, ob dies den unterlegenen Vertragspartner unangemessen bzw. unverhältnismäßig[936] benachteiligt.[937]

aa. Leitbild: Dispositives Recht und Rechtsfortbildung

Gerade bei der Inhaltskontrolle von Vereinsnormen bestehen jedoch Schwierigkeiten, das gesetzliche Leitbild überhaupt sinnvoll zu ermitteln. Grundsätzlich ist dabei in erster Linie auf die dispositiven gesetzlichen Regelungen zurück zugreifen, stellen sie doch das gesetzliche Leitbild des angemessenen Interes-

---

Reuter, Vor § 21 BGB Rn. 110ff; *Schmiegel*, Inhaltskontrolle, S. 10ff; *Segna*, Vorstandskontrolle, S. 373ff; *Reichert*, Vereins- und Verbandsrecht, Rn. 1799.

932 § 1 D, S. 35.

933 Allgemeine Ansicht, vgl. Palandt/*Heinrich*, § 25 Rn. 9; umfassend *Fastrich*, Inhaltskontrolle, S. 65ff.

934 Zur Abgrenzung von Inhalts- und Rechtskontrolle bei Vereinen ausführlich *Segna*, Vorstandskontrolle S. 336ff und 361ff. Mangels praktischer Relevanz bei Tarifverbänden soll die Rechtskontrolle an dieser Stelle nicht weiter untersucht werden. Inhaltlich kann auf die überzeugenden Ausführungen bei *Segna*, aaO verwiesen werden.

935 *Fastrich*, Inhaltskontrolle, S. 280ff.

936 Für die Heranziehung des Verhältnismäßigkeitsgrundsatzes *Steinbeck*, Vereinsautonomie, S. 230; *van Look*, WM-Festgabe Hellner, S. 46, 51.

937 *Fastrich*, Inhaltskontrolle, S. 280ff.

senausgleichs dar.[938] *Dorothee Schmiegel* hat aber zutreffend darauf hingewiesen, dass gerade bei Tarifverbänden „Realtyp"[939] und gesetzliches Leitbild erheblich auseinanderfallen.[940] Denn schließlich habe der Gesetzgeber bei der Schaffung des Vereinsrechts vor allem den kleinen Geselligkeitsverein, nicht aber die Großverbände vor Augen gehabt. Gleichwohl hat eine Inhaltskontrolle, soweit wie möglich, an den gesetzgeberischen Entscheidungen anzusetzen und sollte erst auf zweiter Stufe die Besonderheiten des Einzelfalls berücksichtigen.[941]

Oft genug aber wird es indes bereits an einer dispositiven Regelung fehlen, so dass ein gesetzliches Leitbild rechtsfortbildend durch den erkennenden Richter selbst ermittelt werden muss.[942] Hierbei sind in besonderer Weise vergleichbare gesetzliche Wertungen heranzuziehen. So ist bei Tarifverbänden insbesondere auf die Regelungen des Aktien-, Genossenschafts-, und SE-Rechts zurück zugreifen.

bb. Abweichungskontrolle

Auf der zweiten Stufe obliegt es den Gerichten zu prüfen, ob die entsprechende Satzungsregelung von diesem gesetzlichen Leitbild abweicht und falls ja, ob hierdurch die Mitglieder unangemessen in ihren Rechten benachteiligt werden.[943] Sehen die Satzungen etwa die Einrichtung einer Delegierten- statt einer Mitgliederversammlung vor, weicht dies zwar vom gesetzlichen Leitbild des § 32 BGB ab, doch bestehen hierfür zumindest im Großverband überzeugende Gründe, die auch der Gesetzgeber in anderen Großverbänden (§ 43a GenG) als stichhaltig angesehen hat. Dies kann aber nur solange gelten, wie die Delegiertenversammlung ein möglichst realistisches Bild der Mitglieder widerspiegelt. Ist dieses Spiegelbild durch eine Vielzahl geborener Mitglieder aber nicht nur unwesentlich verzerrt, benachteiligt dies die Mitglieder in ihrer Selbstbestimmung ganz erheblich.[944]

---

938 *Fastrich*, Inhaltskontrolle, S. 285; *Steinbeck*, Vereinsautonomie, S. 231; für Vereine auch *Segna*, Vorstandskontrolle, S. 363f.

939 So die von *Bunte*, NJW 1984, 1145, 1148 aufgebrachte und von *Schmiegel* verwendete Terminologie.

940 *Schmiegel*, Inhaltskontrolle, S. 35ff.

941 *Schmiegel*, Inhaltskontrolle, S. 35ff, die allerdings trotz dieses Argumentes bereits auf erster Stufe ein durch Rechtsfortbildung zu ermittelndes Leitbild zum Vergleichsmaßstab erheben will; ebenso *Segna*, Vorstandskontrolle, S. 365 m.w.N. zum Parallelproblem bei Publikumsgesellschaften.

942 *Coester-Waltjen*, AcP 190 (1990), 1, 32; *Fastrich*, Inhaltskontrolle, S. 285.

943 *Fastrich*, Inhaltskontrolle, S. 283f.

944 Weitere Beispiele für Großvereine bei *Segna*, Vorstandskontrolle, S. 36f.

b. Rechtsfolgen

Verletzt eine Satzungsklausel die Rechte der Mitglieder in unangemessener Weise, erklärt das Gericht diese Klausel für unwirksam.[945] Im Übrigen aber bleibt die Satzung unangetastet bestehen (§ 306 BGB analog).[946]

2. Gerichtliche Kontrolle

a. Inhaltskontrolle durch Registergerichte?

Die Inhaltskontrolle wird nicht bereits durch ein Registergericht durchgeführt. Für die meisten Gewerkschaften ergibt sich dies bereits aus dem Umstand, dass sie nicht als eingetragene Vereine organisiert sind. Aber auch für die eingetragenen Vereine ist es nicht am Registergericht, die Satzungen inhaltlich auf die Einhaltung der Governance-Grundsätze zu überprüfen.[947] Ihm obliegt lediglich die Überprüfung der für den Rechtsverkehr notwendigen Satzungsvoraussetzungen (§§ 58, 59 BGB) – der Schutz von Individualinteressen ist nicht Aufgabe der Registergerichte.

b. Inhaltskontrolle durch Prozessgerichte

Eine Rechtskontrolle ist daher allein bei Klagen vor dem Prozessgericht möglich.

3. Inhaltliche Grenzen der Inhaltskontrolle

Allerdings ist die Inhaltskontrolle insgesamt als Schutzinstrument nur begrenzt in der Lage, effektiv eine gute Koalitionsführung sicher zu stellen.

a. Rechtliche Grenzen der Inhaltskontrolle

Anwendungsgrenzen ergeben sich zunächst in rechtlicher Hinsicht: Zum einen ist eine Überprüfung der Satzungsnormen vor dem Prozessgericht überhaupt nur möglich, wenn ein Mitglied eine konkrete Verletzung in eigener Sache geltend machen kann. Sowohl Feststellungsklage als auch eine Leistungsklage erfordern in jedem Fall ein Feststellungsinteresse bzw. die Klagebefugnis.[948] Eine

---

945 *Schmiegel*, Inhaltskontrolle, S. 39.

946 Umfassend *Fastrich*, Inhaltskontrolle, S. 326ff (noch zu § 6 Abs. 1 AGBG).

947 Umfassend *Fleck*, Rpfleger 2009, 58; *Löwisch/Rieble*, § 2 TVG Rn. 95; Segna, Vorstandskontrolle, S. 387ff.

948 Thomas/Putzo/*Reichold*, § 256 ZPO Rn. 5.

allgemeine abstrakte Prüfung der Satzung ist einem Prozessgericht daher nicht möglich.[949]

Vor allem aber stößt eine Inhaltskontrolle bei den oben skizzierten Hauptproblemen guter Koalitionsführung rasch an ihre inhaltlichen Grenzen: Sie ist allein auf eine Korrektur bestehender satzungsrechtlicher Bestimmungen ausgelegt. Das erkennende Gericht ist dazu berechtigt, negativ eine Korrektur bestehender Satzungsregelungen vorzunehmen und diese durch am gesetzlichen Leitbild orientierte Regelungen zu ersetzen. Unzulässig wäre es, fehlende Regelungen oder gar vereinsrechtliche Institutionen richterrechtlich allein auf die Inhaltskontrolle gestützt zu schaffen.[950] Eine solche, Regelungen oder Institutionen in die Satzung hinein interpretierende *„umgekehrte Inhaltskontrolle“*[951] überschreitet die Grenzen gerichtlicher Entscheidungsmacht und bleibt dem Gesetzgeber vorbehalten. Gerade das Fehlen eines echten Kontrollgremiums ließe sich unmöglich allein auf eine Inhaltskontrolle gestützt den Vereinen aufoktroyieren. Wohl aber ist es möglich, die unzulässige geborene Mitgliedschaft der Vorstandsmitglieder in Delegiertenversammlung und Beirat der Gewerkschaften inhaltlich überprüfen zu lassen und so die Kontrollfunktion des Beirates erheblich aufzuwerten.

b. Faktisches Kontrolldefizit

Dass dies bislang unterblieb, offenbart ein weiteres faktisches Problem: Es müsste sich überhaupt erst ein Verbandsmitglied finden, welches die Satzungsregeln „seines“ Verbandes inhaltlich überprüfen lassen wöllte. Hiergegen aber sprechen, neben den allgemeinen Klagehindernissen wie Kosten, Mühen und Zeit, auch besondere, gerade auf Gewerkschaftsseite ausgeprägte moralische Gründe. Eine solche Klage würde keinesfalls als Chance zur Verbesserung der Gewerkschaftsstrukturen, sondern vielmehr als Akt unsolidarischen Handelns zum Nutzen der Gegenseite gesehen, der Kläger entsprechend in seinem sozialen Umfeld des Betriebes und Unternehmens gebrandmarkt werden.[952]

---

949 Umfassend mit Beispielen aus der seltenen Rechtsprechung *Segna*, Vorstandskontrolle, S. 385ff.

950 *Segna*, Vorstandskontrolle, S. 392ff.

951 *Stimpel*, FS Robert Fischer, S. 771, 777.

952 Kritisch gegenüber der Effektivität eines verschärften Verbandsrechts daher *Löwisch/Rieble*, § 2 TVG Rn. 97. Optimistischer hingegen *Reuter*, FS Söllner, S. 937, 949, der den zivilrechtlichen Klageweg für die überzeugendste Korrekturmöglichkeit verbandsrechtlicher Probleme hält.

II. Collective Governance als Tariffähigkeitsmerkmal

Vor allem ließen sich Grundsätze guter Koalitionsführung durch die Fortentwicklung der bestehenden Tariffähigkeitsvoraussetzungen gerichtlich durchsetzen.

1. „Demokratische Organisation“

Wie bereits eingangs dargestellt,[953] ist eine „demokratische Organisation“ bereits nach geltendem (Richter-)Recht Voraussetzung der Tariffähigkeit. Hierauf ließe sich aufbauen. Ausgehend von der Deutung der Tarifautonomie als kollektiv ausgeübter Privatautonomie ließe sich das Kriterium zu dem auslegen, was hinter dem Gedanken einer demokratischen Organisation steht: Der Selbstbestimmung der Mitglieder.[954] So wäre es konsequent, zumindest die oben unter § 2 skizzierten Teilaspekte der Collective Governance von den Tarifverbänden einzufordern.

Indes haben bereits *Manfred Löwisch* und *Volker Rieble* auf das Kernproblem einer solchen Rechtsprechung hingewiesen: Nicht jeder Verstoß gegen die oben skizzierten Grundsätze darf die Verbände ihrer Tariffähigkeit berauben.[955] Nur: Wo ist die Grenze zu ziehen? Welche Verstöße können noch hingenommen werden, welche führen zur Aberkennung der Tariffähigkeit? Und: Ist die hiermit verbundene Rechtsunsicherheit noch mit dem aus Art. 9 Abs. 3 GG resultierenden Auftrag an den Staat zur Bereitstellung eines funktionierenden Tarifvertragssystems vereinbar? Ränge sich die Rechtsprechung zu einer solch mutigen Fortentwicklung der „demokratischen Organisation“ durch, müsste den Tarifverbänden eine Anpassungsfrist zugestanden werden, um die Wirksamkeit bestehender Tarifverträge zu wahren.[956] Setzten sie diese richterrechtlichen Vorgaben allerdings nicht innerhalb einer Frist um, wäre dies ein Verstoß gegen die Rechtstreuepflicht der Verbände, der ebenfalls zur Tarifunfähigkeit führen würde.[957]

Hinzu kommt: Jede gerichtliche Governance-Vorgabe schützt eben nicht nur die einzelnen Mitglieder vor ihrem Verband, sondern greift gleichzeitig in den Schutzbereich der kollektiven Koalitionsfreiheit ein.[958] Die Gerichte haben daher bei ihrer Entscheidung die gegenläufigen Grundrechte im Wege praktischer Konkordanz in Einklang zu bringen.

953 Oben § 1 C. II, S. 26.
954 In diese Richtung bereits *Löwisch/Rieble*, § 2 TVG Rn. 97f.
955 *Löwisch/Rieble*, § 2 TVG Rn. 101.
956 *Löwisch/Rieble*, § 2 TVG Rn. 97f.
957 *Löwisch/Rieble*, § 2 TVG Rn. 97f.
958 Dreier/*H. Bauer*, Art. 9 GG, Rn. 98.

2. Unabhängigkeit

Daneben ist als weitere Governance-Ausprägung die Unabhängigkeit vom sozialen Gegenspieler sowie die Unabhängigkeit von Staat, Parteien und Kirche als Voraussetzung für Koalitions- bzw. Tariffähigkeit allgemein akzeptiert. Angesprochen sind insofern ebenfalls wichtige Ausprägungen einer guten Koalitionsführung: Selbststimmung gegenüber Dritten und der alleinige Bezug auf die Mitgliederinteressen. Auch hier wäre es – unter den Einschränkungen einer Fristsetzung – grundsätzlich möglich, die Stellschrauben neu zu justieren und die Anforderungen an eine Unabhängigkeit – gerade in personeller Hinsicht (Aufsichtsräte!) hin zu einem Schutz der Mitglieder vor Interessenkonflikten fortzuschreiben.

C. Handlungsmöglichkeiten des Gesetzgebers

Primär jedoch ist es Aufgabe des Gesetzgebers, für einen angemessenen Schutz der inneren Koalitionsfreiheit zu sorgen. Er hat die für das Funktionieren der Tarifautonomie notwendigen Regelungen zu erlassen, dabei Strukturen zum Schutz der inneren Koalitionsfreiheit bereitzustellen und gleichzeitig die kollektive Koalitionsfreiheit der Verbände zu wahren.

I. Durchsetzung interner Governance Mechanismen

Wie bereits unter § 1 D gezeigt, stehen dem Gesetzgeber ganz grundsätzlich für die Durchsetzung guter Koalitionsführung sowohl interne als auch externe Governance Mechanismen zur Verfügung.

1. Untergesetzliche Hybridlösungen

Untergesetzliche „hybride“ Lösungen wurden bereits oben dargestellt. Durch eine Zusammenarbeit mit den einzelnen Verbänden oder Spitzenverbänden könnte ein Collective Governance Kodex erarbeitet werden, dessen Verbindlichkeit etwa dadurch hergestellt werden könnte, dass eine staatliche Zusammenarbeit mit den Verbänden an die Einhaltung des Kodex gebunden ist (oben § 5 A. 2. d. aa, S. 192).

2. *Verbändegesetz*

Vor allem aber könnten satzungsfeste Normen in einem Verbändegesetz für eine verbesserte Selbstbestimmung, Kontrolle und Führung der Tarifverbände sorgen. Der Entwurf eines Koalitionsgesetzes liegt seit 1976[959] vor und ist unter Berücksichtigung der oben skizzierten Probleme und Lösungen zu aktualisieren. Unabhängig von der dogmatischen Einordnung als Ausgestaltung oder Eingriff[960] verletzte ein solches Gesetz die Verbände auch nicht in ihrer kollektiven Koalitionsfreiheit. Der Gesetzgeber ist, wie oben beschrieben, zum Schutz der inneren Koalitionsfreiheit der einzelnen Mitglieder verpflichtet und hat daher die konfligierenden Grundrechte miteinander in Einklang zu bringen.

Indes bleiben die von *Manfred Löwisch* und *Volker Rieble*[961] geäußerten Bedenken bestehen, es fände sich faktisch kein Kläger (bereits oben § 5 B. I. 3. b, S. 197). Gleichwohl wäre durch ein solches Gesetz viel gewonnen und in einer auf die Kraft des Einzelnen vertrauenden Wirtschaftsordnung ist es dem Verbandsmitglied zuzutrauen, selbst für seine Rechte und die Rechte des Verbandes einzustehen. Gäbe der Gesetzgeber den Verbandsmitgliedern ein klar gefasstes Verbändegesetz an die Hand, mit dessen Hilfe die Verbandsmitglieder selbst ihre Rechte verteidigen könnten, würde dies auch ein anderes Bewusstsein der Mitglieder schaffen.

3. *Collective Governance im TVG*

Noch wirksamer wäre es jedoch zweifelsohne, verknüpfte der Gesetzgeber die Einhaltung der Grundsätze guter Koalitionsführung mit der Anerkennung der Tariffähigkeit[962] und verankerte entsprechende Regelung im TVG. Im Gegensatz zu einer gerichtlichen Ausdehnung der Tariffähigkeitsvoraussetzungen hätte dies den Vorteil, dass klare Regelungen zur Verfügung stünden. Abgrenzungsschwierigkeiten zwischen noch zulässiger interner Ausgestaltung und zwingenden Grundsätzen guter Koalitionsführung könnten durch klare gesetzliche Regelungen vermieden werden.

959 Vgl. den Entwurf der F.D.P.- Fraktion im Bundestag, abgedruckt in RdA 1977, 235.

960 Hierzu statt aller *Rieble*, Verfassungsfragen, S. 62ff.

961 *Löwisch/Rieble*, § 2 TVG Rn. 97.

962 *Löwisch/Rieble*, § 2 TVG Rn. 97f.

II. Durchsetzung externer Governance Mechanismen

Daneben stünde es dem Gesetzgeber frei, einen Rechtsrahmen zu schaffen, der mittels eines stärkeren Wettbewerbs indirekt zur Verbesserung der Koalitionsfreiheit führen würde. Wie oben gezeigt, können nicht lediglich interne (Satzung-)Regelungen, sondern auch externer Druck von außen zu einer verbesserten Koalitionsführung beitragen.

1. Rechtliche Zulässigkeit

Bereits nach geltender Rechtslage (§ 39 BGB) steht es den Verbandsmitgliedern frei, ihren Verband jederzeit zu verlassen. Auch wenn die Verbandssatzungen durchaus Abweichungen von diesem dispositiven Austrittsrecht vorsehen, ist im Grundsatz rein rechtlich gesehen eine Disziplinierung der Verbandsführung durch den „exit" der Mitglieder gewährleistet. Rechtstatsächlich aber – auch hierauf wurde bereits wiederholt hingewiesen – handelt es sich insbesondere bei Gewerkschafen um quasi-Monopole.

Was also kann der Staat leisten, um einen stärkeren Wettbewerb zu forcieren? Zunächst könnten Rechtsprechungslinien, welche die Mitgliedschaft im Verband unattraktiver machen (etwa: Differenzierungsklauseln, vgl. oben, § 1 D. II. 2. b. bb. [2], S. 31) unterbunden werden. Weiterhin könnte das TVG modifiziert werden, wo etwa Nachbindung oder Allgemeinverbindlichkeitserklärung einen Wettbewerb der Verbände einschränken. Nur: An der Grundkonstellation werden auch derartige Normänderungen nichts ändern. Einen Wettbewerb kann der Gesetzgeber nicht erzwingen.

2. Nutzen und ökonomische Auswirkungen

Vor- und Nachteile eines verstärkten Verbandswettbewerbs gerade auf Gewerkschaftsseite wurden bereits an anderer Stellte umfassend beleuchtet.[963] Während etliche Stimmen in der Literatur „englische Zustände" befürchten[964] und vor einem verstärkten Wettbewerb warnen, betonen Andere die Vorzüge eines stärkeren Wettbewerbs und versuchen hiermit einhergehende gesamtwirtschaftliche Probleme auf dem Feld des Arbeitskampfrechts zu lösen.[965] Die

963 Etwa *Greiner*, Pluralität, S. 34ff.

964 *Brocker*, NZA-Beil. 2010, 121.

965 *Franzen*, RdA 2008, 193.

Rechtsprechungsänderung des BAG[966] in Sachen Tarifeinheit hat einen Diskussionsprozess in Gang gesetzt, dessen Ausgang derzeit offen ist.[967]

D. Zwischenergebnis

Collective Governance lässt sich durch verschiedene Akteure und in verschiedener Intensität durchsetzen. Untergesetzlich kommt eine Kodifizierung durch die Verbände selbst in Betracht. Soll der zu entwickelnde Collective Governance Kodex mehr als nur eine Empfehlung darstellen, könnte dessen Einhaltung zur Voraussetzung der Mitgliedschaft in den jeweiligen Dachverbänden gemacht werden. Vorzuziehen wäre es aber, würden staatliche Stellen ihre Zusammenarbeit mit Verbänden in Gesetzgebung, Rechtsprechung und Sozialversicherungsträgern an die Einhaltung des Kodex knüpfen.

Andererseits können Collective Governance-Regelungen auch durch Gerichte durchgesetzt werden. Vereinsrechtlich ist dies dem Prozessgericht durch die Kontrolle von Satzungen möglich. Daneben können Arbeitsgerichte die bereits erarbeiteten Tariffähigkeitsvoraussetzungen fortentwickeln, und so die Grundsätze guter Koalitionsführung zur Voraussetzung der Tariffähigkeit machen.

Im Hinblick auf den Gewaltenteilungsgrundsatz vorzugswürdig wäre aber die Regelung durch den Gesetzgeber. Er könnte sowohl ein Verbandsrecht schaffen als auch die Einhaltung von Governance-Grundsätzen als Tariffähigkeitsvoraussetzung im TVG verankern. Schließlich stünde es ihm auch frei, externe Governance-Mechanismen zu stärken.

---

966 BAG v. 7.7.2010 – 4 AZR 549/08, NZA 2010, 1068.

967 Hierzu statt aller eingehend *Rieble*, Verfassungsfragen.

§ 6. Zusammenfassung

§ 1. Collective Governance: Ordnungsrahmen für gute Koalitionsführung

Collective Governance behandelt Fragen guter Verbandsverfassung aus einer neuen Perspektive, hier am Beispiel von Tarifverbänden. Gute Koalitionsführung ist aber nicht nur akademisches Desiderat, sondern reagiert auf tatsächliche Probleme der Rechtspraxis. Die Notwendigkeit eines Systems der Collective Governance ergibt sich dabei zunächst aus den Erkenntnissen der Corporate-Governance-Forschung, die auch auf Tarifverbände übertragbar sind: Zum einen handelt es sich bei Prinzipal-Agent-Konflikt und der Transaktionskostenanalyse um verallgemeinerungsfähige Konstruktionen. Zum anderen sind Aktiengesellschaft und Tarifverbände auch als Publikumsorganisationen miteinander vergleichbar. Die gleichwohl bestehenden Unterschiede dürfen dabei aber nicht aus dem Blick verloren werden. Neben diesen sozio-ökonomischen Gründen sprechen aber auch verfassungsrechtliche Gründe dafür, entsprechende Collective-Governance-Strukturen zu schaffen. So trifft den Staat aufgrund der Bedeutung und Machtstellung der Tarifverbände eine Schutzpflicht, sich schützend vor die Verbandsmitglieder zu stellen und die innere Koalitionsfreiheit der Verbandsmitglieder zu gewährleisten.

§ 2. Selbstbestimmte Willensbildung

Erster Grundpfeiler gelebter Collective Governance muss die bestmögliche Einbindung der Mitglieder sowohl in verbandspolitische als auch tarifpolitische Willensbildung sein. Im Grundsatz folgt dies aus dem Charakter der Tarifautonomie als kollektiv ausgeübter Verbandsautonomie. Tarifverhandlungen als gebündelte Vertragsverhandlungen machen es erforderlich, die einzelnen Mitglieder so gut wie möglich in die Entscheidungsfindung einzubeziehen, soweit und solange nicht berechtigte Gründe entgegenstehen.

Die Einbindung in die Willensbildung in Verbandsfragen erfolgt vor allem über die Mitgliederversammlung. Bei großen Tarifverbänden sollte daneben eine Delegiertenversammlung eingerichtet werden. Die Mitgliederversammlung bleibt aber für fundamentale Fragen bestehen. Sie könnte – unter Aufgabe der Präsenzpflicht und unter Nutzung elektronischer Kommunikation – in Ergänzung zur primär willensbildenden Delegiertenversammlungen zum Impulsgeber für Fragen grundsätzlicher Natur fortentwickelt werden. Die ordentliche Mitglieder- oder

Delegiertenversammlung ist – entgegen der derzeitigen Praxis auf Seiten der Gewerkschaft – einmal jährlich durchzuführen. Die Mitglieder bzw. Delegierten haben dabei grundsätzlich ein gleiches Wahlrecht, wobei auf Arbeitgeberseite hiervon zu Gunsten anderer überzeugender Kriterien der Betroffenheit abgewichen werden kann. In den Versammlungen ist den Mitgliedern bzw. Delegierten – entgegen der derzeitigen gewerkschaftlichen Praxis – ein eigenes Antragsrecht einzuräumen. Die Versammlungen sind allein befugt satzungsrechtliche Entscheidungen grundlegender Natur zu beschließen. Sie sind auf der anderen Seite angesichts ihrer Größe faktisch nicht in der Lage, Personalentscheidungen sinnvoll zu treffen. Auswahl, Bestellung und Abberufung des Führungspersonals sollte daher in die Hände eines Kontrollorgans gelegt werden. Der Mitglieder- bzw. Delegiertenversammlung bleibt gleichwohl die Personalkompetenz über die Mitglieder des Kontrollorgans.

In Tariffragen sind die Mitglieder über den von ihnen (mittelbar) gewählten Vorstand und insbesondere durch zu wählende Vertreter in den Tarifkommissionen in die Willensbildung einzubinden. Werden die Tarifkommissionen in ausreichendem Maß in die Aufstellung der Forderung, die Verhandlungen und insbesondere in die Annahme der Verhandlungsergebnisse eingebunden, genügt dies Grundsätzen guter Koalitionsführung. Eine starke Beteiligung des Vorstands erscheint dabei unumgänglich. Von der obligatorischen Ratifikation der Verhandlungsergebnisse durch eine Urabstimmung ist bei einem friedlichen Verlauf der Verhandlungen grundsätzlich abzusehen. Auch diesbezüglich erscheint eine verstärkte Kontrolle durch ein Kontrollorgan vorzugswürdig. Eine Urabstimmung ist allerdings im Falle des Arbeitskampfes durchzuführen, wobei sämtliche vom Tarifvertrag betroffene Mitglieder an der Abstimmung beteiligt werden sollten. Insgesamt ist darauf zu achten, dass lediglich tarifunterworfene Mitglieder in tarifpolitischen Entscheidungen beteiligt werden. Der vom BAG aufgestellte Gleichlauf der Verantwortlichkeiten ist organisatorisch abzusichern.

Die Verbände sind dazu verpflichtet, ihre Angelegenheiten eigenverantwortliche zu lösen. Kooperieren sie mit anderen Organisationen, muss das Letztentscheidungsrecht stets bei ihnen verbleiben. Abzulehnen ist daher auch die verbindliche Unterwerfung der Gewerkschaften unter die Schiedsstellen des DGB oder CGB. Allein den Tarifverbänden steht das Recht aber auch die Pflicht zu, ihre Satzungen Dachverbandskonform auszugestalten.

§ 3. Gute Verbandsführung

Sowohl Gewerkschaften als auch Arbeitgeberverbände haben zumeist vom vereinsrechtlichen Grundtypus abweichende Vorstandsstrukturen errichtet.

Die Vertretung der Verbände liegt dabei in einigen Fällen beim Vorsitzenden/Präsidenten oder einem kleinen Führungskreis, der den „Vorstand i.S.d. § 26 BGB“ darstellt. Daneben besteht regelmäßig ein mit ehrenamtlichen Mitgliedern besetzter, in vielen Fällen als Hauptvorstand bezeichneter erweiterter Vorstand, dem die Leitung des Verbandes, teilweise aber auch die Vertretung des Verbandes obliegt. Die Geschäftsführung schließlich ist bei Gewerkschaften den hauptamtlichen Mitgliedern des Vorstandes um den Vorsitzenden übertragen. Die Arbeitgeberverbände hingegen haben hierzu hauptamtliche Geschäftsführer angestellt, die rechtlich als besondere Vertreter i.S.d. § 30 BGB anzusehen sind.

Die Geschäftsführung ist den Weisungen der übrigen Organe, insbesondere denen der Mitgliederversammlung unterworfen. Sie unterliegt im Innenverhältnis einer Legalitätspflicht, wobei bei unsicheren Rechtsentscheidungen die auch für Tarifverbände geltende *Legal Judgement Rule* zum Tragen kommt. In wirtschaftlichen und tariflichen Angelegenheiten steht der Geschäftsführung ein nicht überprüfbarer Ermessensspielraum zu, der in Anlehnung an die Business Judgement Rule als *Collective Judgement Rule* bezeichnet werden kann. Neben der Organisation alltäglicher Verbandstätigkeiten muss die Geschäftsführung gesetzestreues Verhalten der Verbandsakteure sicherstellen, mithin ein taugliches System der Verbands-Compliance errichten. Weiterhin ist die Geschäftsführung für die Aufstellung einer kaufmännischen Buchhaltungsvorschriften genügenden Rechnungslegung sowie zur Aufstellung eines (Konzern-)Jahresabschlusses und nicht lediglich zur Aufstellung einer Einnahmen-Ausgaben Rechnung verantwortlich. Der aufzustellende Jahresabschluss ist durch unabhängige Wirtschaftsprüfer zu testieren. Den Vorstand der Tarifverbände trifft keine Pflicht zum Abschluss von Tarifverträgen. Schließt er jedoch Tarifverträge ab, hat er hierbei die internen Verfahrensregeln einzuhalten sowie die allgemeinen Sorgfaltspflichten zu beachten (Legalitätspflicht, Legal Judgement Rule, Collective Judgement Rule).

Ferner sollte die Geschäftsführung aus mehreren Personen gebildet werden, die unter Qualifikations- und Repräsentationsgesichtspunkten auszuwählen sind. Sie sollte sich eine Geschäftsordnung geben und durch einen Vorsitzenden oder Sprecher geleitet werden. Eine (flexible) „Frauenquote“ sollte allenfalls für Gewerkschaften gelten und ist bei Arbeitgeberverbänden fehl am Platz. Generell sind die Geschäftsführung sowie die übrigen Verbandsfunktionäre zur vertrauensvollen und transparenten Zusammenarbeit verpflichtet. Dabei besteht bei Tarifverbänden ein Konflikt zwischen grundsätzlich wünschenswerter Transparenz und schützenswertem Geheimhaltungsinteresse des Verbandes gegenüber dem sozialen Gegenspieler. Daher ist zwischen nicht offen zu legenden, nur gegenüber den Mitgliedern offen zu legenden und der Allgemeinheit offen zu legenden Informationen zu unterscheiden. Gerade ehrenamtliche Funktionäre sind durch entsprechende Schulungen für ihre Aufgaben vorzubereiten. Durch gute Arbeitsbeschreibungen und regelmäßige Evaluationen kann die Qualität der Funktionärsarbeit gesteigert werden. Die Vergütung der hauptamtlichen Funktionäre ist durch das Kontrollorgan festzulegen und ist den Mitgliedern gegenüber offenzulegen. Sie sollte sowohl feste als auch variable Bestandteile umfassen.

Weiterer Schwerpunkt guter Koalitionsführung muss die Vermeidung bzw. Abschwächung von Interessenkonflikten der Verbandsfunktionäre sein. Sie sollten allein die Interessen der Verbandsmitglieder vertreten und vor Fremdeinflüssen so weit wie möglich geschützt werden. Auf Gewerkschaftsseite bestehen etwa Interessenkonflikte für leitende Angestellte, die aufgrund ihrer Stellung zwischen Arbeitgeber- und Arbeitnehmerseite keine leitenden Funktionen in gemischten Tarifverbänden, d.h. Tarifverbänden mit sowohl leitenden als auch nicht-leitenden Angestellten, übernehmen sollten. Lediglich in Koalitionen für nur leitende Angestellte (etwa ULA) sollten leitende Angestellte auch Führungspositionen übernehmen. Interessenkonflikte ergeben sich auch für Gewerkschaftsfunktionäre, die gleichzeitig Mitglieder in mitbestimmten Aufsichtsräten sind. Die Interessenkonflikte treten verstärkt in Zeiten des Arbeitskampfes zu Tage, bestehen aber auch in Friedenszeiten. Aufgelöst werden können diese Konflikte nur durch ein Verbot für führende Gewerkschaftsfunktionäre gleichzeitig Mitglied in Aufsichtsräten zu sein. Gesondert geschulte Gewerkschaftsfunktionäre ohne leitende gewerkschaftliche Funktionen sollten stattdessen in mitbestimmte Aufsichtsräte entsandt werden. Interessenkonflikte bestehen des Weiteren für Betriebsräte in gewerkschaftlicher Funktionsverantwortung. So können die Interessen des Betriebes den Interessen der Gesamtgewerkschaft zuwiderlaufen. Aufgelöst werden kann dieser Rollenkonflikt jedoch nicht durch strikte personelle Trennung, er muss offen gelegt und grundsätzlich hingenommen werden. Auch sonstige Mitgliedschaften und Tätigkeiten etwa als ehrenamtliche Richter stehen einer Tätigkeit als Gewerkschaftsfunktionär nicht entgegen. Auch in Arbeitgeberverbänden bestehen besondere Interessenkonflikte, da auch hier etwa die Interessen des einzelnen Unternehmens den Interessen des Gesamtverbandes zuwiderlaufen können. Wie schon für Betriebsräte ist eine strikte personelle Funktionstrennung jedoch praktisch unmöglich. Bestehende Interessenkonflikte sind daher auch hier – genau wie Beteiligungen an sonstigen Organisationen oder staatlichen Einrichtungen – offen zu legen und grundsätzlich hinzunehmen.

§ 4. Führungskontrolle

Die Kontrolle der Geschäftsführung ist wichtiger Baustein im Gefüge guter Koalitionsführung und unmittelbare Lösung für den Prinzipal-Agent Konflikt. Sie kann sowohl durch interne als auch externe Governance Mechanismen verwirklicht werden. Im Vereinsrecht steht die interne Überwachung grundsätzlich der Mitgliederversammlung zu. Das einzelne Mitglied kann rechtlich lediglich eine Verletzung seiner eigenen Mitgliedschaftsrechte geltend machen, wenn die Führung in die Kompetenzen der Mitgliederversammlungen eingreift. Rein faktisch versagt bei Tarifverbänden sowohl die Kontrolle durch die Mitgliedsversammlung als auch durch die einzelnen Mitglieder. Eine externe Kontrolle durch Marktmechanismen scheidet für Tarifverbände aufgrund eines gestörten Wettbewerbs sowohl auf Gewerkschafts- als auch auf Arbeitgeberseite aus.

Es bedarf daher eines besonderen Kontrollgremiums um die Geschäftsführung zu überwachen. Führungskontrolle kann sowohl im dualistischen als auch monistischen System erfolgen. Während Arbeitgeberverbände auf eine Führungskontrolle nach monistischem Vorbild bauen, lassen sich die Gewerkschaften sowohl in Gewerkschaften mit monistischen als auch dualistischen Zügen einteilen.

Anleihen, wie eine gute Führungskontrolle erfolgen sollte, sind dem AktG, GenG sowie dem Recht der monistischen SE zu entnehmen. Danach ist eine Mitgliedschaft sowohl in der Geschäftsführung als auch im Kontrollorgan nicht zu beanstanden, solange die Mehrheit der Kontrolleure nicht gleichzeitig die Geschäfte führt. Die Kontrolleure müssen über ausreichende Kompetenzen verfügen und die Arbeit der Geschäftsführung sowohl präventiv als auch retrospektiv überwachen können. Ihnen sollten daher ein Informations- und Weisungsrecht sowie Zustimmungsrechte zustehen. Flankierend ist dem Kontrollorgan auch die Personalkompetenz zuzuteilen, wie dies nach den Satzungen der Arbeitgeber bereits heute der Fall ist.

Grundsätzlich sollte das Kontrollgremium – angelehnt an die Vorgaben des Aktien- und SE-Rechts nicht mehr als 21 Mitglieder haben. Die von den Gewerkschaften gehandhabte Verbindung von Kontrollorgan und Ersatzmitgliederversammlung in Form eines Beirates mit bis zu 150 Mitgliedern ist unter dem Gesichtspunkt bestmöglicher Repräsentation der Mitglieder dennoch akzeptabel. Wichtig ist, dass das Kontrollorgan Ausschüsse bildet, die spezialisiert Einzelfragen behandeln. Es empfiehlt sich, Ausschüsse für die Rechnungsprüfung, die Nominierung von Führungspersonen sowie die eigentliche Überwachung des Vorstandes zu bilden. Weiterhin sollte das Kontrollgremium mindestens zweimal jährlich tagen.

§ 5. Durchsetzung von Collective Governance

Collective Governance lässt sich durch verschiedene Akteure und in verschiedener Intensität durchsetzen. Untergesetzlich kommt eine Kodifizierung durch die Verbände selbst in Betracht. Soll der zu entwickelnde Collective Governance Kodex mehr als nur eine Empfehlung darstellen, könnte dessen Einhaltung zur Voraussetzung der Mitgliedschaft in den jeweiligen Dachverbänden gemacht werden. Vorzuziehen wäre es aber, würden staatliche Stellen ihre Zusammenarbeit mit Verbänden in Gesetzgebung, Rechtsprechung und Sozialversicherungsträgern an die Einhaltung des Kodex knüpfen.

Andererseits können Collective Governance-Regelungen auch durch Gerichte durchgesetzt werden. Vereinsrechtlich ist dies dem Prozessgericht durch die Kontrolle von Satzungen möglich. Daneben können Arbeitsgerichte die bereits erarbeiteten Tariffähigkeitsvoraussetzungen fortentwickeln, und so die Grundsätze guter Koalitionsführung zur Voraussetzung der Tariffähigkeit machen.

Im Hinblick auf den Gewaltenteilungsgrundsatz vorzugswürdig wäre aber die Regelung durch den Gesetzgeber. Er könnte sowohl ein Verbandsrecht schaffen als auch die Einhaltung von Governance-Grundsätzen als Tariffähigkeitsvoraussetzung im TVG verankern. Schließlich stünde es ihm auch frei, externe Governance-Mechanismen zu stärken.

Literaturverzeichnis

Abeltshauser, Thomas E., Corporate Governance – Tagungsband der 1. Hannoveraner Unternehmensrechtstage, 2004.

Adams, Michael/Maßmann, Jens, Vereinsreform in Deutschland, ZRP 2002, S. 128 ff.

Adels, Helmut, Wie entscheiden Verbände?, 1969, zitiert als Adels, Verbände.

Aktiengesetz Großkommentar, Hopt, Klaus J./Wiedemann, Herbert (Hrsg.), 4. Auflage 2006, zitiert als GroßKommAktG/*Bearbeiter*.

Alemann, Ulrich von, Innerverbandliche Demokratie – Privatsache oder Politikum?, Politik und Zeitgeschichte, 1977.

Artus, Ingrid, Krise des deutschen Tarifsystems – die Erosion des Flächentarifvertrags in Ost und West, 2001.

Bachert, Robert, Corporate Governance in Nonprofit-Unternehmen, 2006, zitiert als Bachert/*Bearbeiter*.

Bader, Peter/Hohmann, Roger/Klein, Harald, Die ehrenamtlichen Richterinnen und Richter in der Arbeits- und Sozialgerichtsbarkeit, 13. Auflage 2012, zitiert als Bader/Hohmann/Klein, Ehrenamtliche Richter.

Bauer, Jobst-Hubertus/Röder, Gerhard, Streik ohne Urabstimmung?, DB 1984, S. 1096 ff.

Baumann, Thomas, Die Delegation tariflicher Rechtsetzungsbefugnisse, 1992

Baumann, Thomas, Die Rechtsfolgen eines Grundrechtsverstoßes der Tarifpartner, RdA 1994, S. 272 ff.

Baumbach, Adolf/Hueck, Alfred/Fastrich, Lorenz, GmbHG – Gesetz betreffend die Gesellschaften mit beschränkter Haftung, 19. Auflage 2010, zitiert als Baumbach/Bearbeiter, GmbHG.

Baums, Theodor, Bericht der Regierungskommission Corporate Governance, 2001, zitiert als Baums, Bericht.

Bayreuther, Frank, Tarifautonomie als kollektiv ausgeübte Privatautonomie – Tarifrecht im Spannungsfeld von Arbeits-, Privat- und Wirtschaftsrecht, 2005, zitiert als Bayreuther, Tarifautonomie.

Bayreuther, Frank, OT-Mitgliedschaft, Tarifzuständigkeit und Tarifbindung, BB 2007, S. 325 ff.

Behrens, Peter, „Corporate Governance", *in:* Basedow, Jürgen/ Hopt, Klaus J./ Kötz, Hein (Hrsg.), Festschrift für Ulrich Drobnig zum 70. Geburtstag, 1998, S. 491 ff., zitiert als Behrens, FS Drobnig.

Benz, Arthur, Governance – Regieren in komplexen Regelsystemen – eine Einführung, 2. Auflage 2010.

Bergmann, Joachim, Beiträge zur Soziologie der Gewerkschaften,1979.

Bergmann, Joachim, Organisationsstruktur und innergewerkschaftliche Willensbildung, 1979.

Berle, Adolf Augustus/Means, Gardiner C., The modern corporation and private property, 1933.

Beuthien, Volker, Die Vertreterversammlung eingetragener Genossenschaften: Idee und Wirklichkeit, 1984, zitiert als Beuthien, Vertreterversammlung.

Beuthien, Volker, Genossenschaftsgesetz mit Umwandlungs- und Kartellrecht sowie Statut der Europäischen Genossenschaft, 15. Auflage 2011, zitiert als Beuthien/Bearbeiter, GenG.

Bicker, Eike, Legalitätspflicht des Vorstands – ohne Wenn und Aber?, AG 2014, S. 8 ff.

Biedenkopf, Kurt H., Grenzen der Tarifautonomie, 1964, zitiert als Biedenkopf, Tarifautonomie.

Binge, Christoph, Gesellschafterklagen gegen Maßnahmen der Geschäftsführer in der GmbH, 1994, zitiert als Binge, Gesellschafterklagen.

Bispinck, Reinhard, Von der Erosion zur Restabilisierung?, in: Dieterich, Thomas (Hrsg.): Individuelle und kollektive Freiheit im Arbeitsrecht: Gedächtnisschrift für Ulrich Zachert, 2010, zitiert als Bispinck, GedS Zachert.

Bonner Kommentar zum Grundgesetz, Kahl, Wolfgang/ Waldhoff, Christian/ Walter, Christian (Hrsg.), Stand: 113. Aktualisierung September 2004, zitiert als BK/Bearbeiter.

Borsdorf, Ulrich, Historische Wandlungsprozesse im gewerkschaftlichen Führungspersonal, Gewerkschaftliche Monatshefte, 1978, S. 602 ff.

Bosch, Gerhard, Wie demokratisch sind Gewerkschaften?: eine empirische Untersuchung der Willensbildung auf den Gewerkschaftstagen 1968 und 1971 der Industriegewerkschaft Metall, 1974.

Bösche, Burchard/Grimberg, Herbert, Die deutschen Gewerkschaftsgesetze, in: Klebe, Thomas/Wedde, Peter/Wolmerath, Martin (Hrsg.): Recht und soziale Arbeitswelt: Festschrift für Wolfgang Däubler, 1999, S. 355 ff.

Brahmstaedt, Johanna, Die Mitgliedschaft im Arbeitgeberverband ohne Tarifbindung im Stufenmodell, 2013, zitiert als Brahmstaedt, Mitgliedschaft im Arbeitgeberverband.

Brocker, Ulrich, Ende Tarifeinheit aus betrieblicher Sicht, NZA-Beilage 2010, 121ff.

Brouwer, Tobias, Compliance im Wirtschaftsverband, CCZ 2009, S. 161 ff.

Buchner, Herbert, Bestätigung der OT-Mitgliedschaft durch das BAG, Grundsätzliche Anerkennung – offene Folgefragen, NZA 2006, S. 1377 ff.

Buck-Heeb, Petra, Die Haftung von Mitgliedern des Leitungsorgans bei unklarer Rechtslage, BB 2013, S. 2247 ff.

Bunte, Hermann-Josef, Ergänzende Vertragsauslegung bei Unwirksamkeit von AGB-Klauseln, NJW 1984, S. 1145 ff.

Burgard, Ulrich, Der Aufsichtsrat bei Verein und Stiftung, in: Zwischen Markt und Staat, Kohl, Helmut/Kübler, Friedrich/ Ott, Claus/ Schmidt, Karsten (Hrsg.), Gedächtnisschrift für Rainer Walz, 2008, S. 71, zitiert als Burgard, in GS Walz.

Burkiczak, Christian M., Grundrechtsbindung der Tarifvertragsparteien oder Relevanz grundrechtlicher Schutzpflichten – Erfurter Einerlei?, RdA 2007, S. 17 ff.

Bürkle, Jürgen, Aufsichtsrechtliches Legal Judgment: Sachlicher Anwendungsbereich und prozedurale Voraussetzungen, VersR 2013, S. 792 ff.

Canaris, Claus-Wilhelm, Grundrechte und Privatrecht, AcP 184, 1984, S. 201ff.

Caspar, Matthias, Erfahrungen und Reformbedarf bei der SE – Gesellschaftsrechtliche Reformvorschläge, ZHR 173 (2009), S. 181 ff.

Coester-Waltjen, Dagmar, Die Inhaltskontrolle von Verträgen außerhalb des AGBG, AcP 190, 1990, S. 1 ff.

Cook, A.N., Dual Government in Unions, Industrial and Labor Relations Review 15 (1962), S. 323 ff.

Däubler, Wolfgang, Das Grundrecht auf Mitbestimmung und seine Realisierung durch tarifvertragliche Begründung von Beteiligungsrechten, 1973, zitiert als Däubler, Mitbestimmung.

Däubler, Wolfgang, Tarifvertragsgesetz mit Arbeitnehmer-Entsendegesetz, 3. Auflage 2012, zitiert als Däubler/Bearbeiter, TVG.

Däubler, Wolfgang, Arbeitskampfrecht – Handbuch für die Rechtspraxis, 3. Auflage 2011, zitiert als Däubler/Bearbeiter, Arbeitskampfrecht.

Dieterich, Thomas, Erläuterungen zum vorstehenden DGB-Schiedsgerichtsurteil vom 4.4.2002 RdA 2003, S. 59.

Dieterichs, Helmut H., Konzentration in den Massenmedien: Systematischer Überblick zur Situation in der BRD, 1973, zitiert als Dieterichs, Massenmedien.

Dietlein, Johannes, Die Lehre von den grundrechtlichen Schutzpflichten, 2. Auflage 2005.

Dreier, Horst, Grundgesetz Kommentar, Band 1 Präambel, Artikel 1–19, 3. Auflage 2013, zitiert als Dreier/Bearbeiter, GG.

Ehe, Moritz Lennart von der, Frauenquoten in Gewerkschaften, 2013, zitiert als von der Ehe, Frauenquoten.

Eidenmüller, Horst, Kapitalgesellschaftsrecht im Spiegel der ökonomischen Theorie, JZ 2001, S. 1041 ff.

Engelsing, Lutz/Lüke, Olaf, Praxishandbuch der Berufs- und Wirtschaftsverbände – Steuer- und Gesellschaftsrecht, 2008, zitiert als Engelsing/Lüke, Berufs- und Wirtschaftsverbände.

Erdmann, Ulrich, Die Online-Versammlung im Vereins- und GmbH-Recht, MMR 2000, S. 526 ff.

Erfurter Kommentar zum Arbeitsrecht, Müller-Glöge, Rudi/Preis, Ulrich/ Schmidt, Ingrid (Hrsg.), 14. Auflage, 2014, zitiert als ErfK/Bearbeiter.

Fastrich, Lorenz, Richterliche Inhaltskontrolle im Privatrecht, 1992, zitiert als Fastrich, Inhaltskontrolle.

Franzen, Martin, Das Ende der Tarifeinheit und die Folgen, RdA 2009, 11ff.

Fitting, Karl/Engels, Gerd/Schmidt, Ingrid/Trebinger, Yvonne/Linsenmaier, Wolfgang, Betriebsverfassungsgesetz – Handkommentar, 27. Auflage 2014, zitiert als Fitting, BetrVG.

Fleck, Wolfgang, Die Inhaltskontrolle von Vereinssatzungen – Der Prüfungsumfang des Register- und des Prozessgerichts, Rpfleger 2009, S. 58 ff.

Fleischer, Holger, Der Einfluss der Societas Europaea auf die Dogmatik des deutschen Gesellschaftsrecht, AcP 204 (2004), S. 502.

Fleischer, Holger, Zur Kompetenzverteilung zwischen Verwaltung und Hauptversammlung im englischen und deutschen Aktienrecht – Eine rechtsvergleichende Skizze, in: Lorenz, Stephan/ Trunk, Alexander/

Eidenmüller, Horst/ Wendehorst, Christiane/ Adolff, Johannes (Hrsg.): Festschrift für Andreas Heldrich zum 70. Geburtstag, 2005, S. 597 ff., zitiert als Fleischer, in FS Heldrich.

Fleischer, Holger, Aktienrechtliche Legalitätspflicht und „nützliche" Pflichtverletzungen von Vorstandsmitgliedern, ZIP 2005, S. 141 ff.

Flume, Werner, Allgemeiner Teil des Bürgerlichen Rechts, 1. Band, 2. Teil, Die Juristische Person, 1983, zitiert als Flume, Juristische Person.

Föhr, Horst, Willensbildung in den Gewerkschaften und Grundgesetz, 1974, zitiert als Föhr, Willensbildung.

Föhr, Horst, Anforderungen des Grundgesetzes an den Aufbau von Verbänden, NJW 1975, S. 617 ff.

Friese, Birgit, Kollektive Koalitionsfreiheit und Betriebsverfassung, 2000, zitiert als Friese, Kollektive Koalitionsfreiheit.

Fritsche, Stefan, Entscheidungskompetenzen und Kontrollrechte in Großvereinen, ZSt 2004, S. 336 ff.

Fuest, Alexander, Die demokratische Struktur von Spartengewerkschaften, 2012, zitiert als Fuest, Spartengewerkschaften.

Gamillscheg, Franz, Kollektives Arbeitsrecht - Ein Lehrbuch, Band 1: Grundlagen/ Koalitionsfreiheit/ Tarifvertrag/ Arbeitskampf und Schlichtung, 1997, zitiert als Gamillscheg, Kollektives Arbeitsrecht I.

Gerhardt, Michael, Das Koalitionsgesetz - verfassungsrechtliche Überlegungen zur Neuregelung des Rechts der Gewerkschaften und der Arbeitgeberverbände, 1977, zitiert als Gerhardt, Koalitionsgesetz

Giesen, Richard, Tarifeinheit im Betrieb, NZA 2009, S. 11 ff.

Giesen, Richard, Tarifvertragliche Rechtsgestaltung für den Betrieb - Gegenstand und Reichweite betrieblicher und betriebsverfassungsrechtlicher Tarifnormen, 2002, zitiert als Giesen, Rechtsgestaltung.

Giesen, Richard/Junker, Abbo/Rieble, Volker/Latzel, Clemens, Compliance im kollektiven Arbeitsrecht, im Erscheinen.

Gietzen, Nicole, Unternehmensmitbestimmung, Corporate Governance und der Deutsche Corporate Governance Kodex, 2013, zitiert als Gietzen, Unternehmensmitbestimmung.

Göbel, Elisabeth, Neue Institutionenökonomik - Konzeption und betriebswirtschaftliche Anwendungen, 2002, zitiert als Göbel, Institutionenökonomik.

Göhner, Reinhard, Demokratische Willensbildung in privatrechtlichen Interessenverbänden, 1979, zitiert als Göhner, Interessenverbände.

Göhner, Reinhard, Demokratie in Verbänden – Vorschläge zur Willensbildung in Interessenverbänden, 1981, zitiert als Göhner, Demokratie.

Grambow, Tobias, Organe von Vereinen und Stiftungen – Organstellung und Anstellungsverhältnis, 2011, zitiert als Grambow, Organe.

Gräwe, Daniel, Die historische Entwicklung der Corporate Governance, Noch immer aktuelle Grundlagen für neue Fortentwicklungsperspektiven, ZCG 2013, S. 24 ff.

Greiner, Stefan, Rechtsfragen der Koalitions-, Tarif- und Arbeitskampfpluralität, 2010 , zitiert als Greiner, Pluralität.

Habersack, Mathias, Die Mitgliedschaft – subjektives und „sonstiges" Recht, 1996, zitiert als Habersack, Mitgliedschaft.

Habersack, Mathias, Staatliche und halbstaatliche Eingriffe in die Unternehmensführung, Gutachten E für den 69. Deutschen Juristentag, Band 1, 2012, zitiert als Habersack, Gutachten E zum 69. Deutschen Juristentag.

Habersack, Mathias/Drinhausen, Florian, SE-Recht mit grenzüberschreitender Verschmelzung, 2013, zitiert als Habersack/Drinhausen/Bearbeiter, SEAG.

Hanau, Peter/Stindt, Heinrich Meinhard, Machtverteilung in deutschen Gewerkschaften: eine Untersuchung zweier Satzungen, Der Staat 1971, S. 539 ff.

Henne, Alexander, Information und Corporate Governance – Das Informationsmodell im Börsengesellschaftsrecht, 2011, zitiert als Henne, Corporate Governance.

Henssler, Martin/Moll, Wilhelm/Bepler, Klaus, Der Tarifvertrag – Handbuch für das gesamte Tarifrecht, 2012, zitiert als Henssler/Moll/Bepler/Bearbeiter, Tarifvertrag.

Herder-Dorneich, Ph., Zur Verbandsökonomik – Ansätze zu einer ökonomischen Theorie der Verbände, 1973, zitiert als Herder-Dorneich, Verbandsökonomik.

Hettlage, Manfred C., DGB in der Sackgasse – Macht und Machtmissbrauch einer Richtungsgewerkschaft, 2003, zitiert als Hettlage, DGB.

Hillgruber, Christian, Abschied von der Privatautonomie?, ZRP 1995, S. 6 ff.

Hillgruber, Christian, Grundrechtsschutz im Vertragsrecht, AcP 191, 1991, S. 69 ff.

Hirsch, Joachim, Die öffentliche Funktion der Gewerkschaften – eine Untersuchung zur Autonomie sozialer Verbände in der modernen Verfassungsordnung, 1966.

Hirschmann, Albert Otto, Abwanderung und Widerspruch – Reaktionen auf Leistungsabfall bei Unternehmungen, Organisationen und Staaten, 1. Auflage 1974, unveränderte Neuausgabe 2004, zitiert als Hirschmann, Abwanderung

Hofer, Wolfgang, Beteiligungen der Gewerkschaften und Arbeitgeberverbände bei staatlichen Organisationen, 1997.

Hoffknecht, Adalbert-Christian, Die leitenden Angestellten im Koalitions- und Arbeitskampfrecht, 1975, zitiert als Hoffknecht, Die leitenden Angestellten

Hohl, Patrick, Private Standardsetzung im Gesellschafts- und Bilanzrecht, 2007, zitiert als Hohl, Private Standardsetzung.

Hommelhoff, Peter/Hopt, Klaus J./Werder, Axel v., Handbuch Corporate Governance – Leitung und Überwachung börsennotierter Unternehmen in der Rechts- und Wirtschaftspraxis, 2. Auflage 2009, zitiert als Hommelhoff/Hopt/v. Werder/Bearbeiter, Handbuch Corporate Governance.

Hopt, Klaus J., Corporate Governance in Nonprofit-Organisationen, in: Nonprofit- Organisationen in Recht, Wirtschaft und Gesellschaft, Hopt/Klaus J./Hippel, Thomas v./ Walz, W. Rainer (Hrsg.), 2005, S. 243 ff., zitiert als Hopt, Corporate Governance.

Hopt, Klaus J./Hippel, Thomas v., Comparative Corporate Governance of Non-Profit Organizations, 2010, zitiert als Hopt/v. Hippel, Corporate Governance.

Hopt, Klaus J., Vergleichende Corporate Governance – Forschung und internationale Regulierung, ZHR 175 (2011), S. 444 ff.

Hüffer, Uwe, Aktiengesetz, 10. Auflage 2012, zitiert als AktG /Hüffer.

Huttner, Kirsten Ruth, Auslegung des Deutschen Corporate Governance Kodex (DCGK) und Rechtsfolgen einer „fehlerhaften" Auslegung, 2013, zitiert als Huttner, Auslegung des DCGK.

Ihering, Rudolf von, Der Zweck im Recht, 1893.

Isensee, Josef, Das Grundrecht auf Sicherheit: zu den Schutzpflichten des freiheitlichen Verfassungsstaates: Vortrag gehalten vor der Berliner Juristischen Gesellschaft am 24. Nov. 1982, 1983.

Isensee, Josef/Kirchhof, Paul, Handbuch des Staatsrechts der Bundesrepublik Deutschland, Band IX Allgemeine Grundrechtslehren, 3. Auflage 2011, zitiert als Isensee/Kirchhof/Bearbeiter, HStR IX.

Jacobs, Matthias, Tarifeinheit und Tarifkonkurrenz, 1999, zitiert als Jacobs, Tarifeinheit.

Jensen, Michael C./Meckling, William H., Theory of the firm: managerial behavior, agency costs and ownership structure, Journal of Finance 3, 1976, S. 305 ff.

Jung, Ute, Die Unabhängigkeit als konstitutives Element im Koalitionsverfassungs- und Tarifvertragsrecht, 1999, zitiert als Jung, Unabhängigkeit.

Kempen, Otto Ernst, Ansätze zu einer Neuorientierung des gegenwärtigen Tarifvertragsrechts, AuR 1980, S. 193 ff.

Kempen, Otto Ernst/Zachert, Ulrich, Tarifvertragsgesetz, 5. Auflage 2014, zitiert als Kempen/Zachert/Bearbeiter, TVG.

Klaas, Reiner, Die gewerkschaftliche Betätigungsfreiheit des Berufsrichters der Arbeitsgerichtsbarkeit, 1997, zitiert als Klaas, Gewerkschaftliche Betätigungsfreiheit.

Klebeck, Ulf/Weninger, Heike, Mindestlohn-Rechtsverordnung nach AEntG, SAE 2009, S. 159 ff.

Knobbe-Keuk, Brigitte, Das Klagerecht des Gesellschafters einer Kapitalgesellschaft wegen gesetzes- und satzungswidriger Maßnahmen der Geschäftsführung, in: Beiträge zum Zivil- und Wirtschaftsrecht, Flume, Werner/ Raisch, Peter/ Steindorff, Ernst (Hrsg.): Festschrift für Kurt Ballerstedt zum 70. Geburtstag am 24. Dezember 1975, 1975, S. 239 ff., zitiert als Knobbe-Keuk, FS Ballerstedt.

Kobler, Michael, Fremdeinflüsse auf die tarifliche Willensbildung, 2012, zitiert als Kobler, Fremdeinflüsse.

Kohl, Helmut, Ein „Foundation Governance Kodex" – ein Gebot der Zeit?, in: Zwischen Markt und Staat, Kohl, Helmut/Kübler, Friedrich/ Ott, Claus/ Schmidt, Karsten (Hrsg.), Gedächtnisschrift für Rainer Walz, 2008, zitiert als Kohl, GS Walz.

Kölner Kommentar zum Aktiengesetz, Zöllner, Wolfgang/Noack, Ulrich (Hrsg.), 3. Auflage 2013, zitiert als KK-AktG/Bearbeiter.

Konzen, Horst, Die Tarifzuständigkeit im Tarif- und Arbeitskampfrecht, in: Hönn, Günther/ Konzen, Horst/ Kreutz, Peter (Hrsg.): Festschrift für Alfons Kraft zum 70. Geburtstag, 1998, S. 291 ff., zitiert als Konzen, in FS Kraft.

Koop, Stefan, Das Tarifvertragssystem zwischen Koalitionsmonopolismus und Koalitionspluralismus, 2008, zitiert als Koop, Tarifvertragssystem.

Kort, Michael, Corporate Governance-Fragen der Größe und Zusammensetzung des Aufsichtsrats bei AG, GmbH und SE, AG 2008, S. 137 ff.

Koss, Claus, Prinzipal-Agent-Konflikte in Nonprofit-Organisationen, in: Nonprofit- Organisationen in Recht, Wirtschaft und Gesellschaft, Hopt/Klaus J./ Hippel, Thomas v./ Walz, W. Rainer (Hrsg.), 2005, S. 197 ff., zitiert als Koss, Prinzipal-Agent-Konflikte.

Koss, Claus/Meyer, Beatrice/Zöbeli, Daniel, Konsolidierung von gemeinnützigen Organisationen, IRZ 2013, S. 103 ff.

Krause, Rüdiger, Gewerkschaften und Betriebsräte zwischen Kooperation und Konfrontation, RdA 2009, S. 129 ff.

Krieger, Gerd/Schneider, Uwe H., Handbuch Managerhaftung, Vorstand· Geschäftsführer · Aufsichtsrat, Pflichten und Haftungsfolgen, Typische Risikobereiche, 2. Auflage 2010, zitiert als Krieger/Schneider/Bearbeiter, Managerhaftung.

Külp, Bernhard, Lohnbildung im Wechselspiel zwischen politischen und wirtschaftlichen Kräften, 1965, zitiert als Külp, Lohnbildung.

Künzel, Wolfram, Die Haftung des Kontrollorgans bzw. von Kontrollorganmitgliedern einer Stiftung, DB 2004, S. 2303 ff.

Leist, Alexander, Vereinsherrschaft und Vereinsfreiheit im künftigen Reichsrecht, 1899.

Lessner, Jan, Chancen dezentraler Tarifpolitik – Herausforderungen für die gewerkschaftliche Willensbildung, RdA 2005, S. 285 ff.

Lessner-Sturm, Jan H., Gewerkschaften als Arbeitgeber, 2009.

Leßmann, Herbert, Die öffentlichen Aufgaben und Funktionen privatrechtlicher Wirtschaftsverbände – sozialer Befund, rechtliche Einordnung und Kontrolle, 1976, zitiert als Leßmann, Wirtschaftsverbände.

Lipset, Seymour Martin/Trow, Martin A./Colemann, James Samuel, Union democracy – the international politics of the International Typographical Union,1965, zitiert als Lipset, Union democracy.

Littger, Michael, Deutscher Corporate Governance Kodex – Funktion und Verwendungschancen – Eine interdiziplinäre Untersuchung mit Begründung einer Methodik zur Auswahl geeigneter Regelungsinstrumente, 2006, zitiert als Littger, DCGK.

Look, Frank Van, Vereinsstrafen als Vertragsstrafen – ein Beitrag zum inneren Vereinsrecht, 1990, zitiert als van Look, Vereinsstrafen.

Look, Frank van, Individualschutz im Vereinsrecht, in: WM-Festgabe für Thorwald Hellner, 1994, S. 46 ff., zitiert als an van Look, in WM-Festgabe Hellner.

Lotmar, Philipp, Die Tarifverträge zwischen Arbeitgebern und Arbeitnehmern, Archiv für soziale Gesetzgebung und Statistik: Zeitschrift zur Erforschung der gesellschaftlichen Zustände aller Länder, 1900, S. 1ff.

Löwisch, Manfred/Rieble, Volker, Tarifvertragsgesetz, 3. Auflage 2012.

Löwisch, Manfred, Mitbestimmung und Arbeitsverhältnis, in: Böhm, Franz/ Briefs, Götz (Hrsg.): Mitbestimmung – Ordnungselement oder politischer Kompromiß, 1973, zitiert als Löwisch, Mitbestimmung.

Lutter, Marcus, Theorie der Mitgliedschaft – Prolegomena zu einem Allgemeinen Teil des Korporationsrechts, AcP 180 (1980), S. 84 ff.

Lutter, Marcus/Hommelhoff, Peter, SE-Kommentar, SE-VO · SEAG · SEBG, Steuerrecht, 2008, zitiert als Lutter/Hommelhoff/Bearbeiter, SE.

Lutter, Marcus, Die Business Judgment Rule und ihre praktische Anwendung, ZIP 2007, S. 841 ff.

Lutter, Marcus/Krieger, Gerd, Rechte und Pflichten des Aufsichtsrates, 5. Auflage 2008.

Mangoldt, Hermann v./Klein, Friedrich/Starck, Christian, Kommentar zum Grundgesetz, Band 1: Präambel, Artikel 1 bis 19, 6. Auflage, 2010, zitiert als v. Mangoldt/Klein/Starck/Bearbeiter, GG.

Manz, Gerhard/Mayer, Barbara/Schröder, Albert, Europäische Aktiengesellschaft SE, 2. Auflage 2010, zitiert als Manz/Mayer/Schröder/Bearbeiter, SE-VO.

Martens, Klaus-Peter, Das Arbeitsrecht der leitenden Angestellten, 1982.

Maunz, Theodor/Dürig, Günter, et al. (Hrsg.): Grundgesetz, Kommentar, Stand: 69. Lieferung Mai 2013 , zitiert als Maunz/Dürig/Bearbeiter.

Merkt, Hanno, Unternehmenspublizität, 2001.

Michels, Robert, Soziologie des Parteiwesens, 2. Auflage 1925.

Moll, Wilhelm, Streikleitung durch „Vertreter von Gewerkschaften" (§ 7 Abs. 2 MitbestG)?, in: Moll, Wilhelm (Hrsg.): Festschrift für Hans-Jochem Lüer zum 70. Geburtstag, 2008, S. 259 ff., zitiert als Moll, FS Lüer.

Moll, Wilhelm, Münchener Anwalts Handbuch Arbeitsrecht, 3. Auflage 2012, zitiert als MünchAnwHdbArbR/Bearbeiter.

Möslein, Florian, Contract Governance und Corporate Governance im Zusammenspiel – Lehren aus der globalen Finanzkrise, JZ 2010, S. 72 ff.

Motive zu dem Entwurf eines Bürgerlichen Gesetzbuches für das Deutsche Reich, Band 1 Allgemeiner Teil, 1888, Nachdruck 2000.

Müller, Hans-Peter/Wilke, Manfred, Gestaltend Einfluss nehmen – Bahngewerkschaft und Bahnreform 1993–2005, 2006, zitiert als Müller/Wilke, Einfluss nehmen.

Müller, Hans-Peter, Die Deutsche Angestellten-Gewerkschaft im Wettbewerb mit dem DGB – Geschichte der DAG 1947–2001, 2011 ,zitiert als Müller, DAG im Wettbewerb.

Müller, Hans-Peter/Niedenhoff, Horst-Udo/Wilke, Manfred, Ver.di: Portrait und Positionen, 2002, zitiert als Müller/Niedenhoff/Wilke, ver.di.

Müller, Gerd, Fälle der Interessenskollision bei Arbeitnehmervertretern im Aufsichtsrat, 1968.

Münchener Handbuch zum Arbeitsrecht, Band 2 Kollektivarbeitsrecht/Sonderformen, Richardi, Reinhard/Wlotzke, Ottfried/Wißmann, Hellmut/Oetker, Hartmut (Hrsg.), 3. Auflage 2009, zitiert als MünchHdbArb/Bearbeiter.

Münchener Handbuch des Gesellschaftsrecht, Band 5, Verein · Stiftung bürgerlichen Rechts, Beuthien, Volker/Gummert, Hans (Hrsg.), 2009, zitiert als MünchHdbGesR/Bearbeiter.

Münchener Kommentar zum Aktiengesetz, Band 2, §§ 76–117 MitbestG · DrittelbG, Goette, Wulf/Habersack, Mathias (Hrsg.), 4. Auflage 2014, zitiert als MünchKommAktG/Bearbeiter.

Münchener Kommentar zum Bürgerlichen Gesetzbuch, Band 1, Allgemeiner Teil §§ 1–240 · ProstG · AGG, Säcker, Franz Jürgen (Hrsg.), 6. Auflage 2012, zitiert als MüKo/Bearbeiter.

Naschold, Frieder, Organisation und Demokratie, 1969.

Niklisch, Fritz, Gesetzliche Anerkennung und Kontrolle von Verbandsmacht – Zur rechtspolitischen Diskussion um ein Verbändegesetz, in: Festschrift für Gerhard Schiedermair, 1976, S. 459 ff., zitiert als Niklisch, FS Schiedermair

Niklisch, Fritz, Inhaltskontrolle von Verbandsnormen, 1982, zitiert als Niklisch, Inhaltskontrolle.

Nipperdey, Hans Carl, Das Erfordernis der Gegnerfreiheit bei Koalitionen, namentlich im öffentlichen Dienst, Hefermehl, Wolfgang/Nipperdey, Hans Carl in: Festschrift für Philipp Möhring zum 65. Geburtstag, 4. September 1965, 1965, zitiert als Nipperdey, FS Möhring.

Noé, Claus, Gebändigter Klassenkampf Tarifautonomie in der Bundesrepublik Deutschland – Der Konflikt zwischen Gesamtmetall und IG Metall vom Frühjahr 1963, 1970, zitiert als Noé, Klassenkampf.

Oetker, Hartmut, Das private Vereinsrecht als Ausgestaltung der Koalitionsfreiheit, RdA 1999, S. 96 ff.

Oetker, Hartmut, Kündigungsfristen in den Satzungen von Arbeitgeberverbänden, DZWIR 2015, 71ff.

Palandt, Otto, Bürgerliches Gesetzbuch mit Nebengesetzen, 73. Auflage 2014, zitiert als Palandt/Bearbeiter, BGB.

Park, Jong-Hee, Verfassungs-, zivil- und arbeitsrechtliche Stellung der Arbeitgeberverbände, 1997, zitiert als Park, Arbeitgeberverbände.

Paulick, Heinz, Das Recht der eingetragenen Genossenschaft, 1956.

Picot, *Arnold/Dietl, Helmut/Franck, Egon/Fiedler, Marina/Royer,* Susanne, Organisation – Theorie und Praxis aus ökonomischer Sicht, 6. Auflage 2012, *zitiert als Picot, Organisation.*

Plander, Harro, Gewerkschaftsbeschäftigte – Arbeitnehmer mit kollektivrechtlichem Sonderstatus?, 1995, zitiert als Plander, Gewerkschaftsbeschäftigte.

Popp, Klaus, Öffentliche Aufgaben der Gewerkschaften und innerverbandliche Willensbildung, 1975, zitiert als Klaus, Öffentliche Aufgabe.

Ramm, Thilo, Die Freiheit der Willensbildung – zur Lehre von der Drittwirkung der Grundrechte und der Rechtsstruktur der Vereinigung, 1960, zitiert als Ramm, Willensbildung.

Reichert, Bernhard, Handbuch Vereins- und Verbandsrecht, 12. Auflage 2010, zitiert als Reichert, Vereins- und Verbandsrecht.

Reuter, Dieter, Für ein konsistentes Arbeitskampfrecht, in: Hanau, Peter/Lorenz, Egon/Matthes, Hans-Christoph (Hrsg.): Festschrift für Günther Wiese zum 70. Geburtstag, 1998, S. 427 ff., zitiert als Reuter FS Wiese.

Reuter, Dieter, Grundfragen des Koalitionsverbandsrecht, in: Europas universale rechtsordnungspolitische Aufgabe im Recht des dritten Jahrtausends, Köbler, Gerhard/ Heinze, Meinhard/ Hromadka, Wolfgang (Hrsg.): Festschrift für Alfred Söllner zum 70. Geburtstag, 2000, S. 937 ff., zitiert als Reuter, FS Söllner.

Rhodius, Wiebke Flavia, Die OT-Mitgliedschaft im Arbeitgeberverband – Rechts- und Satzungsfragen des Stufenmodells, 2011, zitiert als Rhodius, Die OT-Mitgliedschaft.

Richter, Rudolf/Furubotn, Eirik G., Neue Institutionenökonomik - Eine Einführung und kritische Würdigung, 4. Auflage, 2010, zitiert als Richter/Furubotn, Institutionenökonomik.

Ricken, Oliver, Autonomie und tarifliche Rechtsetzung - Die Tarifzuständigkeit als Wirksamkeitserfordernis des Tarifvertrages, 2006, zitiert als Ricken, Autonomie.

Rieble, Volker, Arbeitsmarkt und Wettbewerb - Der Schutz von Vertrags- und Wettbewerbsfreiheit im Arbeitsrecht, 1996, zitiert als Rieble, Arbeitsmarkt.

*Rieble, Volke*r, Zulässigkeit eines Verbandes von Gewerkschaftsbeschäftigten - Tarifautonomie und Streikrecht, SAE 1998, S. 237 ff.

Rieble, Volker, Die Akteure im kollektiven Arbeitsrecht, RdA 2004, S. 78 ff.

Rieble, Volker, Tarifautonomie und Unternehmensmitbestimmung, in: Bitburger Gespräche Jahrbuch 2006/I, 2006, S. 41 ff., zitiert als Rieble, Bitburger Gespräche 2006/I.

Rieble, Volker, Gewerkschaftswettbewerb und Tariffähigkeit, SAE 2006, S. 89 ff.

Rieble, Volker, Urabstimmung als Streikvoraussetzung, in: Heldrich, Andreas/ Prölss, Jürgen/ Koller, Ingo/et. al. (Hrsg.): Festschrift für Claus-Wilhelm Canaris zum 70. Geburtstag, 2007, S. 1439 ff., zitiert als Rieble, FS Canaris.

Rieble, Volker, Tarifkoordinierung durch Spitzenverbände, in: Krause, Rüdiger/ Schwarze, Roland (Hrsg.): Festschrift für Hansjörg Otto zum 70. Geburtstag am 23. Mai 2008, 2008, S. 471 ff., zitiert als Rieble, FS Otto.

Rieble, Volker, Gewerkschaftsbestechung? CCZ 2008, S. 121 ff.

Rieble, Volker, Ritsumeikan Law Review - International Edition Nr 26 (2009) S. 191 ff.

Rieble, Volker, Gewerkschaftsnützige Leistungen an Betriebsräte, BB 2009, S. 1016 ff.

Rieble, Volker, Der gewerkschaftshörige Arbeitgeberverband, in: Martinek, Michael/ Rawert, Peter/ Weitemeyer, Birgit (Hrsg.): Festschrift für Dieter Reuter zum 70. Geburtstag am 16. Oktober 2010, 2010, S. 805 ff., zitiert als Rieble, FS Reuter.

Rieble, Volker, Verfassungsfragen der Tarifeinheit, 2010.

Ringleb, Henrik-Michael/Kremer, Thomas/Lutter, Marcus/Werder, Axel v., Kommentar zum Deutschen Corporate Governance Kodex, 5. Auflage 2014, zitiert als Ringleb/Kremer/Lutter/v. Werder, DCGK.

Rinken, Alfred, Innere Demokratie in den Verbänden, in: Posser, Diether/ Wassermann, Rudolf (Hrsg.), Freiheit in der sozialen Demokratie, 1975, S. 127.

Rölke, Peter, Die Beteiligung von Gewerkschaftsmitgliedern der unteren Organisationsebene an der innergewerkschaftlichen Willensbildung – eine empirische Studie, 1973, zitiert als Rölke, Gewerkschaftsbeteiligung.

Ruffert, Matthias, Vorrang der Verfassung und Eigenständigkeit des Privatrechts – eine verfassungsrechtliche Untersuchung zur Privatrechtswirkung des Grundgesetzes, 2001, zitiert als Ruffert, Vorrang der Verfassung.

Rüthers, Bernd, Innere Pressefreiheit und Arbeitsrecht, DB 1972, S. 2471 ff.

Sachs, Michael, Grundgesetz, Kommentar, 6. Auflage 2011, zitiert als Sachs/ Bearbeiter, GG.

Säcker, Franz Jürgen/ Oetker, Hartmut Probleme der Repräsentation von Großvereinen – Überlegungen zum Urteil d. OLG Frankfurt vom 19. Dez. 1984 zu gewerkschaftlichen Delegiertenversammlungen, 1986, zitiert als Säcker, Repräsentation.

Sauter, Eugen/Schweyer, Gerhard/Waldner, Wolfram/Wörle-Himmel, Christof, Der eingetragene Verein – Gemeinverständliche Erläuterung des Vereinsrechts unter Berücksichtigung neuester Rechtsprechung mit Formularteil, 19. Auflage 2010, zitiert als Sauter/Schweyer/Waldner/Wörle-Himmel.

Schelter, Kurt, Demokratisierung der Verbände? – Demokratie als Ordnungsprinzip in privilegierten Interessenverbänden, 1976.

Schiessl, Maximilian, Leitungs- und Kontrollstrukturen im internationalen Wettbewerb – Dualistisches System und Mitbestimmung auf dem Prüfstand, ZHR 167 (2003), S. 235 ff.

Schilling, Florian, Der Einigungsprozeß bei Tarifverhandlungen – Eine Darstellung am Beispiel der Tarifrunde 1978 in der bundesdeutschen Metallindustrie, 1984, zitiert als Schilling, Einigungsprozess.

Schmidt, Karsten, Informationsrechte in Gesellschaften und Verbänden – ein Beitrag zur gesellschaftsrechtlichen Institutionenbildung, 1984, zitiert als Schmidt K., Informationsrechte.

Schmidt, Karsten, Gesellschaftsrecht, 4. Auflage 2002

Schmidt, Walter, Die „innere Vereinsfreiheit“ als Bedingung der Verwirklichung von Grundrechten durch Organisation, ZRP 1977, S. 255 ff.

Schmiegel, Dorothee, Die Inhaltskontrolle von Koalitionssatzungen, 1995, zitiert als Schmiegel, Inhaltskontrolle.

Schmittlein, Benjamin, Verbands- Compliance, im Erscheinen.

Schmitz, Jürgen, Innere Vereinsfreiheit, 1976.

Schnabel, Claus, Flächentarifverträge: Eine ökonomische und arbeitsmarktpolitische Betrachtung, NZA-Beilage 2/2011, S. 56 ff.

Schneider, Uwe. H., Die Personengesellschaft als verbundenes Unternehmen – Prolegomena zu einem Konzernrecht für Personengesellschaften, ZGR 1975, S. 253 ff.

Schöbel, Sarah Katharina, Corporate Governance im Stiftungsrecht – unter besonderer Berücksichtigung der Situation in der Schweiz und in Deutschland sowie europarechtlicher und internationaler Entwicklungen, 2012, zitiert als Schöbel, Corporate Governance im Stiftungsrecht.

Schroeder, Wolfgang/Weßels, Bernhard, Handbuch Arbeitgeber- und Wirtschaftsverbände in Deutschland, 2010, zitiert als Schroeder/Bearbeiter, HdbArbeitgeberverbände.

Schubel, Christian, Verbandssouveränität und Binnenorganisation der Handelsgesellschaften, 2003, zitiert als Schubel, Verbandssouveränität.

Schuhen, Axel, Kontrollprobleme in Nonprofit- Organisationen und Lösungsansätze – Überlegungen auf Basis der Theorie und Praxis der Nonprofit Governance, in: Nonprofit- Organisationen in Recht, Wirtschaft und Gesellschaft, Hopt/Klaus J./ Hippel, Thomas v./ Walz, W. Rainer (Hrsg.), 2005, S. 221 ff., zitiert als Schuhen, Kontrollprobleme.

Schulz-Walz, Franziska, Mitgliederorientierte Organisationsgestaltung in Wirtschaftsverbänden, 2006.

Schumpeter, Joseph A., Kapitalismus, Sozialismus und Demokratie, 8. Auflage, 2005, zitiert als Schumpeter, Kapitalismus.

Schüren, Peter, Die Legitimation der tariflichen Normsetzung – Untersuchung zur Teilhabe der tarifunterworfenen Gewerkschaftsmitglieder an der tarifpolitischen Willensbildung in Deutschland und den Vereinigten Staaten von Amerika, 1990, zitiert als Schüren, Legitimation.

Schürenbrand, Jan, Organschaft im Recht der privaten Verbände, 2007, zitiert als Schürenbrand, Organschaft.

Schwarz, Peter, Organisation in Nonprofit-Organisationen – Grundlagen, Strukturen, 2005.

Schwarze, Roland, Die Grundrechtsbindung der Tarifnormen aus der Sicht grundrechtlicher Schutzpflichten, ZTR 1996, S. 1 ff.

Seeger, Silke, Organisationskonflikte und Tarifvertrag – dargestellt am Beispiel der Tarifzuständigkeit der DGB-Gewerkschaften im industriellen Dienstleistungsbereich, 2005, zitiert als Seeger, Organisationskonflikte

Seer, Stephan, Privative Tariftreue, 2013

Segna, Ulrich, Vorstandskontrolle in Großvereinen, 2002, zititert als Segna, Vorstandskontrolle

Segna, Ulrich, Vereinsrechtsreform, NZG 2002, S. 1048 ff.

Segna, Ulrich, Rechnungslegung und Prüfung von Vereinen – Reformbedarf im deutschen Recht, DStR 2006, S. 1568 ff.

Segna, Ulrich, Schulden als Dank fürs Ehrenamt? – Überlegungen zur haftungsrechtlichen Privilegierung unentgeltlicher Vorstandtätigkeiten im Verein,in: Zwischen Markt und Staat, Kohl, Helmut/Kübler, Friedrich/Ott, Claus/Schmidt, Karsten (Hrsg.), Gedächtnisschrift für Rainer Walz, 2008, zitiert als Segna, GS Walz

Seibert, Ulrich, Im Blickpunkt: Der Deutsche Corporate Governance Kodex ist da, BB 2002, S. 581 ff.

Shleifer, A./Vishny, R., A Survey of Corporate Governance, Journal of Finance 52, 1997, S. 737 ff.

Sinzheimer, Hugo, Ein Arbeitstarifgesetz – Die Idee d. sozialen Selbstbestimmung im Recht, 2. Auflage, 1977, zitiert als Sinzheimer, Arbeitstarifgesetz

Smith, Adam, An inquiry into the nature and causes of the wealth of nations, 1993

Soergel, Hs. Th., Bürgerliches Gesetzbuch mit Einführungsgesetz und Nebengesetzen, Band 1 Allgemeiner Teil 1, §§ 1–103, 2000, zitiert als Soergel/Bearbeiter, BGB

Sprengel, Henrik, Vereinskonzernrecht – die Beteiligung von Vereinen an Unternehmensverbindungen, 1998

Staudinger, J. Von, Kommentar zum Bürgerlichen Gesetzbuch mit Einführungsgesetz und Nebengesetzen, 2005, zitiert als Staudinger/Bearbeiter, BGB

Stein, Ekkehart/Frank, Götz, Staatsrecht, 21. Auflage 2010

Steinbeck, Anja, Vereinsautonomie und Dritteinfluß – dargestellt an den Verbänden des Sports, 1999, zitiert als Steinbeck, Vereinsautonomie

Stern, Klaus, Das Staatsrecht der Bundesrepublik Deutschland, Band III/1, Allgemeine Lehren der Grundrechte, 1988, zitiert als Stern, Staatsrecht III/1

Stimpel, Walter, Anlegerschutz durch Gesellschaftsrecht in der Publikums-Kommanditgesellschaft, in: Lutter, Marcus/Stimpel, Walter/Wiedemann, Herbert (Hrsg.): Festschrift für Robert Fischer, 1979, S. 771 ff., zitiert als Stimpel, FS Fischer

Stindt, Heinrich Meinhard, Verfassungsgebot und Wirklichkeit demokratischer Organisation der Gewerkschaften – dargestellt am Beispiel der Deutschen Postgewerkschaft, 1976, zitiert als Stindt, Verfassungsgebot

Straelen, Carolin van, Der Rollenkonflikt des Arbeitnehmervertreters zwischen Betriebsratsmitglied und Gewerkschaftsfunktionär, 2012, zitiert als van Straelen, Rollenkonflikt

Streeck, Wolfgang, Das Dilemma der Organisation: Tarifverbände zwischen Interessenvertretung und Stabilitätspolitik, in: Meissner, Werner/Unterseher, Lutz (Hrsg.): Verteilungskampf und Stabilitätspolitik, S. 130–167, 1972, zitiert als Streeck, Organisation

Sünner, Eckart, Diversity bei den Organen einer Aktiengesellschaft, CCZ 2009, S. 185 ff.

Teichmann, Arndt, Gestaltungsfreiheit in Gesellschaftsverträgen, 1970, zitiert als Teichmann, Gestaltungsfreiheit

Teubner, Gunther, Ziele und Methoden der verbandsrechtlichen Reformdiskussion, ZGR 1975, S. 459 ff.

Teubner, Gunther, Zu den Regelungsproblemen der Verbände – Neo-Korporatismus und innerverbandliche Opposition, JZ 1978, S. 545 ff.

Teubner, Gunther, Organisationsdemokratie und Verbandsverfassung – Rechtsmodelle für politisch relevante Verbände, 1978, zitiert als Teubner, Organisationsdemokratie

Thole, Christoph, Managerhaftung für Gesetzesverstöße, Die Legalitätspflicht des Vorstands gegenüber seiner Aktiengesellschaft, ZHR 173 (2009), S. 504 ff.

Thomas, Heinz/Putzo, Hans, Zivilprozessordnung, 34. Auflage 2013, zitiert als Thomas/Putzo/Bearbeiter, ZPO

Todenhöfer, Uta, Haftung für Tarifunrecht, 2006, zitiert als Todenhöfer, Haftung

Vielmeier, Stephan, Tarifzensur, 2013

Vorderwülbecke, Martin, Die Pflicht zur Urabstimmung – ein Beitrag zur Grundlegung des Arbeitskampfrechts, BB 1987, S. 750 ff.

Vorderwülbecke, Martin, Rechtsform der Gewerkschaften und Kontrollbefugnisse des Gewerkschaftsmitglieds, 1988, zitiert als Vorderwülbecke, Rechtsform

Weber, Christoph, Privatautonomie und Außeneinfluss im Gesellschaftsrecht, 2000, zitiert als Weber, Außeneinfluss

Weck, Jochen, Der Arbeitsdirektor, seine Stellung und Funktion im Rahmen der Mitbestimmungsgesetze, 1994, zitiert als Weck, Der Arbeitsdirektor

Weitbrecht, Hansjörg, Effektivität und Legitimität der Tarifautonomie – Eine soziologische Untersuchung am Beispiel der deutschen Metallindustrie, 1969, zitiert als Weitbrecht, Effektivität

Weninger, Heike, Mitbestimmungsspezifische Interessenkonflikte von Arbeitnehmervertretern im Aufsichtsrat, 2011, zitiert als Weninger, Mitbestimmungsspezifische Interessenskonflikte

Wetzel, Detlef, Mehr Gerechtigkeit wagen!: der Weg eines Gewerkschafters, 2012

Wiedemann, Anton, Die Bindung der Tarifnormen an Grundrechte, insbesondere an Art. 12 GG, 1994, zitiert als Wiedemann, Tarifnormen

Wiedemann, Herbert/Frey, Kaspar, Gesellschaftsrecht, 7. Auflage 2007

Wiedemann, Herbert, Verbandssouveränität und Außeneinfluss. Gedanken zur Errichtung eines Beirats in einer Personengesellschaft, in: Festschrift für Wolfgang Schilling, 1979, S. 105 ff., zitiert als Wiedemann, in FS Schilling

Wiedemann, Herbert/Oetker, Hartmut/Thüsing, Gregor/Wank, Rolf, Tarifvertragsgesetz – mit Durchführungs- und Nebenvorschriften, Kommentar, 7. Auflage 2007, zitiert als Wiedemann/Bearbeiter, TVG

Wilhelm, Gerhard/Dannhorn, Wolfgang, Die „OT-Mitgliedschaft" – neue Tore für die Tarifflucht?, NZA 2006, S. 466 ff.

Wilke, Manfred, Die Funktionäre – Apparat und Demokratie im Deutschen Gewerkschaftsbund, 1979, zitiert als Wilke, Funktionäre

Williamson, Oliver E., Corporate Governance, Yale Law Journal 93, 1984, S. 1197 ff.

Williamson, Oliver E., The economic institutions of capitalism – firms, markets, relational contracting, 1985, zitiert als Williamson, Economics institutions

Witjes, Claus Winfried, Gewerkschaftliche Führungsgruppen – eine empirische Untersuchung zum Sozialprofil, zur Selektion und Zirkulation sowie zur Machtstellung westdeutscher Gewerkschaftsführungen, 1. Auflage, 1976, zitiert als Witjes, Führungsgruppen

Wittenberg, Tim, Willensbildung der Mitglieder und Corporate Governance im neuen Genossenschaftsrecht, 2013, zitiert als Wittenberg, Willensbildung

Zachert, Ulrich, Aufhebung der Tarifautonomie durch „freiwillige Regelungen“ im Arbeitsvertrag?, DB 1990, S. 986 ff.

Zingales, Luigi, Corporate Governance, in: Newman, Peter (Hrsg.), The New Palgrave Dictionary of Economics and the Law, 1998, S. 497, zitiert als Zingales, New Palgrave Dictionary

Zöllner, Wolfgang/Seiter, Hugo, Paritätische Mitbestimmung und Artikel 9 Abs. 3 Grundgesetz, ZfA 1970, S. 97 ff.

Zöllner, Wolfgang, Die sogenannten Gesellschafterklagen im Kapitalgesellschaftsrecht, ZGR 1988, S. 392 ff.

Zöllner, Wolfgang, Regelungsspielräume im Schuldvertragsrecht – Bemerkungen zur Grundrechtsanwendung im Privatrecht und zu den sogenannten Ungleichgewichtslagen, AcP 196 (1996), S. 1 ff.

Schriften zum Arbeitsrecht und Wirtschaftsrecht

Herausgegeben von Abbo Junker

Band 1 Christoph-N. Lerche: Der Europäische Betriebsrat und der deutsche Wirtschaftsausschuß. Eine vergleichende Analyse der betrieblichen Mitwirkung der Arbeitnehmer vor dem Hintergrund der Globalisierung der Märkte. 1997.

Band 2 Christian Walter Mecke: Zur rechtlichen Verbindlichkeit kollektiver Vereinbarungen in England. 1997.

Band 3 Katja Francke: Die betriebliche Mitwirkung der Arbeitnehmer in Belgien. Unter Berücksichtigung vergleichender Aspekte zum deutschen Betriebsverfassungsrecht. 1997.

Band 4 Christian Schulze: Die Zulässigkeit einstweiliger Verfügungen gegen Betriebsänderungen. 1998.

Band 5 Stefan Miersch: Die Rechtsfolgen mitbestimmungswidriger Maßnahmen für das Arbeitsverhältnis. Eine zivilrechtsdogmatische Untersuchung. 1998.

Band 6 Heike Wegner: Internationaler Verbraucherschutz beim Abschluß von Timesharingverträgen: § 8 Teilzeitwohnrechtegesetz. 1998.

Band 7 Julia Wichmann: Dienstleistungsfreiheit und grenzüberschreitende Entsendung von Arbeitnehmern. 1998.

Band 8 Johann-Volker Peter: Société par actions simplifiée (S.A.S.). Die Vereinfachte Aktiengesellschaft in Frankreich, eine Rechtsform für die Kooperation von Unternehmen. 1999.

Band 9 Sylvia Schnelle: Der Europäische Betriebsrat in Spanien. Zugleich eine Einführung in das spanische Recht der Arbeitnehmervertretung. 1999.

Band 10 Viktoria Bornhagen: Die Zumutbarkeit als Rechtsgedanke im Arbeitsrecht. 1999.

Band 11 Thorsten Schacht: Der Übereilungsschutz beim arbeitsrechtlichen Aufhebungsvertrag. Arbeitnehmerschutz bereits de lege lata? 2000.

Band 12 Marcus Hellmann: Immobilienkauf nach spanischem Recht. 1999.

Band 13 Nicolaus Johannes Ehinger: Die juristischen Personen des öffentlichen Rechts als herrschende Unternehmen. 2000.

Band 14 Alexander Lentz: Das kollektive Arbeitsrecht der Republik Südafrika. Eine Untersuchung mit Bezügen zum deutschen Recht. 2000.

Band 15 Michaela Brunssen: Der Arbeitgeberverbandswechsel. Tarifrechtliche und arbeitskampfrechtliche Konsequenzen. 2000.

Band 16 Morten Petersenn: Das Recht des Grundstückskaufs in Südafrika. 2000.

Band 17 Stefan Krüger: Die umwandlungsrechtliche Haftungsregelung bei der Betriebsaufspaltung und ihre Analogiefähigkeit. 2001.

Band 18 Jürgen Kitzinger: Der GmbH-Geschäftsführer zwischen Arbeits- und Gesellschaftsrecht. Im Blickpunkt: Zuständigkeit der Arbeitsgerichte. 2001.

Band 19 Anja Ruge: Die Lohnersatzansprüche ehemaliger Zwangsarbeiter gegen deutsche Industrieunternehmen. 2001.

Band 20 Michael Knoll: Die Sozialauswahl im Arbeitsrecht. 2001.

Band 21 Britta Albrecht: Mediation im Arbeitsrecht. Individualarbeitsrecht und Betriebsverfassungsrecht. 2001.

Band 22 Annusch Barten: Das System der Arbeitnehmervertretung in Frankreich. 2001.

Band 47 Markus Ebert: Übertragung und Zuordnung von Versorgungsverpflichtungen gegenüber Arbeitnehmern im Rahmen einer umwandlungsrechtlichen Spaltung. 2008.

Band 48 Susanne Schneider: Broad-based Black Economic Empowerment in der Republik Südafrika. 2008.

Band 49 Mandy Reichel: Die Einbeziehung des Außenseiter-Arbeitgebers in den Verbandsarbeitskampf. 2008.

Band 50 Abbo Junker (Hrsg.): Betriebsübergang in Europa. Symposion aus Anlass des 10-jährigen Bestehens der Schriften zum Arbeitsrecht und Wirtschaftsrecht am 10.10.2008 in München. 2009.

Band 51 Till Bender: Vorschläge zur Neuordnung des Sonderkündigungsschutzes nach MuSchG und SGB IX. 2009.

Band 52 Manuela Rauch: Die geschlechtsbezogene Diskriminierung am Arbeitsplatz nach kalifornischem Recht. 2009.

Band 53 Tina Luise Allenberg: Das französische règlement intérieur d'entreprise. Die Arbeitsordnung im französischen Arbeitsrecht. 2009.

Band 54 Bernd Haas: Anwaltliches Mandatsverhältnis zum Betriebsrat. 2009.

Band 55 Martin Fröhlich: Die erweiterte Weisungsbefugnis des Arbeitgebers im spanischen Recht. 2009.

Band 56 Stefanie Lorenzen: Inhaltskontrolle beim Betriebsübergang. Die Anpassung tariflicher Arbeitnehmerpflichten nach Privatisierungen. 2009.

Band 57 Oliver E. Aldea: Das französische Kündigungsrecht im Spannungsfeld von Abfindungen und Bestandsschutz. 2010.

Band 58 Wolfgang Stock: Die Einsetzung einer Transfergesellschaft. Unter besonderer Berücksichtigung betriebsverfassungs- und arbeitsförderungsrechtlicher Vorgaben. 2010.

Band 59 Claudia Hagedorn: Zulässigkeit und Grenzen von Tarifsozialplänen. 2010.

Band 60 Daniela Quink: Inhaltskontrolle von Freiwilligkeitsvorbehalten in Arbeitsverträgen. 2010.

Band 61 Kathrin Kentner: Arbeitskampfmittel der Arbeitgeber. 2010.

Band 62 Angela Nunes Fernandes Gil Wolf: Arbeitnehmereinsatz im Ausland. Das auf doppelte Arbeitsverhältnisse anwendbare Recht am Beispiel der Vertragsgestaltung eines internationalen Konzerns. 2010.

Band 63 Annemarie Berthold: Whistleblowing in der Rechtsprechung des Bundesarbeitsgerichts. 2010.

Band 64 Malte Koch: Die Beteiligung von Arbeitnehmervertretern an Aufsichtsrats- und Verwaltungsratsausschüssen einer Europäischen Aktiengesellschaft. 2011.

Band 65 Agnes Maria Kollerbaur: Die französische Arbeitsinspektion. Eine Untersuchung unter besonderer Berücksichtigung ihrer Rolle bei Kündigungen. 2011.

Band 66 Marcus Christian Leinenweber: Landesschlichtungsgesetze? 2011.

Band 67 Frederike Cathérine Gärtner: Die gesetzliche Regulierung von Bahnstreiks in Frankreich. Arbeitskampf vs. Kontinuität öffentlicher Dienstleistungen. 2011.

Band 68 Carolin van Straelen: Der Rollenkonflikt des Arbeitnehmervertreters zwischen Betriebsratsmitglied und Gewerkschaftsfunktionär. 2012.

Band 69 Anna Maria Jordan: Entgeltdiskriminierung in Frauenberufen? 2012.

Band 70 Dominic Köstner: Compliance-Richtlinien im Unternehmen. Arbeits- und datenschutzrechtliche Implementierungsaspekte. 2012.

Band 71 Michael Kobler: Fremdeinflüsse auf die tarifliche Willensbildung. 2012.

Band 72 Anne Kraas: Zulässigkeit und Grenzen der arbeitsvertraglichen Entgeltflexibilisierung. 2012.

Band 73 Melanie Amann: Die Belegschaftsabstimmung. 2012.

Band 74 Christina Mennemeyer: „Dritter Weg" und rechtliche Grenzen der Flexibilisierung des Arbeitsrechts der katholischen Kirche. 2012.

Band 75 Joël Philipp Hofmann: Rechtsmissbrauch und Verwirkung bei Widerspruch gegen den Übergang des Arbeitsverhältnisses nach § 613a BGB. 2013.

Band 76 Jennifer Junker: Das Recht der Arbeitnehmerüberlassung in Japan. 2013.

Band 77 Gabriele Geiselhart: Tarifliche Regelungsmacht bei Haustarifverträgen und Unternehmerfreiheit. Dargestellt am Beispiel von Standortgarantien und Zeitarbeitsquoten. 2013.

Band 78 Lorenz Sylvester Mitterer: AGB-Korrektur in Dauer- und Langzeitschuldverhältnissen. 2013.

Band 79 Janina Morgenweck: Die Arbeitsgerichtsbarkeit in England. 2013.

Band 80 Christoph B. Kistler: Die Rechtmäßigkeit von Spartenstreiks. Alte Kriterien in neuem Licht. 2013.

Band 81 Julia Strasser: Die Haftung bei Lohnwucher im Arbeitsrecht der USA. 2014.

Band 82 Stephanie Amschler: Constructive dismissal. Fingierte Arbeitgeberkündigung im englischen Kündigungsschutzrecht. 2014.

Band 83 Felix Berding: Die Urabstimmung im britischen Arbeitskampfrecht im Licht der EMRK. 2014.

Band 84 Christine Kumpf: Multinationalität der SE-Mitbestimmungsordnung. 2014.

Band 85 Florian Schiffer: Der Leistungsmaßstab im Arbeitsverhältnis. 2014.

Band 86 Stefan Hoffmann: Unterrichtungspflicht und Widerspruchsrecht bei Betriebsübergang gemäß § 613a Abs. 5 und 6 BGB – Grenzen, weitere aktuelle Rechtsprobleme und Strategien zur Risikominimierung. 2015.

Band 87 Marie-Theres Boetzkes: Die Konzernmutter als Mitarbeitgeberin im französischen Recht. 2015.

Band 88 Ines Kranz: Landesarbeitskampfgesetze? 2015.

Band 89 Hendrik Schulte-Wrede: Die Beteiligung der Arbeitnehmer in der Europäischen Privatgesellschaft – SPE. 2015.

Band 90 Kathrin Charlotte Enke: Beteiligungsvereinbarungen nach § 21 SEBG. 2015.

Band 91 Tom Christopher Pröstler: Modelle betrieblicher Arbeitnehmerbeteiligung. Ein historisch-europäischer Rechtsvergleich zwischen Deutschland und dem Vereinigten Königreich. 2015.

Band 92 Achim Engel: Collective Governance in Tarifverbänden. 2015.

www.peterlang.com